金融機構操作風險的
度量及實證研究

宋 坤 著

財經錢線

前　言

　　面對瞬息變化的外部環境和日益激烈的行業競爭格局，無論是在金融體系中處於主導地位的商業銀行還是傳統的非銀行金融機構，都不可避免地面臨越來越複雜的挑戰。因為操作風險廣泛存在於金融機構的每一經營環節，事關金融機構的內部控制結構，其發生機制和控制方法等均具有與其他風險不同的鮮明特點。面對損失加劇、危害日趨嚴重的操作風險，金融監管部門和金融機構均愈加重視對操作風險的防範。目前，國外理論界與實務界都在積極研究操作風險的管控技術與方法，以期達到有效識別、準確度量和嚴格控制的目的。當前我國金融機構對操作風險的管控也越來越重視，雖然研究成果較多，但各有側重點。本書在闡述前人的理論和方法上不求多求全，而是結合作者近年來研究的心得，力求內容新穎和實用。

　　本書的第一、二章交待了研究背景、各國監管部門針對操作風險出拾的相關規定、研究意義、技術路線、創新點，並對國內外業界和學界度量操作風險的研究現狀進行比較。第三章對比三類主體金融機構的操作風險暴露和特徵，得到了金融機構面臨的操作風險在本質上是相同的結論。第四章用損失分佈法來度量操作風險，借助於 WinBUGS 軟件採用馬爾科夫鏈蒙特卡羅模擬方法來解決小樣本問題。第五章用變點理論對閾值位置進行精確定位以準確獲取閾值。第六章利用以貝葉斯馬爾科夫鏈蒙特卡羅模擬方法為基礎構建的 Bühlmann-Straub 模型，得到每家金融機構下一年信度風險暴露量的最優無偏估計。第七章總結了研究結論，並提出政策建議及未來方向。

　　由於本書介紹了較新的理論和方法，再加上作者能力所限，書中難免存在不足之處，殷切希望廣大讀者不吝賜教、批評指正。

目　　錄

1　引言／ 1

    1.1　操作風險的危害、各國的重視與對其進行度量的意義／ 1

        1.1.1　三類金融機構近年發生的操作風險大案／ 1

        1.1.2　國內外對操作風險監管的重視／ 3

        1.1.3　操作風險度量在風險管理中的重要意義／ 6

    1.2　研究內容與技術路線／ 7

    1.3　研究方法／ 9

    1.4　貢獻與創新／ 10

        1.4.1　對三類金融機構操作風險本質的探討／ 10

        1.4.2　對損失分佈法中小樣本問題的修正／ 10

        1.4.3　對 POT 模型中閾值確定問題的修正／ 11

        1.4.4　用信度模型解決內、外部數據混合問題及預測單個金融機構次年的損失量／ 12

    1.5　小結／ 13

2　文獻綜述／ 14

    2.1　操作風險概念性的文獻綜述／ 14

        2.1.1　三類金融機構風險劃分的文獻綜述／ 14

        2.1.2　操作風險危害性的文獻綜述／ 15

        2.1.3　操作風險界定和影響因素的文獻綜述／ 16

2.2　國內外金融機構操作風險度量現狀的評述 / 17

　　2.3　定性度量方法概述 / 19

　　　　2.3.1　關鍵風險指標法 / 19

　　　　2.3.2　基於內部控制的自我評估法 / 20

　　　　2.3.3　流程分析法 / 20

　　　　2.3.4　情景分析法 / 21

　　　　2.3.5　繪製風險圖法 / 22

　　2.4　定量度量方法概述 / 22

　　　　2.4.1　兩大類度量模型評述 / 22

　　　　2.4.2　自上而下度量方法及評述 / 24

　　2.5　度量方法之數理統計法對損失數據要求的評述 / 27

　　2.6　度量方法之簡單合併整個行業損失數據的文獻回顧與評述 / 28

　　　　2.6.1　巴塞爾委員會提出的三類度量方法 / 29

　　　　2.6.2　損失分佈法的文獻回顧與評述 / 30

　　　　2.6.3　極值理論法的文獻回顧與評述 / 33

　　　　2.6.4　其他模型的文獻回顧 / 35

　　2.7　度量方法之將外部損失數據處理再合併的文獻回顧與評述 / 37

　　　　2.7.1　簡單合併內、外部損失數據存在問題的文獻回顧與評述 / 37

　　　　2.7.2　外部數據調整合併入內部數據的方法的文獻回顧與評述 / 38

　　　　2.7.3　用信度模型整合外部數據的文獻回顧與評述 / 38

　　2.8　小結 / 39

3　度量三類金融機構操作風險的理論鋪墊 / 41

　　3.1　金融機構的風險概述 / 41

　　　　3.1.1　風險概述 / 41

　　　　3.1.2　商業銀行面臨的風險 / 42

  3.1.3　投資公司面臨的風險 / 44

  3.1.4　保險公司面臨的風險 / 45

3.2　對操作風險的重新界定 / 47

  3.2.1　從損失計量的角度對三類金融機構操作風險的定義 / 47

  3.2.2　對三類金融機構操作風險特點的歸納 / 49

  3.2.3　從風險成因的角度對三類金融機構操作風險的分類 / 52

  3.2.4　從業務條線的角度對三類金融機構操作風險的分類 / 55

3.3　對三類金融機構操作風險源的探討 / 57

  3.3.1　組織結構風險源 / 57

  3.3.2　業務流程風險源 / 60

  3.3.3　信息系統風險源 / 64

  3.3.4　從業人員風險源 / 65

3.4　對三類金融機構操作風險本質特徵的分析 / 69

  3.4.1　我國商業銀行操作風險暴露及特徵分析 / 70

  3.4.2　我國投資銀行操作風險暴露及特徵分析 / 74

  3.4.3　我國保險公司操作風險暴露及特徵分析 / 75

3.5　操作風險度量要求 / 76

  3.5.1　操作風險度量的目標與基本原則 / 76

  3.5.2　操作風險的度量基礎 / 77

  3.5.3　度量結果的復核與報告 / 77

3.6　小結 / 78

4　小樣本下基於損失分佈法對操作風險的度量 / 79

4.1　《巴塞爾資本協議》提出的操作風險度量模型 / 79

  4.1.1　基本指標法 / 79

  4.1.2　標準法 / 80

  4.1.3　高級計量法 / 81

4.2 損失分佈法 / 84

4.2.1 損失分佈法概述 / 84

4.2.2 本章模型的假定與說明 / 86

4.3 貝葉斯分析 / 88

4.3.1 貝葉斯方法概述 / 88

4.3.2 MCMC 模擬 / 91

4.3.3 本章模型的貝葉斯推斷 / 94

4.4 實證分析 / 96

4.4.1 選擇損失強度與頻率分佈 / 96

4.4.2 確定先驗分佈中超參數 / 97

4.4.3 參數的后驗估計 / 98

4.4.4 MCMC 收斂性診斷 / 100

4.4.5 操作風險要求資本量的度量結果 / 104

4.5 小結 / 105

5 以變點確定閾值的 POT 模型對操作風險的度量 / 106

5.1 極值理論與 POT 模型 / 106

5.1.1 極值理論 / 106

5.1.2 POT 模型 / 110

5.1.3 基於 POT 模型計算操作風險的資本要求 / 111

5.2 POT 模型閾值的確定 / 112

5.2.1 常見的閾值確定法 / 112

5.2.2 基於變點理論的閾值確定法 / 113

5.3 POT 模型參數的估計 / 116

5.3.1 用 MLE 法估計參數 / 116

5.3.2 用 ISE 法估計參數 / 116

5.4 實證分析 / 117

5.4.1　閾值的確定／ 118

　　　5.4.2　參數的估計／ 121

　　　5.4.3　操作風險要求資本量的度量結果／ 123

　5.5　小結／ 123

6　基於 MCMC 模擬的信度模型對操作風險的度量／ 124

　6.1　信度模型／ 124

　　　6.1.1　信度模型的適用性／ 124

　　　6.1.2　信度模型概述／ 125

　　　6.1.3　Bühlmann-Straub 模型／ 126

　　　6.1.4　本章對 Bühlmann-Straub 模型的解讀／ 128

　　　6.1.5　基於 Gibbs 抽樣的 MCMC 模擬／ 129

　6.2　本章模型的構建／ 130

　　　6.2.1　損失次數的模型構建／ 130

　　　6.2.2　損失金額模型的構建／ 131

　6.3　實證分析／ 131

　　　6.3.1　損失事件發生次數的校正／ 132

　　　6.3.2　次年損失金額的度量／ 135

　6.4　小結／ 148

7　研究結論、主要觀點、政策建議及未來方向／ 149

　7.1　研究結論／ 149

　7.2　主要觀點／ 152

　7.3　政策建議／ 154

　7.4　未來研究方向／ 155

參考文獻／ 157

附錄／ 169

1 引言

1.1 操作風險的危害、各國的重視與對其進行度量的意義

1.1.1 三類金融機構近年發生的操作風險大案

金融業屬於高風險行業，金融業要實現健康、可持續的發展就必須嚴控風險，因此風險管控是金融業經久不變的主題。雖然金融機構有各具特色的基本職能和業務特點，但隨著次貸危機的嚴重衝擊和2011年歐債危機的深入蔓延，面對瞬息變化的外部環境和日益激烈的行業競爭格局，無論是在金融體系中處於主導地位的商業銀行還是非銀行金融機構（主要包括保險公司和投資銀行等），都不可避免地面臨越來越複雜的挑戰。雖然商業銀行、投資銀行以及保險公司所面臨的主要風險不同，但這三類金融機構在業務開展和決策執行的過程中，都面臨著一種共同且帶來的損失越來越嚴重的風險——操作風險。下面通過歸總三類金融機構近些年發生的操作風險損失大案，來說明操作風險的危害性。

近幾十年來，在商業銀行業由於操作風險導致巨虧甚至倒閉的事件的發生頻率越來越高。1995年，英國巴林銀行因為交易員尼克·理森在未經授權的情況下認購了大量的日經225指數期貨合約，損失了14億美元而倒閉。1996年，日本大和銀行由於紐約分行主管交易的執行副總裁井口俊英在長達11年的時間裡違規帳外買賣美國債券，導致11億美元付諸東流。2008年，法國興業銀行遭遇法國史上最大的金融詐欺案，交易員熱羅姆·凱維埃爾在股票衍生產品交易中以詐欺手段動用超過約728億美元購入歐股期貨，使該行蒙受49億歐元，約合71.6億美元的巨額虧損。2011年，瑞士最大的銀行——瑞銀集團出現約20億美元的損失，這是交易員阿杜伯利違規進行詐欺交易所致。當然，我國商業銀行由操作風險引發的案件的涉案金額也越來越大，案件損失觸

目驚心。2003年，中國工商銀行廣東省分行南海支行遭到騙貸案，涉案金額74億元，銀行損失超過10億元。2005年，中國銀行黑龍江省分行哈爾濱河松街支行約10億元客戶資金去向不明。2006年，浙江出現新中國成立以來「貸款詐騙第一案」，浙江之俊控股集團有限公司法定代表人何志軍註冊多家「空殼企業」用於騙貸和「走帳」，給交通銀行造成11.7億餘元的經濟損失。2010年，北京華鼎信用擔保公司董事長胡毅以虛假按揭等方式向北京農商行騙貸7.08億元。2010年年末，發生山東省濟南市特大偽造金融票據案，案件涉及齊魯銀行等多家金融機構，媒體報導涉案金額過百億元。據統計，2011年全國銀行業金融機構共發生各類案件200餘件，基本都涉及櫃面業務操作。2012年7月，中國建設銀行浙江分行遭受規模近30億元的中江貸款案，在中江集團申請破產重組後巨額貸款才浮出水面。

自美國次貸危機爆發後，在投資銀行業接連出現了雷曼兄弟破產、美林賤賣、高盛和摩根士丹利轉型金融控股公司等一系統翻天覆地的變化。影響投資銀行未來生存發展的主要因素，總結起來無外乎以下幾項：重大政策制度變化、監管及不合規處罰、衍生產品的濫用、經濟危機、內控失靈、高管動盪、人才流失、惡意併購、IT系統運作故障等。將這些主要因素按照風險類型進行分類，可把經濟衰退、金融危機、世界經濟格局變化導致市場動盪等因素歸入市場風險；可把監管政策與制度變化、不公平不公正的監管、政策擦邊球觀念、與監管部門互信關係缺失，以及對上述因素管理不善導致的監管處罰等歸入合規風險。由內部程序缺陷或失效、人員執行、系統風險和外部事件導致損失的風險歸屬於操作風險，包括內控失靈、衍生產品的濫用、高管決策、人才流失、IT系統運作風險等因素。而在這些風險中，由操作風險所引發損失的頻率是最高的。在我國，投資銀行的清算破產基本都與違法挪用巨額客戶交易結算資金這類操作風險有直接的關係，如2005年大鵬證券、2006年南方證券、2007年漢唐證券以及2008年華夏證券的破產。

在保險業，不乏保險公司因操作風險而破產的例子。1985年，美國Transit公司損失30億美元而破產，主要原因是其代理公司承保的業務風險太高，並且部分代理機構竊取保費。2001年，英國獨立保險公司由於涉嫌詐欺和自我交易而陷入經營危機，進入臨時清算程序。同年，由於存在嚴重缺陷的公司治理結構、缺乏獨立的審計以及致命的交易，澳大利亞的HIH意外傷害和綜合保險公司進入破產程序。2008年，全球首屈一指的國際性保險服務機構美國國際集團（American International Group，AIG）陷入破產危機，其部分原因是操作風險作用所致（如涉足複雜的衍生品交易、過度投機、估值模型

的風險等)。不僅在國外，我國保險企業也屢次曝出巨額操作風險損失案。2003—2009年，新華人壽江蘇泰州中心支公司副總經理王付榮，通過私自印製假保險憑證非法集資、截留挪用保費和退保資金等方式，詐騙、挪用和侵占資金約3.5億元。2004年4月30日—2007年12月21日，中國人壽瀋陽分公司虛構永泰團體年金保險業務，以致虛增保費收入和退保金分別為1.56億元、2,800萬元。2009年，中華聯合出現巨虧，原因是在其快速擴張的背景下，沒有控制好賠付率和成本費用，沒有關注業務品質和業務員管理，導致償付能力嚴重不足。貝氏評級公司（A. M. Best）在分析美國保險公司破產的原因時，發現主要有準備金不足、業務增長過快而管理跟不上、詐欺、資產估計過高等因素，這些都或多或少和操作風險相關，我國也存在類似特徵。

以上案例均暴露出當前金融機構風險控制體系的缺陷，體現了防範操作風險的嚴峻形勢，可以說對操作風險進行控制和管理是刻不容緩的。

1.1.2 國內外對操作風險監管的重視

鑒於操作風險帶來的損失越來越嚴重，金融監管機構開始重視操作風險的管理問題。

巴塞爾銀行監管委員會（Basel Committee on Banking Supervision，BCBS）對於商業銀行操作風險的研究有了進展。1998年9月，BCBS首次發布《操作風險管理》諮詢文件，強調了對操作風險進行控制的重要性。1999年6月，BCBS發布《新資本協議框架》，正式將操作風險納入資本充足率的計算範疇，並認為操作風險的重要性對於銀行而言越來越高，商業銀行應該對操作風險投入足夠的資源來進行定量分析。2001年1月，BCBS進一步指出商業銀行有義務披露更加詳細的操作風險信息，同時BCBS提供了三種方法來度量操作風險的資本要求。2001年9月，BCBS對工作報告進行多項重要修訂，將操作風險的定義修訂為「因操作流程不完善、人為過失、系統故障或外來因素所造成的經濟損失」，並對操作風險提出了專門的法定資本金計提規定以及風險管理的基本框架。2002年，BCBS在全球範圍內進行了關於操作風險問題的調查，在2002年1月發布的新資本協議諮詢文件的基礎上，對部分內容進行了修訂。2003年2月，BCBS發布了《操作性風險管理與監管的最佳實踐》，指出監管當局應當要求所有銀行建立起自己的操作風險計量和監管框架。2004年6月，《巴塞爾新資本協議》（簡稱Basel II）正式將操作風險與市場風險和信用風險一併納入監管範疇，並首次明確地對操作風險提出資本配置要求。2010年10月，《巴塞爾協議III》推出。2011年12月，BCBS發布了《操作風險管理和監

管的良好做法》，對監管機構監管操作風險的職責進行了明確的劃分，指出對於操作風險，銀行必須構築業務條線管理、法人操作風險管理部門、獨立評估與審查這三層防範架構，並提出了銀行操作風險管理的11條原則。BCBS發布的關於操作風險的一系列文件，對商業銀行管理操作風險起到積極有效的作用。

中國銀行業監督管理委員會（簡稱「銀監會」）對操作風險也較為關注。2005年3月，銀監會出抬《關於加大防範操作風險工作力度的通知》，面對日益突出的操作風險的識別和控制能力與業務發展不相配的情況，此通知有針對性的對銀行管理機構從規章制度建設、基層行合規性監督、稽核體制建設、行務管理公開、訂立職責制等方面進行了要求；針對銀行的人員管理提出了重要崗位人員行為失範監察制度、輪崗輪調、舉報人員的激勵機制的要求；針對銀行的帳戶管理提出了印押證管理、對帳制度、帳外經營監控、未達帳項管理、改進科技信息系統等要求。2005年12月，銀監會發布《商業銀行風險監管核心指標（試行）》，提出「操作風險損失率」，此指標對於衡量商業銀行的操作風險有較大意義。2007年3月，銀監會發布《中國銀行業實施新資本協議指導意見》，提出2007年年底前針對我國商業銀行的現狀，發布相符的操作風險資本計算方法，並對加強操作風險管理和累積相應的損失數據提出明確要求，從而對計提操作風險資本打下基礎，同時安排了實施的時間表。2007年5月，以要求商業銀行建立與本行的規模、業務性質和複雜程度相適應的操作風險管理體系為目的的《商業銀行操作風險管理指引》由銀監會發布，以對操作風險實施有效的識別、評估、監測、控制與緩釋。2008年9月，銀監會出抬《商業銀行操作風險監管資本計量指引》，此通知規範了商業銀行操作風險監管資本計量，要求商業銀行系統性地收集、整理、跟蹤和分析操作風險相關數據，並將評估結果納入操作風險監測和控制。同時指出，商業銀行應選擇標準法、替代標準法或高級計量法之一來計量操作風險監管資本。2009年11月，銀監會發布《商業銀行資本計量高級方法驗證指引》，指出商業銀行使用高級計量法來計算操作風險監管資本時，應對操作風險高級計量模型及支持體系進行驗證，從而審慎地計量操作風險的監管資本。2010年4月，銀監會發布《〈農村中小金融機構風險管理機制建設指引〉貫徹實施方案》，提出各農村中小金融機構應在2011—2012年建立壓力測試情景模式、完善對操作風險的管理機制並完成管理信息系統的建設。2011年4月，銀監會發布《關於中國銀行業實施新監管標準的指導意見》，在強化資本充足率監管裡明確了對操作風險的資本要求；同時，對於其他不實施資本計量高級方法的銀行業金融機

構，明確從 2011 年年底開始計量市場風險和操作風險的監管資本要求，從而規定在 2016 年年底前所有銀行業金融機構都應建立與本行規模、業務複雜程度相適應的全面風險管理框架和內部資本充足率評估程序。

證券監管機構也認識到對操作風險管控的必要性與緊迫性。1998 年 5 月，國際證券委員會組織（IOSCO）所屬的技術委員會提交了《證券公司及其監管者的風險管理和控制指引》，目的是為了增強投資銀行及監管當局對國內外風險管理和控制架構的意識。早在 1996 年，中國證券監督管理委員會（簡稱「證監會」）首次提出淨資本的概念，認為淨資本是證券公司淨資產中流動性較高、可快速變現的部分，它可以滿足緊急需要並抵禦潛在的市場風險、信用風險、操作風險以及營運風險。2001 年，證監會發布《證券公司內部控制指引》，並於 2003 年 12 月進行修訂，推動了證券公司內控制度的發展。2005 年，《證券公司綜合治理工作方案》出抬，其中強調證券公司應切實改進風險預警機制，以做到早發現、早披露和早處置。2006 年，證監會發布《證券公司風險控制指標管理辦法》，並於 2008 年發布《關於修改〈證券公司風險控制指標管理辦法〉的決定》。由此，證監會以淨資本計算為監管的基本依據，建立起以淨資本為核心的風控指標體系，風險控制開始由業務准入監管轉向即時數據監控。2009 年 5 月，證監會發布《證券公司分類監管規定》，並於 2010 年 5 月進行修訂，要求對證券公司進行分類評價時，應體現包括操作風險在內的六類風險管理能力，其中客戶權益保護主要反應證券公司客戶資產安全性、客戶服務及客戶管理水平，表示其操作風險管理能力。

在保險行業，為防範和化解操作風險，相關規定也不斷出抬。英國金融服務管理局（FSA）規定在進行償付能力的計算時，必須對操作風險配置相應的資本。歐洲保險和職業年金監管委員會（CEIOPS）在 Solvency II 中從定量和定性角度對保險公司的操作風險管理提出明確的建議，它實際上是全球保險監管所遵循的統一標準。2007 年 4 月，中國保險監督管理委員會（簡稱「保監會」）出抬了《保險公司風險管理指引（試行）》，首次提出將操作風險納入保險公司的風險管理體系。此后，保監會於 2007 年 7 月發布的《保險公司內部審計指引》和 2007 年 9 月發布的《保險公司合規管理指引》均與防範操作風險有關。2008 年 9 月，出抬的《保險公司風險管理指引（試行）》對保險公司提出要求，要能識別和評估在經營過程中所面臨的主要風險（包括保險風險、市場風險、信用風險和操作風險四類），並能採取先進的管理方法和手段來應對之，以在適當風險水平下努力實現效益最大化。2010 年 11 月，保監會發布《人身保險公司全面風險管理實施指引》，要求各人身險公司結合自身

業務特點建立健全風險分類體系。2011年3月，保監會印發《2011年財產保險監管工作要點》的通知，其中提及應有效防範公司內控不嚴、經營不規範的風險。

由以上金融監管部門對操作風險遞進式的監管態度可看出，監管部門越來越重視對操作風險的防範，而金融機構也越來越多地將對操作風險的管理列於和信用風險、市場風險同等重要的地位。但這些都以提高操作風險的度量技術為前提，所以對操作風險的度量具有重要的研究意義。

1.1.3 操作風險度量在風險管理中的重要意義

操作風險已是金融業普遍認可應予以防範和加以管理的風險，它廣泛存在於每一個經營環節，事關金融機構的內部控制結構，其發生機制和控制方法等均具有與其他風險不同的鮮明特點。風險管理水平的高低關係到金融機構的盈利和生存能力，所以對風險的評估和管理是金融機構長期關注的焦點問題。目前，國外理論界與實務界都在積極研究操作風險的管控技術與方法，以期達到有效識別、準確度量和嚴格控制的目的。雖然我國金融機構對操作風險的管控越來越重視，但目前只在操作風險的特徵和生成機理上，也就是說在操作風險識別的研究方面初見成效。對於操作風險度量技術和方法的研究，以及內部管理和監管體制方面的研究，都與國外同行存在較大差距。風險的度量是風險控制和管理的前提。因此，操作風險的度量對於我國的金融業是迫切需要解決的課題，對其研究具有以下意義：

（1）對商業銀行、投資銀行以及保險公司操作風險的共通之處進行分析以實現對其的有效度量

目前國內外對商業銀行操作風險度量的研究相對深入，而投資銀行和保險公司則相對較少。那麼適用於商業銀行的度量技術是否也適合於其他金融機構？通過梳理三類金融機構操作風險的定義、風險特徵和形成機理，加深對金融行業操作風險的認識，就能夠避免盲目地量化風險並為金融機構找到適用的操作風險度量技術和方法。

（2）準確度量操作風險關係到能否對其實施有效的管理

風險的度量是風險管理體系中的重要環節，若跳過風險度量的研究而直奔風險管理的討論，有本末倒置之嫌。畢竟選擇的度量模型和技術方法關係到風險管理的實際成效，度量結果的準確性決定了風險內控制度和管理的有效性。但由於對操作風險研究的起步較晚，與發展相對成熟的信用風險和市場風險的度量相比，國外對操作風險的度量尚未形成統一的認識。我國金融業對操作風

險的重視和研究程度遠未及國外業界，並且國內目前正處於經濟轉型的變革時期，除了自身的管理以外，我國金融業還面臨外部環境不確定性和政府政策變動對業務的影響。也就是說，操作風險來自內部管理和外部干擾兩個方面。因此，改進操作風險度量技術、構建符合我國金融機構實際情況的度量模型勢在必行，這對提高風險管理水平、加大風險監管的有效性、增加金融機構的競爭力具有重要意義。

（3）準確度量操作風險關係到經濟資本能否發揮應有的作用

經濟資本是描述在一定的置信度水平上和時間內，為彌補金融機構的非預期損失（Unexpected Losses）所需要的資本，即是以抵禦各項業務（資產）的風險所必需的資本支持和資本需求，是防止金融機構倒閉風險的最后防線。在數量上，經濟資本等於風險總額，是用以衡量和防禦金融機構超出預期損失（Expected Losses）的那部分損失，與非預期損失的數額相等。它是優化資源配置、提高風險調整收益的核心工具。因此，在度量出操作風險所要求的資本后，扣除預期損失就可測量出其所要求的經濟資本，金融機構就可進行經濟資本的配置。實質上，經濟資本的配置是在金融機構的各業務單元、分支機構之間比較計算它們各自在股東價值增加中的貢獻，根據貢獻就能確定分配給各業務單元、分支機構的經濟資本增量目標，然後根據經濟資本增量目標、各業務單元、分支機構的風險狀況，就能得到相應的風險限額，從而據此確定該金融機構的業務發展計劃，以確保每個業務單元或分支機構均能夠持續地創造價值，從而達到科學地衡量每一種產品、每一個單元直至每一位員工的業績表現的目的。從這個角度說，量化的準確性影響著經濟資本配置的效果。

1.2 研究內容與技術路線

本書在分析我國金融機構操作風險的特徵後，採用適於其特徵的三種改進方法度量了我國金融機構的操作風險，並結合我國商業銀行的操作風險歷史損失數據進行實證分析，從而縮小國內金融業界和學界在度量操作風險的研究上與國際的差距。本書的研究內容和結構安排如下：

第一章為緒論，闡述了本書的研究背景、各國監管部門針對操作風險出抬的相關規定、研究意義、研究內容、技術路線以及創新點。

第二章為文獻綜述。對國內外金融業界和學界採用的操作風險度量技術和方法進行介紹，特別重點闡述了損失分佈法、極值理論法等度量技術，以及數

據混合方法的研究現狀，並評述了目前此研究領域存在的主要問題。

第三章為識別我國商業銀行、投資銀行和保險公司三類金融機構的操作風險的過程，以使量化結果更具針對性。本章梳理了三類金融機構對操作風險的定義，對三類金融機構按成因以及業務條線這兩條線分別進行分類，並對比了三類金融機構操作風險的形成機理和風險暴露特徵。揭示了三類金融機構的操作風險在本質上是相同的。因此，度量金融機構的操作風險時可以用統一的技術和方法。本章統一了數據收集整理的標準，所做的工作和得到的結論為下面幾章構建適合於我國金融機構的技術和方法及實證研究做好了理論鋪墊。

第四章採用巴塞爾委員會建議的高級計量法中的損失分佈法，在對損失分佈法進行概述後，選擇兩參數帕累托分佈和負二項分佈分別描述操作風險損失事件的發生強度與發生頻率，基於損失分佈法構建出適合的模型。由於貝葉斯方法對小樣本有較好的統計效果，就借助於 WinBUGS 軟件採用 MCMC 模擬方法來估計模型的參數。得到參數的后驗估計後，通過 MCMC 收斂性診斷，可以判斷參數估計是穩定的，進而得到操作風險所要求的資本量。

第五章採用在處理極端損失方面公認效果較好的極值理論法，在對極值理論法進行概述後，選出更有效地使用有限極端觀測值的 POT 模型為研究對象。由於閾值的確定是決定 POT 模型度量結果準確與否的關鍵問題，本章首先利用變點理論來精確地找出閾值，然后結合平方誤差積分法來估計模型中的參數，最后得到操作風險所要求的資本量。

第六章採用信度模型來混合內、外部操作風險損失數據，而不是如第四章和第五章那樣直接把內、外部分損失數據合併使用的處理方法。在對信度模型進行概述和分析其在度量操作風險的適用性後，構建出適合的模型。由於收集到的部分商業銀行的損失事件發生次數及金額數據缺失，就先利用貝葉斯 MCMC 方法在數據不完備的情況下校正損失次數，再求出損失金額的后驗分佈，以得到每家金融機構下一年信度風險暴露量的最優無偏估計。

本書的技術路線見圖 1-1。

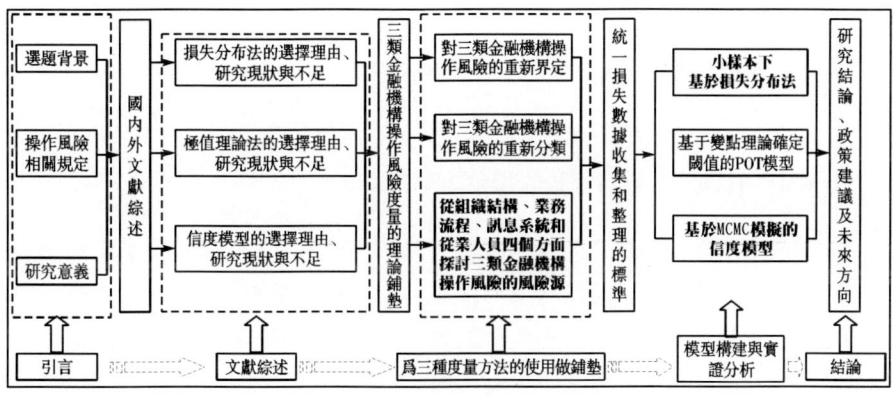

圖1-1 技術路線圖

1.3 研究方法

本書研究的是適合於度量金融機構操作風險的方法，運用了包括規範研究和實證研究相結合、繼承發展分析與比較研究相結合等多種研究方法。

（1）規範研究與實證研究相結合

本書對操作風險的研究現狀、各金融機構操作風險的特徵、分類以及形成機理進行嚴謹的規範研究，得到具有指導意義的結論：三類金融機構的操作風險在實質上並無差異。

在規範研究成果的指導下，本書在借鑑前人研究成果的基礎上修正性地提出三種適合於金融機構的操作風險度量技術和方法，並運用收集到的我國商業銀行1987—2011年發生的279件操作風險損失數據進行實證分析，以驗證各個模型的度量效果。

（2）繼承發展分析與比較研究相結合

本書在借鑑國外風險管理理論以及操作風險度量方法的基礎上，參考中國金融機構操作風險的實際損失情況以及國內現有的研究成果，來完善和拓展自己的研究，以使度量方法更為深入和具有針對性。

在繼承前人度量方法研究的基礎上，比較研究一直作為一條暗線相嵌入於第四、第五和第六章中，就是通過比較分析來說明三種度量方法各自的適用條件。

1.4 貢獻與創新

1.4.1 對三類金融機構操作風險本質的探討

我國的商業銀行是負債經營和經營負債的，具有潛在的系統性風險和宏觀經濟調控功能；我國的投資銀行主要依靠自身資金和提供仲介服務來經營；我國的保險公司具有分散風險和廣泛的社會性的作用。雖然這三類金融機構的業務重點和風控制度有較大差異，但從組織結構、業務流程、信息系統和從業人員這四個風險源分析操作風險的結果來看，它們面臨的操作風險的特點和形成機理並無較大差別。而且本書收集了三類金融機構各自的損失數據來對比操作風險的風險暴露特徵，發現它們面臨的操作風險的成因也主要是「人」所引起的。因而可以認為三類金融機構操作風險在本質上是一致的。從理論上來說，適用於一類金融機構的操作風險度量模型也同樣適用於其他類型的金融機構。這樣就彌補了投資銀行業和保險業缺乏操作風險度量技術的不足。

度量操作風險的前提是損失數據的收集和整理。但目前我國業界和學界對此問題並無統一的標準，這導致得到的樣本數據較為雜亂。因此，本書就對三類金融機構的操作風險進行了統一定義，以理順概念的名目之爭。並結合我國金融機構操作風險的特徵對三類金融機構的操作風險按成因和業務部門這兩條線分別進行分類（其中巴塞爾委員會將商業銀行的操作風險按成因分為七類[1]，本書則將金融機構的操作風險按成因分為內部因素和外部因素兩大類）。這項工作的貢獻在於保證操作風險數據收集、整理和度量範圍的一致性，為本書後面通過實證分析說明所修正模型的度量效果提供統一、有效的數據支持，以使度量結果更具針對性。

1.4.2 對損失分佈法中小樣本問題的修正

巴塞爾委員會（BCBS）提出了三大類操作風險度量方法[2]，其中，高級計量法中的損失分佈法是通過估計操作風險損失頻率分佈和損失強度分佈來得

---

[1] 七大類包括：內部詐欺、外部詐欺、雇用合同以及工作狀況帶來的風險事件、客戶和產品以及商業行為引起的風險事件、有形資產的損失、經營中斷和系統出錯、涉及執行和交割以及交易過程管理的風險事件。

[2] 三大類度量方法包括：基本指標法、標準法和高級計量法。

到操作風險所要求資本量的。由於損失分佈法的風險度量是基於操作風險歷史損失數據之上的，其度量結果具有客觀性，且所採用的技術是開放式的，因此它是目前國內外學者研究最頻繁的方法之一。但在實際應用中它存在兩個難題：一是強調較為複雜的數學模型和數據處理技術；二是要求樣本數據有效且充足。在目前學者更多地將關注目光集中於分佈選擇的情況下，小樣本問題仍是一道關鍵的障礙。

本書在借鑑前人研究的基礎上，引入貝葉斯 MCMC 模擬方法來修正性地解決有效損失數據匱乏的問題。因為貝葉斯方法可以借助於先驗信息來減少對評估樣本的需求，因此在小樣本的推斷分析中具有明顯的優勢。所以，按照貝葉斯方法的思路，本書用馬爾科夫鏈蒙特卡羅模擬方法，選擇 Gibbs 抽樣來求解參數的后驗分佈。但這需要進行高維複雜的積分運算，因此本書採用 WinBUGS（Bayesian Inference Using Gibbs Sampling）軟件進行 10 萬次抽樣來估計所構建模型的參數。在得到參數的后驗估計後，通過圖形診斷法、相關性診斷法和 Gelman-Rubin 診斷法三種方法來判斷 MCMC 的收斂性，以認定參數估計結果的可信性，從而得到操作風險所要求的資本量。這樣就修正性地解決採用極大似然估計等傳統方法難以得到參數無偏估計的小樣本問題。

1.4.3 對 POT 模型中閾值確定問題的修正

操作風險服從尖峰厚尾的分佈，也就是說分佈的尾部更能反應出極端操作風險事件所引發的巨額損失，若能處理好分佈的尾部就能更真實地反應出操作風險的特徵。而損失分佈法是基於整個損失數據分佈來建模的，較難單獨處理分佈的尾部。極值理論（Extreme Value Theory，EVT）卻是用於分析、評估和預測極端異常事件風險或小概率事件風險的技術，它只是有針對性地擬合損失的尾部分佈，是公認的能較好地衡量分佈尾部及損失極值的方法。但極值理論中的 POT（Peaks Over Threshold）模型在實際應用中存在一個難題，它只針對超過較大閾值（臨界點）的數據建模，因此需要設定合理的高閾值。因為如果閾值取得太高，則可取的損失數據樣本點就會很少而不足以建模；如果閾值取得太低，就會把分佈接近中部的樣本點也看成尾部分佈來處理，不能突出 POT 模型的優勢。目前學者在閾值的選取上一般需要在觀察圖形的基礎上借助主觀經驗來進行模糊判斷，因此客觀、精確地確定閾值仍是一道關鍵的障礙。

本書在借鑑前人研究的基礎上，引入變點理論來修正性地解決定量確定閾值的問題。變點統計分析的目的是判斷和檢驗變點的存在、位置、個數，並估計出變點的躍度。若在某一時刻前、后數據的均值（或概率分佈，或某模型

参數）發生了顯著改變，則該時刻就稱為均值（或概率，或某模型參數）變點。結合變點理論和 POT 模型，本書認為閾值就是 Hill 圖曲線（以臨界樣本的序號為橫軸，以尾部指數的 Hill 統計量 α 為縱軸）非穩定區域與穩定區域的分界點，若結合一階差分最大值找到最接近曲線穩定區域的二階差分最大值，那麼它所處的區域就是變點所在的區間，α 開始進入穩定狀態的地方就是變點所在的位置，這樣可以計算得到閾值的精確數值以改善極值理論的尾部估計，從而就修正性地解決了僅憑肉眼或經驗來人為確定閾值的問題。

1.4.4 用信度模型解決內、外部數據混合問題及預測單個金融機構次年的損失量

為解決單個金融機構損失數據缺乏而不能度量操作風險的問題，大多數學者是把內（單個金融機構）、外（同行業的其他金融機構）部損失數據簡單合併在一起使用的。但由於不同商業銀行（或不同投資銀行，或不同保險公司）的資產規模、產品線、業務流程、風險偏好及風控體系是有差別的，即便都是同一行業，單個金融機構的損失數據也是服從不同分佈的，因此簡單地把整個行業的損失數據混合在一起會改變原有數據的分佈特徵，由此得到的度量結果的精確性會存在一定問題。目前有學者提出將外部損失數據調整后再合併入內部損失數據的思路，但調整權重是收入指標或情景分析數據，這種方法仍然值得商榷，所以有效整合內外部損失數據仍是一道關鍵的障礙。此外，在目前操作風險損失數據匱乏的情況下，單個金融機構很難預測本機構下一年操作風險的發生強度和頻率，在數據嚴重不足的情況下實現上述預測也是一道障礙。

本書在借鑑保險精算學中厘定保費研究的基礎上，引入信度模型來修正性地解決數據混合與預測單個金融機構次年損失量的問題。信度理論（Credibility Theory）的 Bühlmann-Straub 信度模型是通過合理利用本保單組合近期損失數據和主觀選擇的類似險種同期損失數據來估計與預測后驗保費的。本書認為：單個金融機構次年的操作風險損失金額能夠根據信度因子這個權重，採用自己與行業內其他金融機構的損失數據進行分攤推斷。當然，由於僅收集到單個金融機構 10 個數據（以年為單位，共 10 年），樣本的匱乏使得本書仍借助於 WinBUGS 軟件用貝葉斯 MCMC 模擬的方法進行 10 萬次抽樣來得到信度風險暴露量、信度因子以及其他參數的后驗估計量，並還原出單個金融機構次年操作風險的損失量與發生次數。從信度因子集中於 0.7 的結果可看到，單個金融機構與行業內其他金融機構的操作風險損失事件具有非同質性，不能簡單地混合在一起使用。因此，本書採用的方法可以有效解決上述兩個問題。

1.5 小結

　　本章首先歸納總結了近幾十年來在商業銀行業、投資銀行業和保險業發生的著名操作風險大案，以揭示操作風險對三類金融機構的危害性；然後整理了近年來國內外監管部門針對三類金融機構防範操作風險所頒布的規章制度，以說明國內外監管者已開始認識並重視到對操作風險的防範。進而引入對度量操作風險的重要意義。隨後，說明了本書的研究內容、技術路線、研究方法。本書的貢獻與創新有四點：三類金融機構的操作風險在本質上是一致的、對小樣本問題的修正、對 POT 模型中閾值確定問題的修正、用信度模型解決內外數據混合問題及預測單個金融機構次年的損失量。

2 文獻綜述

2.1 操作風險概念性的文獻綜述

2.1.1 三類金融機構風險劃分的文獻綜述

荷蘭銀行是在全球範圍內較早實施操作風險管理的銀行之一。1999年11月荷蘭銀行的最高管理層就初次引用有關操作風險的政策，將操作風險認定為銀行風險的重要組成部分，操作風險可以影響信用風險、法律風險、流動性風險、市場風險、聲譽風險等。良好的操作風險管理可以增加股東價值、提升聲譽、改進客戶滿意度。荷蘭銀行制定操作風險管理政策的基本原則是：在銀行各層面的責任範圍內使操作風險可控與可計量。荷蘭銀行在董事會下專門設有操作風險管理委員會，負責制定銀行所有操作風險管理的制度與政策。黃湃和王桂堂（2003）把轉軌時期中國國有商業銀行面臨的主要風險歸納為信用風險、政府干預風險、經營管理風險、政策風險、法律風險五類，其中除有一部分是信用風險以外，其他都可以看成制度缺陷造成的操作風險。

1998年5月，國際證券委員會組織（IOSCO）下屬的技術委員會提交了一份題為《證券公司及其監管者的風險管理和控制指引》的研究報告，該報告將投資銀行所面對的風險劃分為市場風險、信用風險、操作風險、流動性風險、法律風險和系統風險六大類型。黃運成和徐錦文（1999）把證券公司風險分為經營風險、行業風險、作業風險、國家風險和法律政策風險，其中經營風險又分為信用風險、流動性風險、利率風險、匯率風險和業務風險。宮龍雲（2001）借鑒國外的研究，將投資銀行的風險按風險的性質分為市場風險、信用風險、操作風險和法律風險等，認為風險來源於市場的體制性缺陷、投資銀行自身運行體制性缺陷、市場的波動性特徵以及技術的影響。畢秋香等（2002）在將投資銀行風險分為市場風險、信用風險、流動性風險、操作風險

和法律風險五大類。2011 年，中國證券業協會發布了《證券公司壓力測試指引（試行）》，指出壓力測試應當涵蓋證券公司面臨的主要風險，包括經營風險、市場風險、信用風險、操作風險、流動性風險等風險類型。

意外傷害精算協會（CAS, 2001；2003）把保險公司的風險劃分為四類：意外風險、金融風險、操作風險和戰略風險。Grondin（2005）將保險公司的風險分為信用風險、流動性風險、市場風險、操作風險和承保風險五類。貝氏評級公司（2007）將保險公司的風險分為信用風險、市場風險、承保風險、操作風險和戰略風險。法尼（2000）將保險公司的風險分為業務風險、企業管理職能風險、內部和外部原因風險。劉新立和董崢（2003）按照產生風險的環境將保險企業風險劃分為一般環境的風險、行業環境的風險和企業環境的風險。張君（2003）按保險經營環節將保險企業風險劃分為承保風險、定價風險、理賠風險和投資風險。2007 年，我國保監會發布《保險公司風險管理指引（實行）》，規定保險公司應當識別和評估經營過程中面臨的各類風險，主要包括保險風險、市場風險、信用風險、操作風險等。從上述觀點可以看出，保險公司的風險主要是保險風險，還有保險資金運作產生的風險（信用風險和市場風險），此外不可避免地面臨由於不正確的流程、人員、系統或外部事件導致損失的操作風險，以及戰略風險和聲譽風險等。

2.1.2 操作風險危害性的文獻綜述

BBA（1999）披露的調查結果顯示，超過67%的銀行認為操作風險造成的損失與市場風險或信用風險同樣（或更加）顯著。馬克·洛爾等（2002）指出，在西方商業銀行的資本分配比例中，操作風險一般占20%、市場風險占10%、信用風險占70%，並且操作風險和市場風險未來會增加到30%左右，信用風險將減少到40%。Hiwatashi（2002）指出，商業銀行操作的複雜性和速度的增加使得傳統的風險控制方法捉襟見肘。因為高級管理層需要用一個穩定的方法來確定不同業務線和風險種類之中應優先達到的內部控制目標，同時需要確定是否對操作風險配置了合理的資本，所以商業銀行必須設法度量操作風險。Ashby, Sharma（2002）根據來自歐盟15國監管機構近五年的資料，分析了保險公司破產或陷入經營困境的原因，認為雖然導致保險公司失敗的主要原因是承保風險，但是操作風險更是一個非常重要的導致保險公司經營失敗的因素。De Fontnouvel et al.（2003）認為，操作風險經常大於市場風險，並且在西方商業銀行中，內部詐欺主客戶、產品、業務操作風險事件占所有操作風險損失事件類型的比例分別為78.5%和81.1%。巴塞爾委員會下屬的風險管理小組

(RMG) 進行了操作風險損失數據調查 (Loss Data Collection Exercise, LDCE, 2002), 發現參與調查的 89 家銀行在 2001 年有 47,269 件損失超過 100 萬歐元的操作風險發生, 其中有 5 家銀行發生 2,000 多起操作風險事件, 損失約合 78 億歐元。Currie (2005) 指出, 與信用風險和市場風險在不同銀行間風險一致性不同, 操作風險的風險暴露與商業銀行的內部環境密切相關, 而且影響商業銀行風險暴露水平的是「低頻高危」事件而不是「高頻低危」事件。Cummins 等 (2005) 以美國銀行和保險業的數據對操作風險損失進行了定量分析, 認為操作風險損失會對公司的市場價值產生重要影響。李伏安 (2005) 指出, 在中國商業銀行的風險中, 80%來源於不良貸款所產生信用風險, 5%～10%來源於交易行為、股票價格和匯率波動所產生的市場風險, 10%～15%來源於內部控制缺陷和腐敗行為所產生的操作風險。

2.1.3 操作風險界定和影響因素的文獻綜述

Pyle (1997) 認為, 操作風險是由於交易過程中出現的錯誤 (如結算錯誤), 對監管要求的不符, 以及不適時的收集所導致的成本。Laycock (1998) 將操作風險定義為: 由於顧客原因、不足的內部控制、系統或控制失敗以及不可控制的事件所引起的不利於金融發展的潛在損失。Doerig (2000) 認為, 操作風險是由於不適當的操作行為或由外部因素造成的對企業的不利影響。Culp (2001) 認為, 操作風險損失事件包括證券交易錯誤、資金結算錯誤、實物資產的被竊及損壞、法律程序的破壞、被監管部門的處罰和罰款、不可預測的個人成本、以及疏忽或詐欺等。Power (2003) 剖析了操作風險的定義、形成原因和操作風險管理的發展過程。張吉光 (2005) 在對比巴塞爾委員會、英國銀行家協會、全球風險專業人員協會對操作風險定義的基礎上, 提出中國對操作風險進行定義的原則並用實際案例的方法分析了操作風險的特徵。劉新喜和龔貽生 (2009) 對操作風險的範疇進行了界定, 闡述了操作風險的特點, 分析了我國財險業目前面臨的主要操作風險, 並提出了管理對策。

Hoffman (1996) 指出, 信孚銀行認為客戶關係、職員、物資設備、財富和資產等銀行負有責任的資源和技術資源中均存在操作風險, 此外還包括如監管風險和詐欺風險等特定的外部因素。Crouhy 等 (2000) 對操作風險的類型、產生原因、度量步驟和管理關鍵環節進行分析。Douglas (2000) 認為操作風險還應包括特定的外部因素, 如監管風險和詐欺風險。馬克‧洛爾等 (2002) 認為操作風險的一個主要來源是人為因素。Currie (2005) 認為, 操作風險的風險暴露與商業銀行的內部環境密切相關, 影響到商業銀行風險暴露水平的是

「低頻高危」事件。卡羅爾·亞歷山大（2005）認為操作風險與商業銀行的結構、效率以及控制能力密切相關，管理操作風險的第一道防線應該是內部系統設計與激勵機制問題。Verheyen（2005）研究了保險公司操作風險與其他風險之間的關係、種類和影響，認為操作風險與承保風險、信用風險、資產風險、市場風險之間是交疊的關係。鐘偉（2004）認為相對於流程、系統和外部事件的風險管理，操作風險管理的核心仍然是對人的管理，包括對人的道德、能力的評估和一個良好的激勵相容框架的實施等。董軍（2005）對我國商業銀行人因型操作風險的形成機理進行了分析，將人因型操作風險分為敗德性、知識性、規章性及操作性四類。唐庚榮（2008）從內部經營和外部環境兩個方面，分析了我國保險公司操作風險的主要表現及產生的原因。湯凌霄、張藝霄（2012）採用網路分析法，以國內頗具代表性的四家商業銀行為評估對象，從人員、制度、過程與系統、外部等方面篩選指標並量化建模，發現導致操作風險各影響因素的重要性依次為內部控制、人員素質、公司治理。

2.2 國內外金融機構操作風險度量現狀的評述

從 20 世紀 90 年代操作風險被關注以來，經過多年的發展，國外對操作風險的研究已取得一定成果。Clup（2002），Jeffry（2003）指出操作風險的管控通常有五個階段。第一階段，沒有統一處理操作風險的方法；第二階段，認識到操作風險的重要性，制定相關員工操作風險責任、操作風險識別、度量以及監控的政策；第三階段，開始著手度量操作風險並跟蹤執行情況；第四階段，在全面風險管理理念下開發風險管理系統，正式對每條業務線和產品線度量操作風險，為操作風險的實際風險敞口設置相應的容忍度；第五階段，把操作風險納入全面風險管理過程，通過綜合風險容忍度整合操作風險的定量度量方法。

Geiger（2000）曾指出操作風險管理是雜亂的：無固定的定義和統一的框架，只有模糊的數據、複雜甚或不可信的模型。儘管如此，為減少操作風險管理中由於主觀判斷造成的損失，量化風險仍是操作風險管理的發展方向。目前，國外商業銀行業、保險業和證券業的金融制度與法律制度較為完善和穩定，內部的風險管理制度較為健全，從業者的素質較高，已明確各自行業中操作風險的內涵和形成機理，已擁有較為豐富的操作風險度量技術和方法（雖然準確地量化操作風險還有待進一步研究），已積極建立起操作風險損失數據

庫（雖然損失數據庫並不完善，損失數據仍較難收集），已形成較為完善的操作風險管理流程和制度，已提出較為有針對性的管理措施。但從國外學者研究的金融機構的主體來看，對商業銀行領域的研究相對集中，基本處於上述管理的第四階段或第五階段；對保險公司和投資銀行的研究較少涉及，處於上述管理的第三階段。

1999年，我國學者引進了操作風險的概念，並於2003年開始對其研究。相對於國外較成熟的風險管理理論、較先進的管理方法和度量技術，我國的操作風險理論研究在較長時間內基本停留在語言描述的初級階段，且缺乏有效的風險度量手段。風險的度量是風險管控的重要環節，若跳過風險度量的研究而直奔風險管理的討論就有本末倒置之嫌。所以，近年來隨著業界以及國內學者對操作風險的愈加重視，對操作風險的研究也越來越深入，研究內容開始從管理層面轉向技術層面，研究範式開始從定性描述轉向定量分析。但總體上看，現在仍基本處於操作風險管控的第二階段或第三階段。

目前我國金融機構在操作風險度量方面的研究主要存在四個突出問題：一是研究多集中於商業銀行業，雖然保險業和證券業也是操作風險頻發的行業，但對保險業尤其是證券業的關注相對較少；二是雖然操作風險的度量技術和方法百花爭鳴，但由於方法和所收集的樣本數據的不同，度量的結果存在較大差異，仍未形成共識並缺乏針對性（表2-1列出了近年來各學者採用各種方法對操作風險要求資本的度量結果）；三是歷史數據累積年限比較短，數據資料不夠全面和系統；四是基本針對整個行業（如商業銀行業）來度量操作風險的資本要求，缺乏預測單一金融機構的下一年操作風險損失量的方法。

鑒於操作風險度量的技術手段眾多，下面對金融機構可以採用的方法進行梳理和評述：

表2-1　各學者對商業銀行操作風險要求資本的度量結果的比較

年份	作者	所用方法	樣本數量（件）	度量結果（億元）
2012	陸靜	BMM	439	11.94
2011	豐吉闓	POT	860	1,236
2011	豐吉闓	LDA	860	1,201
2011	李寶寶	POT	205	254
2011	周亮	POT	214	168
2011	周豔菊	LDA	409	39
2011	周豔菊	LDA	409	32

表2-1(續)

年份	作者	所用方法	樣本數量（件）	度量結果（億元）
2010	譚德俊	POT	305	241
2009	張文	POT	382	19
2009	盧安文	LDA	174	697.9
2008	張宏毅	LDA	365	107
2005	樊欣	LDA	71	1,900

2.3 定性度量方法概述

作為操作風險分配資本的最早的支持者之一，Wilson於1995年建議使用定量與定性相結合的「混和方法」來度量操作風險。在《新巴塞爾資本協定》框架採納操作風險的資本計提后，操作風險的度量分析已經逐漸成為研究的焦點之一。儘管伯特·布魯金克等（2003）對操作風險的定量和度量可行性有疑慮和擔憂，但理由並不充分。

操作風險的管理方法可以分為以下三類：定性、定量以及二者相結合。定性方法是通過正確分辨、識別和定性評估金融機構面臨的操作風險，加強內部控制和內部審計，從而對操作風險進行防範和管理。該方法主要依賴主觀判斷。在內部損失數據有限、計量困難的情況下，只有採用該方法作為參照進行操作風險管理。但其受制於專家的主觀判斷和缺乏統一標準，因而導致結果的變化性很大，也無法用直觀的數字來衡量操作風險的大小，不能給操作風險分配資本提供支持。定量方法通過分析金融機構的歷史損失數據、損失頻率以及損失嚴重程度，利用度量技術和方法進行預測、預警，從而精確分配資本。其缺陷是無法定位操作風險發生的原因。鑒於以上兩種方法都有一定缺陷，Currie（2004）認為同時使用兩種方法操作風險經濟資本進行估計更有效。

2.3.1 關鍵風險指標法

風險指標法以業務主管或風險主管制定各個業務種類代表的操作風險的指標為基礎，包括交易失敗的次數、人員週轉率、損失頻率或嚴重性、資產額、業務交易量、防火牆的破壞等。通過監督日常操作的表現，按照損失嚴重程度，將問題及時上報上層管理人員。以銀行為例，可以監控前臺、中臺、后臺

的日常工作。

這種方法理論簡單,但是在實際操作中,需要較大的人力耗費,以及不能區分不同業務種類的操作風險差異。

關鍵風險指標法由以下 3 部分組成:

(1) 目標水平

目標水平將特定風險容忍程度作為可衡量的變量(成本;收益或風險;回報),其值通常不為零。

(2) 閾值水平

閾值水平是指部門負責人關注並採取行動的水平。

(3) 匯報觸發水平

匯報觸發水平是指 CEO 覺得不可接受的、需要上報的風險水平。

2.3.2 基於內部控制的自我評估法

基於內部控制的自我評估法,就是指通過調查問卷、系統性的檢查或公開討論的方式,評估組織中的運作、市場、財務、行政、技術和人力資源等部門及其特徵,找出內部操作風險的強勢和弱點,以識別重要的風險、控制的效果、可能發生的后果等信息。

自我評估法作為內部稽核的工具,還可以監督改正的進度。一旦發現評估結果中有違背機構政策原則的項目,立即上報高級主管人員。具體內容包括:檢查組織結構對業務發展的影響,是否會導致內部矛盾以及矛盾類型;檢查操作流程的權責分離執行情況;信息系統的防護措施、緊急處理程序、援助措施完善檢測;招聘、培訓、留用等人力資源政策與風險管理政策的一致程度檢測;公司內部員工行為準則的明確程度,以及員工違反行為準則時管理層是否採取了相應的糾正措施檢測;此外,還要評估環境變化、產業結構調整以及科技發展等外部因素對經營活動產生的影響。

自我評估方法原理簡單,但是在方法執行過程中存在較大的主觀因素,對執行人員的綜合素質、被調查人員的誠實度以及問卷設計的公平客觀性具有較高的要求。

綜上所述,自我評估法在客觀性和管理反饋所需的時效性方面比較欠缺。

2.3.3 流程分析法

流程分析是在任務層面上,分析企業的操作流程,將其分解為幾個連續的步驟,從而明確在脆弱領域可能導致的操作風險和在流程、執行和相關過程控

制方面的誤差和。當重新建立流程或修正流程控制圖的時候，流程分析方法可以對相關流程的編寫提供一個整體的概念和設計。該方法在審計部門經常使用，編製出一份包括詳細的工作流程和控制圖的清單，列出關鍵的控制點和流程中的相關風險，以作為流程中人物和績效控制的指南。

流程分析可以對流程相關的風險進行識別、分類並確定來源，能夠較嚴密地觀察到風險，但是由於這種分析會產生大量詳細文件，使得保存和使用都不方便，缺乏對大量反饋信息量化的方法。

2.3.4 情景分析法

情景分析是指通過對某一主體或其所處的宏觀環境進行分析的一種特殊研究方法。概括來說，通過對環境的研究，找到影響研究主體或其發展的外部因素，模擬外部因素可能發生的多種交叉情景，對各種可能前景進行分析和預測。對於操作風險度量而言，該方法即是研究和度量特定事件以及不利因素對企業可能的影響。

情景分析的關鍵在於情景的設定，常用的可分為兩種情景：歷史情景和假設情景。

歷史情景分析是以歷史上曾經發生過的事件作為情景，對金融機構或資產組合的表現以及可能出現的風險狀態進行研究。首先，需要分析歷史上曾經發生過的事件；其次，將該時間段內的風險因子波動情形加入目前整體投資組合，然后求出整體投資組合在事件發生時導致的損失狀況。該分析法的主要優點在於客觀，以歷史事件及實際風險因子波動情形為基礎，在 VaR 的計算上有較強的說服力，並且風險因子之間的相關變化，以歷史資料為依據，能夠減少模型的假設。另一個優點是可以與經驗結合，重大歷史事件留下的深刻印象使管理者在設定風險限額時，可以以歷史事件的影響及發生可能性加以評估，使決策更具說服力。歷史情景在使用上也存在缺陷，如歷史事件對人們造成的深刻印象，將使管理者重視對該類事件發生的損失進行規避，卻忽略其他重要風險因子的影響。另外，歷史的極端事件涵蓋範圍不太可能涵蓋所有需要監測的風險因子。所以，利用歷史事件進行情景分析不能完整地反應風險狀況。

假設情景分析是用假設或主觀的情景設定來分析風險狀況，要求分析者對風險特性有比較深入的瞭解。在實踐中，如何設定假設情景更多地體現為一種風險管理藝術。這取決於風險管理人員的個人能力，包括經驗、風險管理的知識以及對相關風險因子的認知與把握。該方法可以彌補歷史情景分析法單調重複過去情景、缺乏動態發展的缺點，是完整把握風險狀況的必要手段。

2.3.5 繪製風險圖法

風險圖可以用來直觀識別哪種風險能夠成為管理控制的主要風險,可以通過有意識減少頻率或者損失來降低風險到可以接受的區域。

設計風險圖的步驟如下:

(1) 根據情景分析或損失數據庫的資料,按操作風險的原因分類,如人員風險、技術風險、外部事件引起的風險等,並在每類風險下確定次級的風險種類。

(2) 評估每類風險的大小及其在業務種類中的重要性,識別銀行中產生風險的脆弱環節、評估現有的風險管理水平和可能發生的最大損失。

(3) 按評估結果排列各種風險,以便進行有效的管理。

但這種定性風險度量方法仍然是比較主觀化的。

以上定性度量方法,在金融機構操作風險度量研究的初期有一定作用,能在技術並不成熟或損失數據不足的情況下有效使用。然而這些方法是專家根據以往發生的操作風險損失做出的主觀判斷,評估結果的準確性基於專家的經驗。部分學者對經驗估計法的客觀性和適用性表示不認同,如 Anders(2003)認為專家的評估最大可能的具有一致性、可比性、可驗證性和真實性是必要條件,而 Peccia(2003)認為專家對風險頻率和強度的估計,比純粹的猜測好不了多少。因此,定性度量方法已隨風險度量技術的快速發展而逐漸變成度量過程的有益補充。

2.4 定量度量方法概述

2.4.1 兩大類度量模型評述

由於定性度量方法其主觀性的存在,使得大量學者採用數理統計法進行操作風險度量研究。學術界和銀行業也在其研究和實踐的過程中,提出了多種度量模型和方法。可以將這些度量模型和方法分為兩大類:

一是自上而下模型。從宏觀的角度對銀行的操作風險進行評估,然后按照一定的規則,將資本配置到相應的分支機構及業務單元。不用去識別時間和損失原因。這種類型包括基本指標法、標準法、CAPM 法。

二是自下而上模型。它採取相反的思路,是建立在對能夠解釋操作風險為什麼和如何發生的事件識別基礎上的。首先從具體的業務單元或流程入手,估

計操作風險；然后對整合的到整個機構的總的操作風險度量結果進行匯總。此類型包括高級衡量法、極值理論法、貝葉斯網路法等。

這兩類方法的視角、實施方法和運用的場合併不相同，具體區別見表 2-2。

表 2-2　　　　　　　自上而下模型與自下而上模型的區別

	自上而下模型	自下而上模型
複雜程度	簡單	複雜
數據要求	不高	高
診斷能力	無	有
風險可控	否	是
是否具有前瞻性	否	是

自上而下的風險度量試圖從最廣的層次上，利用金融機構範圍或全行業範圍的數據來對操作風險進行有效度量。和自下而上模型相比，其弱點在於對實際工作流程和業務執行過程的內在敏感性較低，但優勢在於計算更簡單，對風險類別和損失情境不進行區分，也無須處理損失數據，有效地降低了對損失數據輸入的要求，實施起來也比較容易。而且，該方法是對金融機構整體的風險度量，因而具有相對完善的理論基礎。更重要的是，可以使用可觀測的數據進行風險資本的度量，這易於檢驗估計結果，而且有助於校正自下而上模型。

自下而上的方法是內部風險管理的基礎，資本匯集、與損失報告的過程是自下而上的，即需要逐一匯總產品或單位計算風險，最終得到金融機構總體的風險資本。Allen，Saunders（2004）指出，風險識別和內部管理控制可能更適合採用自下而上模型，而自上而下模型則對於估計經濟資本更有效。

不論從度量的準確性、對風險的敏感性還是在監管資本要求的減少方面，自下而上的方法均明顯優於自上而下的方法，表現在業務單位或利潤中心層面上的準確性更高、能夠給管理者提供關於風險因子和變化的更多信息、對風險度量和風險管理都能提供支持等。但實施該方法主要存在數據方面的困難。自下而上的方法對數據收集的高要求，使得損失數據收集的覆蓋範圍包括所有業務線或單位，而且各單位已經收集到的數據必須全面反應其風險狀況。所以，操作風險數據缺乏是一個始終存在的問題。另外，自下而上的方法對流程的人為拆分，經常會造成過度細化作業流程，從而導致重疊、遺漏，並可能模糊管理人員對總體風險狀況的認識。

操作風險度量存在的困難，使得同時運用這兩類方法會對度量起到更有效

的促進作用，所以自上而下模型是自下而上模型的有效補充。

這裡僅簡單介紹自上而下模型，本書的重點是自下而上模型（如損失分佈法、極值理論法和貝葉斯推斷法）的運用，后面相應章節會詳細介紹並加以實證分析。

2.4.2 自上而下度量方法及評述

操作風險的自上而下度量模型包括一系列的方法，主要有收益波動方法、證券因素模型（Stock Factor Models）、收入支出模型（Income & Expense-based Models）、操作槓桿模型（Operating Leverage Models）、風險截面模型（Risk Profiling Medels）、資本資產定價模型（CAPM）方法和基本指標法等。下面介紹收益波動方法、資本資產定價模型、證券因素模型以及收入支出模型這些具有代表性的方法。

2.4.2.1 收益波動方法

收益波動方法基於下面的假設：公司的資產收益、經營現金流、資產價值或利潤的波動能夠反應公司的風險。因此，如果該波動能夠被歸因於操作風險事件而非其他的金融風險，就能用於評估操作風險。使用該方法需要得到相應的信息用於估計收益波動情況和公司面臨的其他風險事件。由於收益波動可能由其他風險來源引發，所以應當把這些風險排除在外來保證只針對操作風險。

收益波動方法的主要內容如下：

（1）收益序列的獲取

一般而言，最易獲取的信息是會計收益。通過預算數據和其他收益預測信息，就可以把損失估計擴展到未來。時間跨度的收集可以視機構的具體情況而定，但至少應當足以支持提供統計上的證明。數據收集過程中原始數據的一致性和可比性是必須要注意的。部分情況下，收益流並不具有可比性，如機構進行重組、分拆、合併，或被外部機構接管，或在業務經營上出現重大變化。收益序列的變化是由會計政策的調整所致的情況也是要排除的。

（2）市場風險和信用風險影響的排出

理論上，相當一部分歷史收益的波動，是由市場風險和信用風險對機構的影響造成的。可以通過合理的定價機制，將非經交易引發的收益波動中的市場風險單獨識別出來。由信用風險引起的部分波動相對難以估計。然而，由於會計收益一般是建立在歷史成本法的基礎上的，因此任何信用狀況的變化，都將被吸收到總體的收益波動當中。通過仔細分析收益序列，可以避免重複考慮波動中由市場風險信用風險引起的部分。

（3）操作風險事件確認並建模

通過對某些重大的操作風險事件影響仔細分析，並決定是否應當進行單獨確認並建模。歷史收益時間序列通常包括一些操作風險問題，但有可能沒有完全反應出機構的所有潛在暴露。出於謹慎考慮，需要單獨考慮一些可能發生的稀有事件。這需要在風險識別和度量過程中，評估風險事件的影響和發生頻率。外部損失數據庫可以就這種對損失影響和頻率的估計提供支持。同樣的方法可用於對資產價值（包括對金融機構資本的市場價值）的波動建模。

2.4.2.2 資本資產定價模型

Hiwatashi（2002）提出基於 CAPM 的度量方法，思路是運用 CAPM 模型計算出總風險，然后再從中扣除市場風險和信用風險，剩下即為操作風險。樊欣和楊曉光（2004）用 CAPM 模型對浦發銀行和深圳發展銀行進行了操作風險度量的實證分析。雖然這是有益的探索，但鑒於數據不足的局限性，得到的結果不一定準確，分析結果有待於銀行內部數據的進一步驗證。

CAPM 方法認為，對於與市場總體回報相關的風險，投資者應獲得超額收益，而承擔除此以外的公司個體風險，將不能得到補償。與總體回報有關的風險稱為系統風險，剩余的風險稱為特質風險或內生的風險。使用 CAPM 衡量操作風險時，主要涉及金融機構的系統風險參數 β。可以根據公司資產收益率和市場收益的歷史數據，對公司資產的 β 系數進行估計，β 值是不包含公司特有財務風險的，即這是對於除了財務風險外金融公司總體業務風險的度量，所以也可以視為是對操作風險的度量。其計算公式如下：

$$R_{firm} = r_f + \beta_{asset}(r_M - r_f) \qquad (2\text{-}1)$$

其中，R_{firm} 為銀行總體收益；r_f 和 r_M 分別為無風險收益率和市場收益率。而根據公司財務理論，金融機構資產 β 值可通過下式進行估計：

$$\beta_{asset} = \beta_{liability}\frac{L}{L+E} + \beta_{equity}\frac{E}{L+E} \qquad (2\text{-}2)$$

由上式可得到 R_{firm} 的估計。這樣，相應的風險資本要求即為：

$$Capital\ at\ Risk = \frac{requried\ earnings}{R_{firm}} \qquad (2\text{-}3)$$

上式說明金融機構獲取目標收益的基礎，是應具備的風險資本。銀行在確定了自身要求的目標收益和銀行整體的風險收益水平後，就能得到相應的風險資本要求。實際上，這種思路正是收益水平應與風險承擔保持一致的思想的體現。

雖然 CAPM 方法簡便易行，但最大的問題是度量過於籠統，業務風險的

範疇可能遠大於操作風險，這樣的度量使得操作風險可能被過分高估。資產和負債的 β 也不易測量，可能需要使用會計信息進行推導。收益波動方法對於金融機構自身數據及外部數據的甄別和分析要求很高，因為要判別並剝離其他因素的影響，無法考察假設是否符合實際情況。另外，對於金融機構的分支機構不方便使用這類方法。

總的來說，使用會計指標作為估計的出發點還存在難題，其合理性和針對性由於沒有使用可觀測的市場數據進行檢驗，很難得到驗證。另外，正態分佈的假設明顯缺乏依據導致可以預見結果存在較大的偏差。

2.4.2.3 證券因素模型

證券因素模型可以用來分析上市金融機構的操作風險。選取的被解釋變量是股票的市值，解釋變量是一些影響股票市值的因素。在確定了影響股票、收益的因素包括市場風險因素和信用風險因素以後，可以通過數據迴歸出模型。股票收益率的方差中不能被解釋變量解釋的部分就可以作為金融機構面臨的操作風險。證券因素模型可以表示如下：

$$R = a + b_1x_1 + b_2x_2 + b_3x_3 + \cdots + \varepsilon \qquad (2-4)$$

其中：金融機構股票的收益率為 R；影響金融機構股票收益率的第 i 個風險因子為 x_i，其中包括信用風險因子和市場風險因子；因素的敏感程度為 b_i。

證券因素模型的優點是：所需數據比較簡單，便於收集，可操作性較強。其缺點是：該模型從整體上衡量了金融機構所面臨的操作風險，但是無法據此查明操作風險發生在什麼業務線上、損失的類型是什麼以及發生的概率是多少，不利於提高操作風險的管理水平；同時該模型由於以股票市值為目標變量，故它就無法度量非上市金融機構的操作風險。

2.4.2.4 收入模型

與證券因素模型類似，收入模型法的基本思想是，在企業的收入中表現出來的各種風險因素。金融機構的收入是模型的著眼點。把目標變量設為歷史收入，將外部的一些風險因素如市場因素、行業因素和信用因素等設為解釋變量。將這些外部因素不能解釋的收入的波動即方差值作為金融機構的操作風險。該模型度量操作風險使用的是操作風險的廣義定義。也就是說，金融機構淨收入的波動，在很大程度上可以解釋為信用風險和市場風險因素，剩下那些不能被解釋的部分，就可視為金融機構的操作風險引起的淨收入波動。收入模型可以表示為：

$$Income = a + b_1x_1 + b_2x_2 + b_3x_3 + \cdots + \varepsilon \qquad (2-5)$$

其中金融機構的淨收入為 Income，影響金融機構股票收益率的第 i 個風險因子為 x_i，包括信用風險因子和市場風險因子；b_i 為因素的敏感程度。

由操作風險引起的淨收入波動可以表示為：

$$\sigma^2 = \sigma^2_{Total}(1 - R^2) \qquad (2\text{-}6)$$

其中，σ^2 為操作風險引起的金融機構淨收入的波動，σ^2_{Total} 表示金融機構淨收入總的波動，R^2 為迴歸平方和與離差平方和之比，用來主要反應被解釋變量 Income 的波動可在多大程度上能夠被解釋變量 x_i 所解釋。假設金融機構淨收入的波動服從正態分佈，那麼根據正態分佈的特點，就可以得到給定置信區間下由操作風險所引起的非預期損失。

把金融機構看成一個整體是該模型的優點，忽視損失事件的差異，易於理解，運用起來比較簡單；該模型所需的數據和指標不複雜，收集的難度不大，在歷史累積數據不充足的時候，可以季度數據甚至是月度數據作為數據源；模型可操作性較強。

模型的不足在於使用的是操作風險的廣義定義，即將信用風險和市場風險之外的所有風險都視為操作風險。其定義不科學，基本不具備任何定義性或描述性的關鍵詞句，運用該定義增加了對操作風險的識別、衡量和管理的困難程度。收入模型法僅僅估計出了操作風險損失事件導致損失的大小，而沒有對每一個操作風險損失事件的發生概率的估計，從而無法更深入探究金融機構發生操作風險的具體環節和原因，對提升金融機構操作風險管理水平作用有限。

2.5 度量方法之數理統計法對損失數據要求的評述

運用數理統計法度量操作風險的前提是損失數據的可獲得性和完整性，也就是取決於歷史損失數據的質量和數量。Haubenstock，Hardin（2003）認為，當損失事件個數大於 100 並且包括損失非常大的數據（尾部）時，就可以直接對風險建模，使用的數據量越大，度量結果越穩定。《巴塞爾新資本協議》也要求，若用操作風險的高級度量法來計算操作風險，至少需要 5 年的損失觀測數據，若是初次使用高級度量法，必須有 3 年的損失數據。但由於操作風險具有典型的「低頻高損」特點，且金融機構出於維護自身形象的目的不願公布部分風險損失事件，因此操作風險的損失數據普遍難以收集而相對匱乏。Embrechts（2003）認為數據量的不足會對數據的平穩性以及結果產生嚴重不利影響。

金融機構操作風險損失數據的來源無外乎發生於單個金融機構的內部損失數據、同行業（如商業銀行業、投資銀行業或保險業）其他金融機構的外部損失數據以及情景分析數據，數據可取自金融機構自身的報告、監管機構、行業組織和媒體等第三方資源。針對操作風險損失數據不足的現實，國內外學者在度量操作風險時，或通過運用不同的數據補充方法來解決數據缺乏的問題，或運用不同的針對小樣本的技術和方法來研究。其中對數據補充方法的觀點分為兩派：一派學者認為對於風險特徵和風險偏好相似的金融機構，外部損失數據與內部損失數據具有一定的相關性，所以可以簡單地將外部損失數據合併入內部損失數據來度量整個行業的操作風險資本要求；另一派學者認為外部數據的適用性和相關性仍然值得探討，所以不能簡單地合併整個行業的損失數據，而應通過一定方法來處理外部損失數據，再將調整后的外部損失數據和內部損失數據匯同在一起，以彌補數據的不足。考慮到商業銀行、保險公司以及證券公司等金融機構操作風險的內涵、特徵和風險源存在相同之處，下面就對這三類金融機構在操作風險度量方面的研究以數據補充處理方式為線索進行綜述和評述，包括簡單合併整個行業損失數據后所選擇的度量技術，以及對外部損失數據處理后再合併入內部損失數據所選擇的度量技術。

2.6 度量方法之簡單合併整個行業損失數據的文獻回顧與評述

早在 1995 年，Wilson 就從理論上分析了如何運用 VaR 技術，通過商業銀行內、外部損失數據庫來度量操作風險所要求的資本問題。Nash（2003）指出，有證據顯示如果商業銀行不採用外部損失數據來彌補數據不足的話，就不能準確地估計出操作風險分佈的尾部，這很難讓監管當局相信度量方法的可行性，所以商業銀行採用外部損失數據是不可避免的。Fontnouvelle 等（2006）採用 OpRisk Analytics，OpVantage 兩家數據公司從公共信息渠道收集的損失數據，對國際活躍銀行所需提取的操作風險資本金進行了模擬測算，結果表明利用外部數據能很好地測算操作風險所需的資本要求。Basel II 指出：「若有理由認定商業銀行面臨潛在的高損低頻的風險暴露，商業銀行的操作風險度量系統必須使用公開的數據與行業混合數據（包括外部數據）。」[1] 所以，出於數據缺

---

[1] 詹原瑞，劉睿. 中國商業銀行內部詐欺風險的實證研究 [J]. 金融研究，2007（12）.

乏的現狀，量化操作風險時一般需要合併單個金融機構以外的外部數據。對於投資銀行和保險公司，內部損失數據庫的建設遠不及商業銀行，因此外部損失數據更是必要的補充。

在合併內、外部損失數據解決數據缺乏的問題后，接下來就是選擇合適的度量技術和方法，以用實證分析來驗證其的度量效果。下面就對合併數據后，業界及國內外學者所採用的度量方法進行回顧和評述。

2.6.1 巴塞爾委員會提出的三類度量方法

2004年5月，通過廣泛諮詢各方意見與多次定量調查，BCBS提出了三種對操作風險資本要求進行度量的方法：基本指標法、標準法和高級計量法（Advanced Measurement Approaches，AMA）。銀行可採用VaR方法估計和確定資本要求，並鼓勵金融機構結合自身特點研發操作風險計量體系。基本指標法是指操作風險與代表商業銀行總體風險暴露的指標（商業銀行前三年總收入的平均值）成正比。標準法的原理與基本指標法相同，也是將銀行的總收入作為目標變量，然後乘以一個固定的系數來得到操作風險值，只是對基本指標法進行了部分改進，把商業銀行的業務劃分為八類，以增加對商業銀行業務特徵的風險敏感度。這兩種方法僅適合處於操作風險管理初級階段的金融機構，其度量結果受到質疑，Pezier（2004）認為《巴塞爾新資本協議》的基本指標法和標準法中使用的收入指標與操作風險缺乏足夠的相關性。

在高級計量法中，又分為內部衡量法（Internal Measurement Approaches，IMA）、積分卡法（Scorecard Approaches，SA）和損失分佈法（Loss Distribution Approach，LDA）。內部衡量法是在標準法的基礎上增加七種損失事件類型，以使計算結果更具風險敏感性，但這種方法對單個的金融機構仍缺乏針對性。積分卡法是指商業銀行依據行業標準制定一個風險初始值，再通過積分卡方法來不斷地修正。這種方法偏重於全面的定性分析，較少依賴於歷史數據，能夠與銀行的風險和內控制度相契合，但由於該方法所選取的指標和權重均由專家來確定，所以其度量結果具有一定的主觀性。2002年6月，BCBS推出了損失分佈法，這是通過操作風險損失數據調查（LDCE）來收集操作風險損失數據，再來估計商業銀行的各業務線和損失事件類型的損失強度分佈和頻率分佈。

Lawrence（2003）在分析了商業銀行內部數據充足和匱乏的條件下，就怎樣選擇高級計量方法度量操作風險資本為銀行提供了新的思路。田玲和蔡秋杰（2003）指出：基本指標法通常只適用於中小規模的銀行，雖然操作較為簡

單,但有相對呆板的缺陷;用標準化方法度量得到的風險資本金較高,經常會超過必需的風險準備。而損失分佈法和極值理論方法雖然較好,但對數據的要求太高,從而得出結論:內部衡量法能很好地適合於絕大部分國內商業銀行的自身業務狀況(包括業務規模、業務類別、範圍等)。王旭東(2004)認為,基本指標法因為過於簡單不適合我國的金融機構,內部衡量法要求的標準也不適應我國的金融機構,極值理論法更為準確但受限於當前數據不足的狀況,而標準法的計算不複雜應該是我國銀行量化管理操作風險的短期努力方向。陳珏宇等在2008年採用保險精算法和Copula函數對內部衡量法進行了深入研究,推出了以中等頻數和中等損失情況為基礎的內部衡量法計算公式,並設計了通過內部衡量法對操作風險進行度量的使用框架。

上面的綜述表明,在採用什麼方法來對操作風險進行度量的問題上,國內外學者都還處於探索階段,如何對內外部操作風險損失數據進行有效的合併是主要困難之一。

2.6.2 損失分佈法的文獻回顧與評述

2.6.2.1 損失分佈法的優勢和關鍵點

損失分佈法的風險度量是以歷史操作風險損失數據為基礎的,其度量結果具有客觀性,且所採用的技術是開放式的,因此它是目前國內外學者研究最頻繁的方法之一。但在實際應用中,它有兩個關鍵問題:一是強調較為複雜的數學模型和數據處理技術;二是對有效的歷史損失數據量要求較高。

2.6.2.2 國內外對分佈選擇的文獻回顧

損失分佈法中的分佈選擇是最基礎和最重要的前提。雖然Basel II、Basel III並沒有規定商業銀行操作風險的分佈類型,但Basel III要求商業銀行假定的操作風險損失分佈能體現出確實存在的、超過閾值的操作風險數據特徵,那麼這個假定和監管者期望、潛在操作損失數據是一致的(BIS,2010)。Jorion(2001)分析了如何採用損失分佈法來對操作風險需要的資本進行計算,但探討不夠深入也未進行實證分析。Bollen,Wallin(2008)在內部數據充足程度不一樣的條件下就如何選擇基於損失分佈法來度量操作風險需要的資本進行了分析。Santiago,Alberto(2010)認為,只有分析極端損失數據分佈才能準確度量操作風險,通過分別估計損失頻率和強度分佈可以得到總損失的分佈,並指出頻率分佈不能明顯影響操作風險的度量結果,起關鍵作用的是強度分佈的選擇。因此,選擇合適的操作風險損失分佈是完善度量模型和管理方法的先決條件。對此,國外學者對損失分佈的選取進行了研究。

De Fontnouvelle 等（2003）利用內、外部損失數據進行了實證分析，認為帕累托型分佈能較好的解釋損失分佈的特性。De Fontnouvelle，Rosengren（2004）發現操作風險損失數據具有厚尾特性，通過對伽瑪分佈、對數伽瑪分佈、指數分佈、布爾分佈、帕累托分佈、廣義帕累托分佈、威布爾分佈和重對數分佈等進行比較分析，認為帕累托分佈表現出很好的擬合性。而 Dutta，Perry（2006）通過對指數分佈、削峰對數正態分佈、重對數分佈、伽瑪分佈、第二類廣義伽瑪分佈、廣義帕累托分佈、威布爾分佈和 g-h 分佈等進行驗證，認為 g-h 分佈的擬合性和計算結果的合理性均優於其他分佈。Degen 等（2007）分析了 g-h 分佈特性與極值理論之間的關係，發現 g-h 收斂於廣義帕累托分佈的速度很慢，並且在 g-h 分佈擬合效果很好的情況下採用極值理論可能會得到錯誤的結果。在實踐中，泊松分佈在操作風險分佈的選擇中使用最為頻繁，負的貝奴里分佈（Negative Binomial）居於其次（BIS，2010）。但 Shevchenko（2010）採用數值算法能成功得到總損失的分佈，這些算法包括傅里葉轉換（Fourier transformation）和蒙特卡洛（Monte Carlo）方法。

在國內的研究成果方面，唐國儲和劉京軍（2005）分析了商業銀行如何執行 LDA，並從操作風險損失業務部門、事件類型和損失分佈額度的估計方法方面，對利用高級計量法進行度量的可行性和會遇到的現實問題進行了研究。樊欣和楊曉光（2005）從公開媒體報導中收集到 71 個我國銀行業操作風險的損失數據，分別對損失的發生頻率和強度分佈進行估計，並使用蒙特卡羅模擬方法進行 1,000 次模擬而得到在一定置信度下操作風險損失分位數。曲紹強等（2006）對損失分佈法中的數據收集和模型選擇等問題進行了探討，針對國內金融機構的現實情況提出理論建議，但缺乏實證研究。周好文等（2006）的研究結果顯示，我國銀行內部詐欺事件發生的概率服從泊松分佈，然后通過蒙特卡洛仿真得出了各置信水平下一年期由於銀行內部詐欺給整個銀行業帶來的損失金額。袁德磊和趙定濤（2007）分析了收集到的我國銀行操作風險損失數據，得出了內、外部詐欺是操作風險損失事件的主要類型的結論，並定量性地對操作損失的頻度和強度分佈進行了分析。張宏毅和陸靜（2008）用損失分佈法實證分析了國內商業銀行面臨的操作風險，認為國內各商業銀行需要為操作風險配置 107 億元的資本，提取如此大規模的撥備明顯已經超出眾多商業銀行的承受能力，所以作者認為由於損失分佈法估計的經驗分佈不能準確描述操作風險損失的尾部特徵，它在一定程度上具有高估操作風險的可能性。楊曄和何焱（2010）的實證結果表明，我國商業銀行在確定使用損失分佈法時可以考慮使用柯爾莫哥洛夫檢驗法檢驗樣本符合何種分佈，在確定符合何種分佈

時可優先考慮是否符合廣義帕累托分佈。司馬則茜（2011）採用具有厚尾特點的 g-h 分佈，將中國銀行業作為一個整體來度量操作風險。

部分國內外學者還結合貝葉斯方法來研究。Alexander（2003）通過比較貝葉斯估計、極大似然估計和其他經典估計法（如矩估計），認為貝葉斯估計更適用於操作風險的參數估計。Yasuda（2003）應用 Bayes 估計法對操作風險的度量展開有益的研究，給出了利用錯誤率計算風險的 Bayes 模型。Martin 等（2005）分析了基於損失頻率和損失金額來計算總體操作風險的方法，認為可以採用添加效率函數來解釋頻率與金額之間的關係，可以基於貝葉斯方法來研究決定效率函數的因素和這些因素會怎樣對頻率、金額產生影響。Shevchenko，Wuthrich（2006）對用於操作風險頻度和強度的共扼分佈族進行了介紹，對先驗分佈參數的估計方法進行了研究，並給出核心資本的計算方法，認為此模型可以實現內部數據和外部數據的有效融合。Peters，Sisson（2006）研究了不具有共扼分佈的強度分佈 g-and-h 分佈和 GB2 分佈，將 Bayes 模型擴展到非共扼分佈類型。Lambrigger 等（2007）以共扼分佈為基礎，將內外部數據和專家數據綜合在一起，來計算損失頻度和損失強度的 Bayes 估計模型。陸靜和唐小我（2008）通過貝葉斯推理，建立起商業銀行操作風險的預警系統，以便在出現可能導致巨額損失時商業銀行能夠及時採取措施化解操作風險。葉永剛和曲錯（2008）基於貝葉斯網路和蒙特卡羅模擬方法，獲得連續變量在獨立和相關情況下的操作風險總損失密度函數、總損失值、損失分位數，從而給出度量和管理商業銀行操作風險的一般性方法。

2.6.2.3 損失分佈法研究的不足

雖然損失分佈法有諸多優點，但在目前學者更多地將關注目光集中於分佈選擇的情況下，部分學者還是對運用損失分佈法的困難和挑戰提出自己的看法。鐘偉和沈聞一（2004）認為，歷史數據的缺失等問題是損失分佈法在實際應用中所面臨的難題。貝葉斯估計是一種借助於先驗信息，將操作風險的歷史損失數據、情景分析和內控環境等因素結合在一起建模的參數估計方法，它能夠較好地解決操作風險度量中數據量少和數據不完全的難題，在小樣本的推斷分析中具有明顯的優勢。雖然有學者結合貝葉斯方法來進行損失頻率分佈和損失金額分佈，但在求解參數后驗分佈時需進行高維積分運算，對這個異常複雜的數值計算，上述文獻中少有加以解決，這成為貝葉斯方法在實際運用中的硬傷。也就是說，運用損失分佈法來度量操作風險時，小樣本問題仍是一道關鍵的障礙，這個問題仍值得研究。

2.6.3 極值理論法的文獻回顧與評述

2.6.3.1 極值理論法的優點

操作風險「低頻高危」的特徵導致其並不服從正態分佈，而是呈現尖峰厚尾的分佈。也就是說，分佈的尾部更能反應出極端操作風險事件所引發的巨額損失，若能處理好分佈的尾部就能更真實地反應出操作風險的特徵。損失分佈法具有較難處理分佈尾部的缺陷。極值理論（Extreme Value Theory，EVT）是用於分析、評估和預測極端異常事件風險或小概率事件風險的技術，它並沒有預先假設損失數據服從何種分佈，而是依靠樣本數據本身來得到總體中極值的變化性質，這從理論上而言優於損失分佈法，因此極值理論是個公認的能較好衡量損失分佈尾部及損失極值的方法。

極值理論是次序統計理論的一個分支。在 1923 年和 1928 年，Dodd, Fisher 分別開始研究極值理論，1943 年 Gendendo 建立了極值定理，1955 年 Jenkinson 在極值風險研究中採用了極值理論，接著極值理論被越來越廣泛地應用於自然科學領域，並逐漸延伸至金融領域。極值理論主要包括 POT（Peaks Vver Threshold）模型和 BMM（Block Maxima Methods）模型。這兩類模型不需要處理所有損失數據，而是對損失數據中超過某一足夠大的閾值的樣本來建模，只考慮尾部的近似表達，因此可以非常有效地使用較為有限的極端損失值。眾多學者將其應用於操作風險的度量研究中。

2.6.3.2 國內外對極值理論法建模的文獻回顧

McNeil（1999）在操作風險量化管理中採用極值理論來分析研究，但只停留在理論分析，並沒有對操作風險管理提出具體的對策。Hubner（2001）基於極值理論構建出操作風險的 VaR 模型。King（2001）的 Delta-EVT 模型，在理論上分析了使用 Delta 因子來測算低頻高危事件的損失以及使用極值理論從事操作風險度量的方法，從而彌補了基於廣義帕雷托分佈的完全參數方法的不足。Medova, Kyriacou（2001）採用極值理論對度量極端操作風險產生的損失所需要的經濟資本進行了詳細討論，並對極值理論在操作風險資本配置中的作用進行了分析（2003）。Annalisa, Claudio（2003）採取以廣義帕累托分佈（GPD）的 POT 模型為基礎來刻畫操作風險的尾部特徵，用 Student's t-copula 模擬不同業務線損失的相關結構，認為 EVT 和 t-copula 相結合能夠更好地描述操作風險的損失情況。Moscadelli（2004）對多種傳統的精算技術進行比較，指出極值模型能很好地描述操作風險損失數據的特性。Demoulin 等（2006）用 POT 方法對操作風險損失數據進行研究，發現把相關性和非平穩性加以考

慮的極值理論方法是一個具有隨數據庫的增大而進行自我改進的、快捷、方便和靈活的度量操作風險方法。

全登華（2002）對極值理論和 POT 模型在度量操作風險 VaR 的應用與優缺點進行了介紹。陳學華（2003）對應用 VaR 模度量商業銀行的操作風險進行了研究，認為 POT 模型能夠對分佈尾部的分位數進行準確描述，計算較為簡便。高麗君等（2006）基於極值理論建立起 HKKP 模型，估計出給定置信區間下操作風險損失的分位數。徐明聖（2007）對極值理論在金融建模中的改進進行了探討，但缺乏實證分析。楊旭（2006）通過單變量極值理論首先建立單個損失事件的計量模型，再通過多變量極值的連接函數來反應損失事件之間的尾部相依性，然而卻只停留在理論研究而缺乏相關實證的分析。詹原瑞和劉睿（2007）通過極值理論對我國銀行業內部詐欺風險及其經濟資本進行度量，通過引入隨機模擬抽樣方法 MCMC 來估計 POT 模型的參數，以解決樣本數據不足時極大似然估計中誤差增大的問題。張文和張屹山（2007）以某商業銀行 1988—2002 年的操作風險損失事件為例，對 POT 模型在不同置信水平下的 VaR 和 ES 值進行估算，從而得到該行在一年這個時間段內應對操作風險所需的經濟資本。但這在國內單個銀行損失數據嚴重不足的狀況下，現實意義並不大。鄒薇和陳雲（2007）在操作風險損失數據不完全的情況下選取特定的風險因子，借助 Delta-EVT 模型計算由風險因子導致的操作風險損失，測算分行經營過程中和向總行傳遞信息過程中由於制度設計不合理導致的操作風險。李興波等（2009）採用極值理論對操作風險進行計量，使用 GPD 分佈和 Poisson 分佈分別擬合損失事件的發生程度與發生頻率，以計算出操作風險的資本要求。吳恒煜等（2009）以 1994—2007 年的商業銀行操作風險損失數據為例，採取極值理論計算出在 99.9% 的置信水平下，國內所有商業銀行每年需要配置的操作風險資本金額度為 338 億元。錢藝平等（2010）用 BMM 模型估計了國內商業銀行操作風險損失極端值分佈，從而得到操作風險損失 VaR 值。陸靜（2012）用分塊極大值方法和概率加權矩參數估計法，對中國商業銀行 1990—2009 年的操作風險數據進行了實證。

2.6.3.3　POT 模型閾值確定問題的文獻回顧與不足

POT 模型在實際應用中存在一個難題，它只針對超過較大閾值（臨界點）的數據建模，所以有著閾值設定與極端損失數據不足的矛盾：POT 模型雖然能很好地處理損失極值，但前提是必須設定好閾值，因為只有在高閾值的水平上，度量結果的偏差才小，模型才能較好適用；POT 模型只處理分佈的尾部，高閾值會使得極端損失數據更少，進入尾部區域的樣本數據更少，這會使得方

差變大。因此，如何在確定較高閾值和保證較充足樣本數據之間找到平衡點，關係到POT模型度量結果的準確性。Medova（2001）、Chapelle等（2005）認為可將極值理論應用於重大操作風險的度量中，可通過對樣本數據中超過某一足夠大的閾值的數據進行建模，但也指出這種方法的準確性會因損失數據的不足而受到嚴重影響。Embrechts等（2003）認為在數據具備一定容量的前提下，極值理論是估計損失分佈高分位數的恰當方法，通過仿真研究即得到可靠的高分位數，因此對於量化數據較容易得到的操作風險類型，極值理論是一種很好的方法。Mignola，Ugoccioni（2005）用極值理論結合操作風險數據對操作風險進行了實證分析，認為該方法的適用性高度依賴於分佈的形態、分佈的規模和位置特徵。鑒於在模型的使用中，閾值的設定至關重要且較有爭議，有學者對此進行了有針對性的研究。

　　Embrechts（1997）提出使用模擬法，通過比較不同閾值中極值指數的形狀來確定閾值的大小。Dupuis（1998）認為應從參數穩健性的角度考慮來確定閾值。Resnick（1998）採用光滑的矩估計值對極值指數建模以得到其估計值。Ferreira（2002）用自助法得到GEV模型（Generalized Extreme Value）閾值的漸進結果。Brazauskas，Serfling（2003）對Pareto分佈的極值指數構造出新的穩健估計，並提出對Pareto分佈的診斷和檢驗方法。Matthy，Beiriant（2003）通過最小化某一均方誤差或漸進二階矩來獲得閾值，對GEV模型建立了指數迴歸模型。Moscadelli（2004）採用樣本均值超額函數確定閾值。高麗君等（2006）在閾值的確定上採用了最小化估計的累積概率分佈與經驗累計概率分佈平均平方誤差的方法確定閾值。高麗君等（2007）估計了國內商業銀行操作風險損失的極端值分佈，採取均值超額函數圖和擬合直線的交點來確定閾值，從而得到在指定置信水平下操作風險損失的分位數，但由於其閾值選擇較粗糙且樣本數據較少，因此度量結果的說服力值得商榷。

　　由上述研究可知，目前學者在POT閾值的選取上主要是在觀察圖形的基礎上借助於主觀經驗來進行直覺判斷的，閾值設定方法還較為隨意和模糊，並未達成統一的共識，這使得操作風險度量結果的可靠性值得商榷，所以閾值確定方法仍值得進一步研究。

2.6.4　其他模型的文獻回顧

　　除了上述的損失分佈法和極值理論法以外，國際先進金融機構的操作風險度量模型還有操作風險價值法（Operation Value at Risk，OpVaR）、信息熵、貝葉斯網路等方法。

Cruz 等（1998）使用一系列的統計技術來估計操作風險損失程度，並提出操作風險在險價值（VaR）的概念，目前 VaR 模型已是操作風險量化建模的核心，不少度量模型都建立在其基礎之上。Jordan 等（2003）構建出基於 VaR 模型的商業銀行操作風險資本金需求的度量方法。Jose（2007）用 VaR 模型對商業銀行操作風險的經濟資本進行了度量，考慮到不同水平操作風險的相關性，還對風險資本進行壓力測試和敏感性分析。由於 VaR 模型沒有考慮到尾部風險，且它不滿足次可加性。為彌補 VaR 的缺陷，Artzne 等（1999）提出損失期望值（Expected Shortfall，ES）的概念，Rockafeller，Uryasev（1999）提出條件風險值（Conditional Value-Risk，CVaR）的概念。Nikolas 等（2002）用 CVaR 對資本配置進行分析與實證研究，完成 CVaR 從市場風險度量到多樣化風險度量的轉變。Moscadelli（2004）通過推導超過一定臨界水平的操作風險損失的具體分佈函數，得到一定置信水平下 VaR 和 ES 的估計值。

此外，Cruz（2000）開發出評估操作風險的模糊邏輯系統。Carol（2000）認為，貝葉斯網路（BBN）模型可以對操作風險進行量化，也就是為一個問題建立無數個 BBN 網路框架，然后通過返回檢驗來判斷出最好的網路設計和對非量化變量最好的估計。King（2001）在缺乏全面風險數據的情況下，用基於誤差傳播的 Delta 方法，進行收入不確定對風險因素不確定性的敏感性分析。此方法把預測損失納入模型，通過敏感性將風險度量和業務活動聯繫起來。Dobel 等（2004）用布朗運動隨機過程從價值鏈角度對操作風險集成建模，用以加強綜合經營績效考核。Kuhn，Neu（2003）採用物理學上的 lattice gas 模型，利用相互支持過程的功能型異質耦合來為連續故障之間的相關性建模，在動態模型中展示運作過程中故障的突發性和爆發性等集群性現象，在數據不足的情況下，這種方法可能合適。Hübner 等（2005）對操作風險和信用風險模型的特徵與風險驅動因素進行比較，參考了信用風險 CreditRisk+ 模型的原理創建了 OpRisk+ 模型，此模型適用於操作風險損失數據較少的情況。

國內研究方面。嚴太華等（2001）從信息熵的角度對商業銀行風險計量，並給出一般的風險計量模型，但未體現出操作風險低頻高損的特點。梁繽尹（2005）通過對操作風險內部模型的比較，認為基於信息熵的衡量模型可以有效地度量我國銀行業的操作風險，並通過分析模型特點設計了用於解決數據不完全問題的信息熵模型和主要的實施方案，但並未進行實證分析來說明其效果。楊曉虎（2010）根據分區多目標風險方法度量操作風險，並在此基礎上根據信息熵的理論給出最優的資本需求及其模型，但要求初始密度函數的極值分佈收斂於耿貝爾類型。

嵇尚洲和陳方正（2003）指出，貝葉斯網路模型的良好特性能夠度量操作風險，特別是相當難以量化的人員風險，但未展開實證量化研究。溫樹海（2005）認為，貝葉斯網路模型能夠解決操作風險管理中歷史數據缺乏的問題，而且通過情景分析和因果分析能得到影響關鍵風險指標的關鍵誘因排序，是一個非常直觀也非常有用的操作風險管理工具，但也未進行實證分析。薄純林和王宗軍（2008）運用貝葉斯網路模型研究了國內商業銀行的操作風險管理，並用實例分析了貝葉斯網路在銀行操作風險方面的建模及其應用。陸靜和王捷（2012）運用貝葉斯網路構建商業銀行全面風險的拓撲結構，將各類風險誘因對商業銀行的影響納入具有因果關聯的網路結構中，並測算了各類指標對全面風險的影響程度。

楊善林等（2008）認為，DS證據理論對不完全信息有較好的處理能力，符合商業銀行操作風險測度信息的不完全性和時間序列的非穩態性等特徵，能夠利用證據理論來量化並合成從不同信息源（專家）獲得的評價信息，以及度量風險監控水平。趙蕾和張慶洪（2010）採用以拓撲數據模型為基礎的操作風險影像圖來進行操作風險的度量，針對操作風險特點來關注控制和流程的失敗，更加充分地利用了歷史事件中所包含的信息，來解決操作風險數據模型不足的問題。

2.7 度量方法之將外部損失數據處理再合併的文獻回顧與評述

2.7.1 簡單合併內、外部損失數據存在問題的文獻回顧與評述

有學者對將內、外部損失數據簡單合併在一起使用的這種數據處理方法表示質疑，認為可靠性不高。畢竟不同商業銀行（或不同投資銀行，或不同保險公司）的資產規模、產品線、業務流程、風險偏好及風控體系是有差別的，即便都是同一行業，單個金融機構的損失數據也是服從不同分佈的。因此，簡單地混合內外數據來當作單個金融機構的損失數據的做法比較牽強，會改變原有數據的分佈特徵，在此基礎上建立的數學模型會降低度量結果的精確性。Rachev等（2003）利用歐洲公開報導的操作損失數據對穩健統計理論進行了分析，發現操作損失數據極端值嚴重，有5%的數據屬於局外數據不適合大數據模型，而這些局外數據占到置信區間的99%和VaR的70%。De Fontnouvelle等（2006）用SAS OpRisk, Fitch OpVar的數據做研究時，發現外部損失數據

具有明顯的報告選擇偏差。

2.7.2 外部數據調整合併入內部數據的方法的文獻回顧與評述

鑒於此，有學者提出將外部損失數據調整后再合併入內部損失數據的思路。Shih 等（2000）運用收入指標對外部損失數據進行調整。Baud 等（2002）指出金融機構度量操作風險時，能夠混合與自己內部損失數據分佈相同的其他機構的損失數據，但要用大於臨界值的外部數據（即外部數據的尾部），這種方法對臨界值的精度有較高的要求，作者沒有給出具體的臨界值選取方法。Haubenstock，Hardin（2003）建議把兩種或兩種以上標準業務線的數據分佈進行加權平均處理，來調整外部損失數據。Reynold，Syer（2003）建議用相對相關方法（相對相關方法是使用公開的操作風險事件來對缺乏足夠數據的風險類型估計其損失分佈的一種方法）或貝葉斯方法，以調整外部損失數據。Cagan（2005）認為受損失的業務部門通常不是該銀行的核心業務，或者銀行沒有投入足夠的資源進行控制，因此對外部損失數據的調整不應該只涉及收入指標，還應考慮到更多因素。Aue，Kalkbrener（2007）將外部操作風險損失數據按照一定權重加進歷史損失數據庫中，並將情景分析數據作為歷史損失數據庫的重要來源，以彌補歷史損失數據量的不足。

以上文獻中的外部數據調整方法主要是依據收入指標或加入情景分析數據或運用其他方法，但收入規模與操作風險發生概率的相關性值得商榷，情景數據也頗帶主觀色彩，其他方法只處於初級的理論探索中，所以有效整合內外損失數據仍是一道關鍵的障礙。

2.7.3 用信度模型整合外部數據的文獻回顧與評述

信度理論（Credibility Theory）的 Bühlmann-Straub 信度模型是通過合理利用本保單組合近期損失數據和主觀選擇的類似險種同期損失數據來估計和預測后驗保費的。因此，單個金融機構次年的操作風險損失金額完全可以根據本機構和行業內其他金融機構的歷史損失數據以信度因子為權重來分攤推斷。

Frachot 等（2002）認為可以用壽險精算信度理論中的部分信度理論來對外部數據進行處理後再合併入內部數據，這樣就能夠採取損失分佈法來對操作風險進行度量，但作者沒有給出實證分析。王旭東（2004）從理論上分析了Bühlaman 模型，認為這個模型能夠照顧到缺少損失數據的狀況，可以將其引入操作風險的度量中，但他未進行更深的分析和實證研究。張宏毅和陸靜（2006）提出可借鑑保險領域中的信度理論來將不同銀行間的操作風險損失頻

度數據進行合併，作者認為此方法能確保合併后的數據庫產生無偏估計，然而研究只停留在理論上，並未付諸實施。田華和童中文（2008）提出了運用部分信度理論首先分別求出内外部數據的監管資本，然后混合數據，從而能夠獲得商業銀行操作風險的測度。雖然這為如何解決操作風險數據缺乏的難題提供了很好的理論思路，但其可行性沒有被檢驗。吳翔（2011）認為合併操作風險内、外部數據時可以採用信度理論中的 Buhlmann 模型。雖然作者進行了實證分析，但鑒於樣本數據有限且僅僅分析了兩家國有商業銀行，所以不具有很大的現實指導意義。陸靜和郭蕾（2012）採用 POT 模型與部分可信性信度模型相結合的方法來混合操作風險内、外部數據並測算風險資本要求的，但他僅僅把樣本數據分為 7 組，分別為：工農中建四大國有商業銀行、股份制銀行、信用社和其他銀行、全部銀行，然后分別得到六組的信度因子及混合數據的極值 VaR。這種方法的不足之處在於：各組樣本數據在 91 和 195 個之間，數據容量的有限易產生偏差；信度因子在 0.092,074 和 0.156,791 之間，距離 0 更近，說明損失金額基本可以參考本組的歷史數據進行推斷，但這個結論並無意義。因為此組數據本來就是採用同一家銀行或一類銀行的，所以仍然沒有為如何採用信度模型混合内、外部數據提供方法上的支持。

從以上的文獻研究來看，如何利用信度模型有效整合内、外部損失數據，甚至預測出次年單個金融機構的操作風險損失量仍是一道障礙。

2.8 小結

本章對解決數據缺乏后度量技術選擇、小樣本下度量技術選擇的相關文獻進行了梳理和評述。綜觀國内外學界和業界的研究可以發現，學者們一致認為量化操作風險和確定其所要求資本的研究具有很高理論與實踐價值，但對金融機構操作風險度量的研究仍存在下述盲點：

（1）雖然對操作風險損失數據的收集和風險量化已達成共識，但目前用數理模型對操作風險的損失進行度量和估計以商業銀行為主體，尚未對投資銀行和保險公司這兩類金融機構進行深入的探索。

（2）學者們一致認為金融機構操作風險損失數據的缺乏制約了進一步的研究，雖然眾多學者從不同的角度研究了度量模型和技術，但操作風險誘因的複雜性、數據的特殊性使得這些度量模型或多或少都有些缺陷，國内外業界和學者對度量技術和方法的選擇還存在較大的分歧與爭議。

(3) 基本都是對整個行業（如商業銀行業）來度量操作風險的資本要求，缺乏預測單一金融機構的下一年操作風險損失量的方法。

在眾多的度量方法中，損失分佈法和極值理論是研究熱點，特別是在小樣本下對損失分佈法中分佈的參數估計、極值理論中閾值的確定仍值得繼續探討。Bühlaman 模型可以在數據不足的情況下達到較好的風險度量效果，但現在還少有研究。目前我國尚未形成清晰的操作風險度量體系，本書研究的切入點就是上述三種方法，后面的章節結合我國金融行業操作風險的現實情況，重點研究改進這三種方法，以構建適合於我國金融機構風險特徵的、通用的操作風險度量模型，縮小實踐中我國操作風險度量水平與國際上的差距。

3 度量三類金融機構操作風險的理論鋪墊

3.1 金融機構的風險概述

3.1.1 風險概述

3.1.1.1 風險的定義

風險是無時不在、無處不在的,具體是指不確定性。金融機構在經營過程中會受各種外部因素和內部因素的影響而遭遇各種未知事件,這些未知事件具有不確定性,其發生的概率和影響程度無法事先預知,可能表現為損失也可能成為收益。

3.1.1.2 風險的特徵

(1) 風險的客觀性

風險是客觀存在、不可避免的,只能通過盡量防範來減少其所帶來的損失,而不能奢望根除風險,就如同地震、臺風等自然傷害。這種客觀性就要求人們要充分認識、承認風險,探索其產生的規律,從而使得人們能夠認識風險、評估風險、管理風險。

(2) 風險具有突發性

風險事件的發生及其后果都具有偶然性。風險事件是否發生的原因、發生的時間以及發生造成的后果,都具有隨機性和突發性,使人感到措手不及,難以應付。這一屬性對我們加強對風險的預警和防範研究,建立風險預警系統和防範機制,完善風險管理系統提出了較高要求。

(3) 風險具有相對性

風險總是相對而言的、變化的,它跟風險的客體即風險事件本身所處時間

和環境有關，同時跟風險的主體，即從事風險活動的人有密切的關係。同樣的風險，對於不同的主體，由於自身條件、能力和所處的環境的不同，會產生不同的影響。對風險事故的承受能力，會因人和時間的不同而不同。

（4）風險具有可控性

風險在一定程度上，是可以控制的。當條件改變的話，引起風險事件的后果可能也就改變了。

3.1.2 商業銀行面臨的風險

商業銀行是經營貨幣的特殊企業，風險是商業銀行的基本屬性，而風險配置則是商業銀行的基本功能之一。這就要求商業銀行對管理和經營進行變革，從而尋求最佳資源配置，實現降低風險的負效應，發揮正效應，提高金融效率的目標。具體劃分如下：

3.1.2.1 信用風險

信用風險是一種在商業銀行中最常見和最普遍的風險。信用風險是指債務人或交易項由於對方的違約行為所招致的可能損失的風險。信用風險是金融機構最傳統的常見風險類別，這決定於金融業務所特有的契約性很強的性質。信用風險的形式隨著不斷演進發展的金融業務，它所涉及的範圍已突破了傳統的銀行業務，涵蓋了外匯、證券及其衍生產品以及一切由合約形式所確定的實際或潛在的金融交易。信用風險在商業銀行經營活動，是一種客觀存在的現象。商業銀行從事的絕大多數業務，都是在承擔一定信用風險的前提下開展的，故銀行也被視為經營風險的企業。由於風險具有的不確定性，是市場經濟的根本屬性，因而無法準確地對它進行預料和判斷。只有通過樹立起信用風險觀念，提高對風險的識別和防範能力，才能對商業銀行的正常經營和盈利進行有效保證。

信用風險來源包含兩個方面：一是失誤的預測判斷。貸款發生前，銀行對客戶的資信情況不清楚完整，對外部經濟環境和消費需求等沒有進行成功的分析判斷，沒有對貸款項目的風險性指標和盈利性指標等進行科學、準確的分析和判斷。二是跟蹤監測的不力。銀行在貸款發生後，沒有密切關注貸款運作，信用資金被挪用，經濟環境和市場狀況發生了變化，影響了客戶的投資。損失發生後，銀行沒有採取及時的挽救化解措施，從而造成更大的損失。

3.1.2.2 市場風險

市場風險有狹義和廣義之分。狹義的市場風險又叫價格風險，是指商業銀行投資或者買賣動產、不動產時，由於市場價值的波動而蒙受損失的可能性。廣義的市場風險包括利率風險和匯率風險。利率風險是指貨幣市場、資本市場

利率的波動。存款、貸款、拆借等業務影響商業銀行負債成本和資本收益等造成經濟損失的可能性。利率風險是現代商業銀行面臨的基本風險，從本質上說，利率風險由資產、負債期限及形式的不匹配導致。例如，商業銀行以長期期資金應付短期貸款時，就很容易遭受利率風險。利率風險可以通過資產負債管理來實現。匯率風險是由於本幣及其他貨幣匯率的升值與貶值，使得商業銀行的資產在持有或者運用過程中蒙受損失的可能性。匯率風險是商業銀行市場風險的重要組成部分。伴隨著經濟持續增長，越來越多的國內企業走出國門，投資海外，伴隨而來的匯率風險也大幅度增加。同時，自人民幣匯率形成機制改革實施以來，人民幣匯率波動明顯增大，銀行作為外匯市場的做市商，向客戶公布牌價並持有各類幣種的敞口頭寸，在匯率波動劇烈時，外匯業務內在的風險尤其是外匯敞口頭寸的風險會增大。

3.1.2.3 操作風險

操作風險是指商業銀行信貸管理人員由於違反商業銀行規章制度、業務操作流程或管理失誤、相關制度缺失及外部突發事件等原因引起的資產損失。引起操作風險的原因有很多，歸納起來有以下四點：一是制度缺失風險。由於經濟形勢複雜多變，各種風險事件層出不窮，導致當前商業銀行風險管理規章制度無法全部涵蓋所有風險點，即使部分商業銀行宏觀管理制度很完善，但在具體細節上也很難進行細分。因此，在遇到個別風險案件時，就會出現無章可循，或者是沒有明確細化措施的情況，導致執行起來出現盲目性、無針對性。二是商業銀行信貸操作人員實際執行與業務流程、細則存在差異。由於每個信貸業務都是一個審批鏈條，需要配合經營單位、審批部門、放款中心等才能完成。當任何環節存在紕漏時就會引入操作風險。同時，各個部門利益由於出發點不同，比如經營單位會力推業務發展，各方面施加壓力導致信貸業務獲得通過等，都可能導致操作風險的發生。三是授信客戶未按商業銀行要求進行業務操作。商業銀行部分業務品種注重對物流、現金流的封閉控制，如物流、現金流等，一旦脫離商業銀行控制範圍，其風險必然就暴露出來，此時如果授信客戶出現道德風險，則必然加大商業銀行信貸資產損失的可能性。四是外部突發事件。外部環境的不確定性，導致突發事件時有發生，如營業機構安全事故，房貸客戶失蹤、死亡等，這些都將使商業銀行信貸資產處於風險之中。

3.1.2.4 流動性風險

銀行的流動性是指銀行滿足存款者的提現需求和借款者的正當貸款需求的能力。資產的流動性對所有企業都至關重要，對商業銀行尤甚。如果銀行不能夠在既不超過時限又不增加成本的條件下滿足付現要求，就會產生流動性風

險。商業銀行最為傳統的核心功能就是充當存款人和借款人的仲介，這項業務依靠存款和貸款之間存在的利差獲得利潤。流動性需求的風險包括兩個方面：一方面是滿足客戶提款的需求。當顧客需要銀行支付資金時，由於銀行的資金來源欠缺，輕則可能造成銀行擔負一些損失以出售或被迫收回部分有信用價值的資產以保支付，重則使銀行發生流動性危機乃至倒閉。另一方面是滿足客戶貸款的需求。當一家銀行正為流動性風險所困時，而一些績優資產大戶恰恰需要貸款，若無法滿足，可能造成更大的存款流失甚至信譽或聲譽風險。這種風險與銀行業務開拓和經營策略密切相關。然而存款提取和貸款需求具有比較大的波動性。為了滿足這種潛在的流動性需要，銀行必須保持一定的流動資產，或者能夠保證有暢通的渠道借入資金。同時，為了謀取利潤，銀行必須將絕大部分存款向各種機構和個人貸出。對於任何一家銀行來說，保留可隨時用於支取的流動資產只占其負債總額的一小部分。因此，假如銀行的大批債權人同時主張其債權，銀行就可能面臨流動性危機，如擠兌風潮。

流動性風險的危害極大，嚴重者能置商業銀行於死地。如果絕大部分存款人同時要求提款，實力再強大的銀行都將無法抵禦。而且銀行擠兌具有傳染性，在蕭條時期，往往出現大範圍的擠兌風潮，使大批的銀行倒閉，造成金融危機。因此，流動性風險是銀行的脆弱性的根源之一，而且這種風險是不可能完全消除的，而只能通過加強銀行內部的風險管理以及實行存款保險制度等措施來將其減輕至很低的限度。

3.1.3　投資公司面臨的風險

投資銀行風險按不同標準可以分為不同類型。根據馬科維茨和夏普的現代投資理論可以把投資銀行風險分為兩類：系統性風險和非系統性風險。系統性風險主要是由政策的變動、法律、法規的修訂以及市場的變化等外部因素而引起的，從事投資銀行業務的管理人員只能認識它、規避它，但不能徹底消除它。非系統性風險主要是投資銀行內部各因素的影響而引起的，從事投資銀行業務的管理者可以通過各種手段，如調整資產結構、合理投資組合去控制它以達到最低風險、最佳收益。結合投資銀行開展的業務，對其風險大致劃分如下：

3.1.3.1　系統性風險

（1）政策性風險

政策性風險主要是國家的宏觀經濟、法律、政策等調整引起市場波動給投資銀行帶來的風險。

（2）法律法規風險

法律法規風險來自交易一方不能對另一方履行合約的可能性。引起法律法規

風險，可能是因為合約根本無從執行，或是合約一方超越法定權限作為的行為。

（3）市場風險

市場風險是指證券公司的金融資產隨著市場系統性因素的不利波動發生損失的可能性。這些因素包括利率、匯率、股票指數、商品價格等。系統因素包含於市場的各個方面，所以市場風險全面影響著證券公司各項業務的損益。

3.1.3.2 非系統性風險

（1）操作風險

操作風險是指由於投資銀行在業務經營和管理過程中產生的失誤，而遭致損失的可能性，主要包括投資銀行決策風險、內部控制風險和技術風險。

（2）信用風險

信用風險是指由於信用危機而造成損失的可能性，包括貸款、掉期、期權及在結算過程中的交易對手違約帶來損失的風險。信用風險的程度和交易性質，與信用制度有著很大的關係。一般來說，衍生品交易表現的信用性質以及其缺乏健全的保險金制度、逐日盯市制度，決定了其信用風險遠高於非衍生品。信用風險是證券公司經常遇到的，並且將越來越多遇到的風險。

（3）流動性風險

流動性風險又稱變現能力風險，是指投資銀行因資產結構不合理，流動比率過低，其財務結構缺乏流動性，金融產品不能變現和頭寸緊張，使投資銀行無力償還債務形成的風險。

（4）資本充足性風險

資本作為每個從事經營活動實體存在的基礎，它的缺乏會影響投資銀行的正常營運，資本充足不僅有利於公司籌集擴展業務所需要的資金，提高在同行中的競爭實力，還可抵禦其經營中的風險。由於資本充足性風險對於投資銀行的重要性，世界各國證券監管當局非常重視投資銀行資本充足性管理。

3.1.4 保險公司面臨的風險

保險公司是經營風險的企業：風險無處不在。也就是說，保險公司作為經營風險的企業在經營過程中面臨著許多風險，包括實際死亡率超過期望死亡率、投資資產的質量可能惡化使實際收益率低於期望收益率、實際費用率超過期望費用率、其他公司可能發明出更為有效的經營方法、市場利率的變化導致的損失、巨大災難造成的巨額賠付、保險公司資金與負債不匹配等。保險公司面臨的風險為：

（1）定價風險

定價風險指的是定價不足風險，即負債超過資產的風險。保單定價是依賴

於一系列預定的精算假設的，如果未來經營結果與定價時預定的精算假設存在偏差，那麼可能增加定價風險。一方面，死亡率、費用率、銷售量及退保率等因素的實際值高於預定值，就會引起負債的上升，從而增加定價風險；另一方面，如果保險公司實際的投資收益率低於預定投資收益，也會引起負債的相對上升，就可能產生償付能力不足等問題，從而增加定價風險。

（2）信用風險

信用風險是指投資收益不足以抵補保險公司的債務而產生償付能力不足的風險。

（3）資產負債匹配風險

資產負債匹配風險產生於保險公司未來的現金流入不能滿足未來給付責任的現金流出，在這種情況下，保險公司就不得不降價出售部分資產或借款以彌補流動資金不足。即使在總資產價值遠遠超過負債價值時，也可能產生這種風險。這種風險亦稱為流動性風險。

（4）利率風險

利率風險是指利率的變動對資產、負債價值造成負面影響的風險。當利率上升時，資產、負債的價值都會下降，此時的利率風險指的是資產價值下降超過負債價值下降的風險；而且當利率上升時，將發生行業間的替代效應，公眾的資金轉向銀行儲蓄或證券投資，這樣保險公司的業務量將萎縮，可供運用的保險資金減少，財務穩定性受到影響；甚至更多的保單所有人開始退保或進行保單貸款，使得保險公司可能不得不折價銷售部分資產，增加風險程度。當利率下降時，此時的利率風險指的是負債價值上升超過資產價值上升的風險；而且當利率下降時，更多的保單所有人會通過各種保單賦予的選擇權增加對保單的資金投入，使得保險公司不得不購入更多的資產，而這時資產價格通常是較高的。

（5）匯率風險

匯率風險是指由於以非本幣進行的投資業務在兌換成本幣時所面臨的風險。經營涉外業務的保險公司在接受國際運輸保險、國際再保險等業務時，是以外幣為收費幣種，因而持有多種外幣。這就存在著匯率風險，即由於各國貨幣之間匯價的變動而引致財務損失。在會計處理上，年終結算損益時，一般都把外幣換算為本國貨幣，以本幣為統一的記帳單位。當外幣出現貶值時，就表現為帳面值的減少。

（6）市場風險

市場風險是指針對市場中所有投資人面臨的風險而非個別投資人風險。市

場風險可用金融資產與負債的價格變化以及通過未結清頭寸的價值變化或收益的變化來度量。

（7）操作風險

縱觀保險公司傳統的風險分類，其核心在於定價風險、市場風險、資產負債匹配風險和信用風險，而對於因內部操作不規範、人為因素、系統故障以及不誠實索賠、保險詐欺等操作風險並未單獨分類。但從整個保險業發展趨勢來看，操作風險是保險公司應該應對的重要風險之一。

3.2　對操作風險的重新界定

風險識別是風險度量、控制、監測和報告的前提。操作風險的識別是為確定操作風險的內涵、特徵、種類、風險誘因及風險特徵，具體包括以下內容：①金融機構的哪些損失可以歸屬於操作風險；②操作風險作為金融機構整體風險的一個重要風險子系統，有何獨有的特徵；③金融機構的經營管理過程中哪些因素會導致發生操作風險。解決好以上的識別問題能夠幫助后續選擇合適的風險度量方法及控制技術。

目前國內學者和從業人員對操作風險識別的研究多是對商業銀行、投資銀行和保險公司這三類金融機構分開研究的。雖然這三類金融機構的業務特點並不相同（我國的商業銀行是負債經營和經營負債的，具有潛在的系統性風險和宏觀經濟調控功能；我國的投資銀行由於受到嚴格管制，槓桿率很低，主要依靠自身資金和提供仲介服務來經營；我國保險公司也是負債經營，具有聚集、分散風險和廣泛的社會性），但是它們都無一例外地面臨著本質上並無太大差異的操作風險。對於此觀點的說明，本章按以下順序展開論述：首先對整個金融機構操作風險的概念進行界定，認真研究其特徵和分類方法；然后對三類金融機構操作風險的風險源進行系統和綜合性分析；最后逐一對三類金融機構操作風險的暴露及特徵進行說明。此觀點的成立可以為后面章節選擇統一的技術和方法來度量操作風險奠定理論基礎，在得到精確的操作風險度量結果后，各金融機構就可以根據自身業務種類和內部風險控制的特點來選擇合適的風險緩釋工具，並制定符合自己實際情況的操作風險管理流程。

3.2.1　從損失計量的角度對三類金融機構操作風險的定義

操作風險（Operation Risk）是一個古老的、伴隨著企業產生而存在的風

險，選擇適當的定義是金融機構準確度量和管理操作風險的前提。操作風險的概念最早出現於1992年，但只是對企業經營管理提出的一般性概念。當前國內外對操作風險的識別有狹義定法、廣義定義法和介於它們之間的第三種定義法。

狹義定義法認為與金融機構營運相關的風險才算操作風險。1993年，全球衍生品研究小組（Global Derivatives Study Group）將操作風險定義為由控制和系統的不完善、人為錯誤、管理不當所導致損失的風險，此定義從人員、操作流程和系統這三個方面界定了操作風險。1998年，在由IBM（英國）公司發起的全球操作風險論壇上，操作風險被定義為由於客戶原因或設計不當的控制體系，又或控制系統失靈所導致的風險。由此可以看出，狹義定義法的優點是把每個后臺部門的管理重點集中於其所面臨的風險上，但缺點是可能會使金融機構遭受一些未能預見的由外部事件帶來的損失。

廣義定義法的外延相當寬泛，把除市場風險和信用風險以外的其他所有風險認定為操作風險。如全球風險專業人員協會（The Global Association of Risk Professionals，GARP）認為操作風險可分為操作戰略風險和操作失敗風險，操作戰略風險包括因政治、稅收、監管、政府、社會、競爭以及其他外部環境變化反應不當所導致的風險，操作失敗風險包括因人、過程和技術等因素所導致的風險。由此可以看出，廣義定義法的優點是能夠涵蓋除兩種主要風險外的剩餘損失，但缺點是涉及面太大，不利於對操作風險的度量和管理。

介於廣義和狹義之間的第三種定義是目前學界和金融實務界認可度較高的，其中最具代表性的是巴塞爾銀行監管委員會給出的定義。2001年，巴塞爾委員會經過多項重要修訂，將操作風險定義為因操作流程不完善、人為過失或系統故障，以及外部事件所造成的經濟損失。此定義排除了策略風險和聲譽風險，關注於內部操作、過程導向，以及包括政治、軍事、法律、監管等方面可控的外部事件和如自然災害等不可控的外部事件，並認為人員失誤起著重要的作用。由於巴塞爾委員會對操作風險的定義並不符合我國金融機構的業務特點和語言習慣，中國銀監會把操作風險定義為由不完善或有問題的內部程序、系統、員工以及外部事件所造成損失的風險，此定義在本質上與巴塞爾委員會的相一致。第三種定義法雖然得到廣泛的肯定，但缺點是對操作風險的界定範圍仍相對過廣，對損失事件的分類標準並不統一而難以歸類。

綜上所述，對商業銀行操作風險的定義均突出強調了操作風險的三個要素：環節、差錯、損失。雖然商業銀行、投資銀行和保險公司所面臨的操作風險的表現形式不盡相同，但鑒於投資銀行和保險公司同樣也面臨由流程、人

員、系統或外部事件導致的操作風險，本書在總結前人研究成果的基礎上，對三類金融機構的操作風險進行統一定義：認為金融機構在日常的操作與工作流程中會由於可控或不可控事件造成非預期損失，操作風險就是指可控事件所導致的直接或間接的、可以用貨幣衡量的潛在經濟損失，包括各種人員的不作為、管理程序的缺陷、系統的失靈以及外部事件等，但不包括自然災害等不可抗力事件以及無法用貨幣計量損失的可控事件。雖然與巴塞爾委員會的定義相比，本書所定義的操作風險相對縮小，但仍涵蓋了操作風險中的核心要素，並保持了定義與度量範圍的一致性，這有利於提高操作風險管理的針對性和有效性。

3.2.2 對三類金融機構操作風險特點的歸納

3.2.2.1 操作風險的特徵

金融機構的操作性風險和其他風險相比存在以下明顯特徵：

（1）內生性

除了外部衝擊等一些不可測的意外事件以外，操作風險是一種「開店即來」的風險。這是由於在金融機構的日常經營過程中，在每個業務環節，無論是從手工輸入到批量處理，還是從業務作業到經營決策，均存在著不同形式的操作風險，大多和金融機構的內部風險管理制度與內部員工相關，所以具有內生性。內生性決定了操作風險來源和種類的多樣性，監管部門較難在初期發現操作風險並採取相應的行動。如果能找到操作風險的傳導路徑，就能有效地在風險之間建立起防火牆而進行有針對性的控制。

（2）覆蓋面廣

操作風險幾乎覆蓋了金融機構經營管理活動的各個方面：不僅涉及系統安全、數據操縱等信息技術問題，還涵蓋合同製作、資金運用等實際操作問題；不僅包括內部人員日常有意或無意的工作失誤，也包括管理層在流程、規章制度制定方面的不足。可以說，操作風險既與人有關，又與事有關；既會在內部滋生，也會由外部事件激發，涉及的範圍較大，這也增加了度量的難度。

（3）數據相對匱乏

操作風險本身就是低頻高損的，具有一定隱蔽性。同時，由於與人的主觀意願密切相關，且金融機構為維護自身的公共形象而有選擇地披露損失信息，所以影響到操作風險損失數據的收集和真實性，導致它在分佈上呈現出典型的厚尾特徵。因此，如何補充操作風險損失數據和在小樣本情況下充分挖掘稀少的損失數據是操作風險度量方法的研究重點。

(4) 難以採取統一的度量方法

由於種類繁多、情況複雜、主觀性強和動態變化的特點，操作風險既包括發生頻率高、造成損失低的日常業務流程處理錯誤，又包括發生頻率低、造成損失高的內外部詐欺事件，因此較難建立統一適用的風險度量模型，可以嘗試採用不同的度量方法以達到全面覆蓋操作風險的目的。

(5) 管理難度大

操作風險損失事件的發生頻率和損失金額之間並不存在直接的相關關係，較難釐清和量化單個風險引發因素與總的操作風險損失之間的數量關係，這使得金融機構的風險管理部門較難制訂操作風險的管理方案。此外，操作風險的發生與業務流程制度的完善情況、內部員工的業務素質等因素直接相關，具有較強的隱蔽性，這也增大了操作風險管理的難度。

正是因為操作風險以上的特性，操作風險是較難度量和管理的，因此這是一個非常值得研究的課題。

3.1.2.2 操作風險與其他風險的關係

導致金融機構發生經營危機或破產倒閉的風險往往不是單一的一種，而是多種風險共同作用的結果。商業銀行、投資銀行和保險公司這三類金融機構在經營管理過程中均面臨著市場風險、信用風險和操作風險。此外，還有流動性風險以及保險公司面臨的承保風險。正確認識這些風險的關係對於識別、度量和管理操作風險是至關重要的。

(1) 操作風險和市場風險、信用風險的區別

對於市場風險和信用風險，風險因素和公司財務狀況之間有著清晰、重要的聯繫，風險與收益之間存在著正相關關係：高風險、高收益。所以，對這兩種風險進行管理時，並不是要完全消除它，而是容忍其在一定限度內存在，以追求更高的收益。但操作風險是純粹的損失，風險源與財務之間並沒有明確的數量關係，即操作風險體現的只是管理成本，並不能帶來任何回報。從三種風險的損失分佈來看，市場風險基本符合正態分佈，而信用風險特別是操作風險的損失分佈是尖峰厚尾的。

(2) 操作風險和市場風險之間的聯繫

市場風險是金融機構因利率、匯率、股票價格波動而導致的潛在損失的風險。三類金融機構都設有投資或資產管理部門，雖然他們擁有技術、資源、人才和資金優勢，但金融市場本身的波動性是很大的，風險頭寸控制不力會招來巨大甚至是致命的損失。如2011年，我國震盪下挫的股票市場使一貫以穩健著稱的投資銀行的自營業務嚴重折戟，自營業務的慘敗成為打壓業績的最主要

原因之一（2011年證券行業的淨利潤較2010年下降49%），這當然主要應歸屬於市場風險。但其中部分投資銀行弱市大幅增倉，甚至重倉個別股票使得其虧損尤為嚴重，這其中的損失可能與其自營規模失控、未經授權或越權交易超過風險上限的股票或債券、內部風險控制流程不健全等操作風險有關。所以，市場風險和操作風險具有一定的相關性，市場風險中有部分就屬於操作風險。

(3) 信用風險和操作風險之間的聯繫

信用風險又叫違約風險，是交易對象（債務人）無法按事先達成的約定履行義務，因而給債權人帶來損失的風險。從違約結果的角度來分析，只要交易對象違約或可能違約，均歸入信用風險。但從違約過程的角度來分析，對信用風險管理的過程本身就屬於操作風險的範疇，如交易前金融機構是否審慎地審查了交易對象的資信、交易中是否有效地控制了業務流程、評估時是否合適地選取了計算信用風險的模型等。如2012年，建設銀行對中江集團綜合授信30億元，隨后該企業宣布破產，這其中與建行風控的漏洞、對企業的盡職調查不到位、對企業經營狀況的審查存在嚴重偏差等操作風險有重要聯繫。所以，信用風險和操作風險也是「你中有我，我中有你」的關係。

(4) 操作風險和流動性風險之間的聯繫

流動性風險是指金融機構無力為負債的減少或資產的增加進行融資而導致損失的風險。流動性風險是一種綜合性風險，其形成原因更為複雜。因為除了金融機構流動性計劃不完善的因素之外，操作風險管理的缺陷也會導致流動性不足，引發風險擴散，甚至造成整個金融系統出現流動性困難。如2004年前後，鞍山證券、大連證券、南方證券、大鵬證券、新華證券等多家投資銀行因出現巨額資金黑洞導致流動性不足而被關閉或撤銷，在倒下的投資銀行中，絕大多數都與挪用客戶保證金這類操作風險相關。所以，流動性風險和操作風險也較難量化區別。

(5) 操作風險和承保風險之間的聯繫

承保風險是指由於對疾病率、死亡率、退保率和賠付率的判斷失誤，導致定價錯誤、準備金提取不足而造成損失的風險，此外還包括非預期重大理賠。由於人的行為的複雜性以及承保、理賠的非標準化操作，違約發生時，不能簡單地將損失歸為承保風險或信用風險。因為如果是由於保險代理人虛假宣傳、保險公司IT系統失靈或風險評估不完善等因素引起的損失，則這屬於承保風險，也屬於操作風險。如投保人未按時交納保費，原因可能如下：保險代理人出售了風險保障不能達到投保人預期的保單，或出售了超過投保人繳費能力的保單，或保險公司的繳費系統發生故障，等等。所以，承保風險和操作風險也

是相伴相生的關係，較難嚴格地進行區分。

從以上的分析可以看出，在如今各類金融機構、各種金融產品相互交織的複雜的金融市場上，操作風險與市場風險、信用風險、流動性風險等風險在某些情況下是很難截然分開的。操作風險已成為金融機構經營過程中的副產品，畢竟在金融機構的各個產品和業務線中，任何環節出現操作風險都會進一步地傳遞和層層放大。因此，操作風險可以理解為是市場風險、信用風險等風險的誘因，一些信用風險和市場風險的本質即為操作風險。特別是在採用資產證券化、金融衍生品等複雜交易技術化解信用風險、市場風險和流動性風險的今天，必定會發生更多的操作風險，所以操作風險是金融機構面臨的越來越嚴峻的風險。

借鑑 Currie（2004）的研究，對操作風險、信用風險和市場風險這三種主要風險的具體比較如表 3-1 所示。

表 3-1　　　　　操作風險、信用風險和市場風險的比較

	產生原因	損失覆蓋範圍	與內部管理的關係	數據收集難度	損失量化	度量方法	測試檢驗的難度
操作風險	內/部	廣泛	密切	高	困難	尚未統一	很難檢驗
信用風險	外部	局部	一般	一般	可以	評級模型	一般
市場風險	外部	局部	較低	低	可以	VaR	有充足數據

3.2.3　從風險成因的角度對三類金融機構操作風險的分類

由於商業銀行、投資銀行、保險企業的操作風險類型存在很大相似之處，本書借鑑《巴塞爾新資本協議》的分類方式，對操作風險也按成因以及業務部門這兩條線分別進行分類。這樣的分類標準能夠顧及損失的獨立性、完備性以及邏輯的清晰性，以為后續風險的度量和管理奠定基礎。巴塞爾委員會在 2003 年，把操作風險按形成原因劃分為七大類：外部詐欺、內部詐欺、有形資產的損失、雇用合同以及工作狀況帶來的風險事件、經營中斷和系統出錯、客戶和產品以及商業行為引起的風險事件、涉及執行和交割以及交易過程管理的風險事件。

本書將金融機構的操作風險按成因分為內部因素和外部因素。內部因素引發的操作風險可分為制度類、技能類、失控類、詐欺類四種。制度類操作風險是指金融機構制定的規章制度、設計的產品、開發的系統存在缺陷，內部員工在執行這些制度、銷售這些產品、操作這些系統后引起了損失，也就是因流程和系統因素所引發的操作風險。所以，這類操作風險的最大特點是與內部員工沒有直接責任，操作風險只是由於制度、產品和系統的不完善所致，如交易失

敗、系統漏洞、硬件處理能力、網路故障、過程管理出錯、險種和保單的缺陷等。技能型操作風險是指金融機構缺乏對內部員工的恰當評估和考核，導致內部員工未熟練掌握其崗位所要求的業務技能，不能在各操作環節中按要求遵守業務操作流程而引發的操作風險，如員工培訓不夠或理解錯誤導致的結算、傳送、清算錯誤、核保和核賠不當等。失控型操作風險是指由於金融機構內部員工工作不當而引發的操作風險，如無法滿足顧客特定的需求、越權交易、濫用授權、超過限額、縮減操作流程、帳簿和交易記錄不完整、工作場所不安全引起的員工傷害、違反勞動法、實物資產的損失或損壞等。詐欺類操作風險是指金融機構內部員工出於私利，挪用客戶資產、故意不遵守規章制度或惡意欺騙、盜用公司財物所引發的操作風險。

外部因素引發的操作風險可分為宏觀政策類、詐欺類和其他類三種。宏觀政策類操作風險是指由於政治、相關法律、監管政策等方面的變更，或金融機構的經營管理活動與其不符所引發的操作風險。詐欺類操作風險，即指第三方採用故意欺騙、勒索、盜用財產或實施搶劫等違反法律的行為所導致的操作風險，如偽造開具空頭支票、銀行卡詐欺、黑客行為對計算機系統的損壞、騙保。其他類操作風險是指除自然災害等外部事件所引發的操作風險，如恐怖事件、縱火、對方不履約、服務提供者的不當管理等。

2007年銀監會發布的《商業銀行操作風險管理指引》並沒有對操作風險按損失事件成因和業務部門進行分類，現將其中的操作風險按本書的分類方法加以整理，得到表3-2。

表3-2　根據《商業銀行操作風險管理指引》對操作風險的分類

內部因素	外部因素
制度類：內部流程不健全；文件或合同缺陷；產品服務缺陷；信息科技系統和一般配套設備不完善	宏觀政策類：政治、監管、政府、社會
技能類：控制和報告不力；流程執行失敗；擔保品管理不當	詐欺類：搶劫運鈔；盜竊金融機構現金；詐騙商業銀行
失控類：洩密與客戶糾紛；造成重要數據、帳冊、重要空白憑證損毀和丟失等失職違規	其他類：交通事故；外包商不履責
詐欺類：盜竊、出賣、洩漏或丟失涉密資料	

註：根據《商業銀行操作風險管理指引》(2007)整理。

對於投資銀行和保險公司，也按本書對操作風險的分類方法來歸類，如表 3-3 和表 3-4 所示。

表 3-3　　　　　　　　　對投資銀行操作風險的分類

內部因素	外部因素
制度類：未監控開戶、資產轉移、密碼重置以及客戶資料修改等業務流程；交易清算差錯的處理程序及審批制度不健全；產品設計缺陷；交割失敗；系統漏洞及故障	宏觀政策類：政治、監管、政府、社會
技能類：交易報告不當；模型設定錯誤；數據錄入、維護錯誤；定價和配售環節出錯；業務流程執行失敗	詐欺類：外部詐欺、盜竊；黑客攻擊
失控類：交易品種未經授權；未按規定審查客戶資料的真實性和完整性；客戶信息洩露；所持證券超過法定限額和比例；項目人員攜帶投行項目跳槽；勞動安全、員工健康、用工歧視；	
詐欺類：違規操縱市場價格和交易規模、內幕交易；非法融入融出資金；挪用客戶資金或證券用於自營；帳外自營、出借帳戶；誘使客戶進行不必要的交易；盜竊公司實物財產	其他類：交通事故；外包商不履責

表 3-4　　　　　　　　　對保險公司操作風險的分類

內部因素	外部因素
制度類：不恰當或不完備的業務流程；保險合同條款的缺陷；合同條款與相關法律法規衝突；保險產品設計過於複雜；硬件老化或損壞未及時修復；系統與業務需求不符；數據傳輸時系統失敗；網路中斷；計算機病毒	宏觀政策類：違反法律法規；違反行業規定；國家對行業政策的變更；地府保護導致的業務受阻
技能類：對異常事件和財務報表報告不充分；會計記錄錯誤；違反內部規章和流程；錯誤使用內部模型；不適當的計劃和建議；知識技能缺乏；處理資料能力不足	詐欺類：被冒充設立分支機構；勒索、搶劫；騙保、騙賠；利用保險洗錢
失控類：違反規定披露客戶隱私；超過限額核保和理賠；超越職責權限的交易；歧視或差別對待員工；違反健康與安全規定；關鍵員工流失或缺乏	
詐欺類：有預謀的欺騙；挪用企業資產或截留保費；偷竊實物財產；偽造或變造保單；誤導、誘騙客戶買保險產品	其他類：交通事故、縱火等其他人為因素引起的業務中斷；違背代理責任

對比表 3-2、表 3-3 和表 3-4，可以看出三類金融機構操作風險的事件類型是高度一致性的。

3.2.4 從業務條線的角度對三類金融機構操作風險的分類

3.2.4.1 商業銀行

巴塞爾委員會（2003）對操作風險按兩個維度進行分類：按照事件原因即風險因素劃分為七類；按照發生操作風險的業務部門或業務流程劃分為八類。因此構成了操作風險分類的 7×8 矩陣，詳情如下：

按事件原因劃分的七類分別為：

（1）內部詐欺：機構內部人員參與的詐騙、盜用資產、違犯法律以及公司的規章制度的行為，如內部人員虛報頭寸、內部人員偷盜、在職員的帳戶上進行內部交易等。

（2）外部詐欺：第三方的詐騙、盜用資產、違犯法律的行為，如搶劫、偽造、開具空頭支票以及黑客行為對計算機系統的損壞。

（3）雇用合同以及工作狀況帶來的風險事件：由於不履行合同或者不符合勞動健康、安全法規所引起的賠償要求，如工人賠償要求、違犯雇員的健康安全規定、有組織的罷工以及各種應對顧客負有的責任。

（4）客戶、產品以及商業行為引起的風險事件：有意或無意造成的無法滿足某一顧客的特定需求，或者是由於產品的性質、設計問題造成的失誤，如受託人違約、濫用客戶的秘密信息、銀行帳戶上的不正確的交易行為、洗錢、銷售未授權產品等。

（5）有形資產的損失：由於災難性事件或其他事件引起的有形資產的損壞或損失，如恐怖事件、地震、火災、洪災等。

（6）業務中斷和系統錯誤：業務的意外中斷或系統出現錯誤，如軟件或硬件錯誤、通信故障以及設備老化等。

（7）涉及執行、交割以及交易過程管理的風險事件：由於與交易對方的關係而產生的交易過程錯誤或過程管理不善，導致與合作夥伴、賣方的合作失敗。如交易數據輸入錯誤、間接的管理失誤、不完備的法律文件、未經批准訪問客戶帳戶、合作夥伴的不當操作以及賣方糾紛等。

按業務部門劃分的八類分別為：

（1）公司金融：合併與收購、股份承銷、資產證券化、首次公開上市發行、政府債券和高收益債券等。

（2）交易與銷售：固定收益債券、股權、商品期貨、信用產品、自有頭

寸證券、租賃與贖回、經紀、債務。

（3）零售銀行業務：零售的存貸款業務、私人的存貸款業通過與業界合作，巴塞爾銀行監管委員會對操作風險按照兩個維度進行了委託理財、投資建議等。

（4）商業銀行業務：項目融資、房地產、出口融資、交易融資、代收帳款、租賃、擔保、貸款。

（5）支付與清算：支付、轉帳、清算。

（6）代理服務：契約、存款收據、證券借貸、發行和支付代理。

（7）資產管理：可自由支配的資金管理和不可自由支配的資金管理。

（8）零售經紀：零售的經紀執行以及其他服務。

國內的商業銀行的業務經營範圍和業務管理習慣與國外商業銀行有較大區別。本書將發生操作風險的業務線分為八類：存款及支付結算業務、信貸業務、會計結算業務、國際業務、資產保全業務、銀行卡業務、電子銀行業務和其他中間業務。

3.2.4.2 投資銀行

國外投資銀行的資產規模龐大，經營範圍過寬，經營活動一般分為三個部分：投資銀行、交易和資本投資、資產管理和證券服務。投資銀行部門為包括企業、金融機構、投資基金、政府和個人在內的客戶提供一系列投資銀行服務。交易和資本投資部門幫助客戶與企業、金融機構、投資基金、政府和個人進行交易，並參與固定收益產品、股票、貨幣、商品及其衍生品的做市、交易和投資。資產管理部門提供投資顧問和理財規劃服務。證券服務部門提供大宗經紀服務、融資服務和證券借貸服務，對象包括對沖基金、共同基金、養老基金、基金會在內的全球機構客戶以及擁有高資產淨值的個人客戶。這其中的每個部門都有發生操作風險的可能。

我國投資銀行由於面臨過於嚴格的監管且規模較小，所從事的業務範圍非常狹窄。本書把發生操作風險的業務部門分為七類：經紀業務管理部（包括市場行銷部、客戶服務部）、投行業務管理部（包括投資銀行部、兼併收購部、債券業務部、私募融資部）、投資自營部、資產管理部、融資融券部、衍生產品部和海外業務部。

3.2.4.3 保險公司

國外保險公司涉足眾多經營領域，諸如意外傷害、財產、養老、航空運輸、貨物進出口、健康、藝術品、文化古跡、電子工業、食品加工業、企業領導者責任、恐怖主義、旅行安全、地質礦產以及金融服務和資產管理（如貿易和市場開發、消費者信貸、直接投資基金、不動產投資管理、退休儲備金產品）等領域。

由於我國的監管部門要求保險與銀行、證券分業經營，並要求財產保險業

務與人身保險業務分業經營，因此根據經營產品的不同，我國保險公司大體可分為人壽保險公司和財產保險公司。人壽保險公司主要經營壽險、分紅險、意外險、健康險、補充年金以及上述保險的再保險業務；財產保險公司主要經營財產險、機動車輛險、貨物運輸險、船舶險、建工險、責任險、信用險、農業險及上述保險的再保險業務。無論是何種性質的保險公司，本書均可把發生操作風險的業務部門分為七類：行銷管理部、客戶服務部、核保部、產品開發部、理賠部、再保險部和投資部。

3.3 對三類金融機構操作風險源的探討

風險源是引發操作風險的初始起因。為能夠有效地掌握操作風險的傳導過程，就需要分析金融機構的風險源，從而能夠及時地選擇有針對性的措施來阻止或切斷操作風險的擴散，達到控制操作風險的目的。具體而言，操作風險的風險源包括金融機構的組織結構、業務流程、信息系統和從業人員等方面。

雖然商業銀行、投資銀行和保險公司開展的業務有較大差異，但同樣都面臨著因制度不完善、技能不熟練、操作不正確和內部詐欺等內部因素，以及宏觀政策改變和外部詐欺等外部因素，影響其正常營運導致損失的操作風險。因此，基本上可以把三類金融機構面臨操作風險劃上等號。下面通過詳細分析操作風險的風險源來說明為何三類金融機構操作風險的本質是相同的，為后幾章對三類金融機構採用相同的操作風險度量模型奠定理論基礎。

3.3.1 組織結構風險源

在金融市場中，契約性和虛擬性使得信息不對稱的現象更為突出，因此，在現代分權的組織結構下，金融機構已形成龐大的委託代理系統。

我國不論是國有商業銀行還是新型股份制商業銀行，均源自計劃經濟模式下的行政分權體制。在此體制下，商業銀行的業務和客戶被割裂於各級分支機構，實行的是職能型總分行組織結構。隨著塊塊分割、行政分權的總分行組織結構弊端的暴露，近年來，部分商業銀行開始採用前臺部分業務事業部型、中臺業務垂直管理以及后臺部分業務集中處理的組織結構（見圖3-1）。

我國投資銀行在發展之初的組織結構是職能制，現階段大多採用按地域設立分公司和按業務設立事業部的矩陣式組織結構。其中分公司擁有經紀業務部、投資銀行部、資產管理部等業務部門，主要管理當地或轄區內的營業部（見圖3-2）。部分開展國際業務的、行業領先的投資銀行採取分公司和控股子公司型組織結構，並在控股公司下採取事業部制，而事業部之下採取職能制。

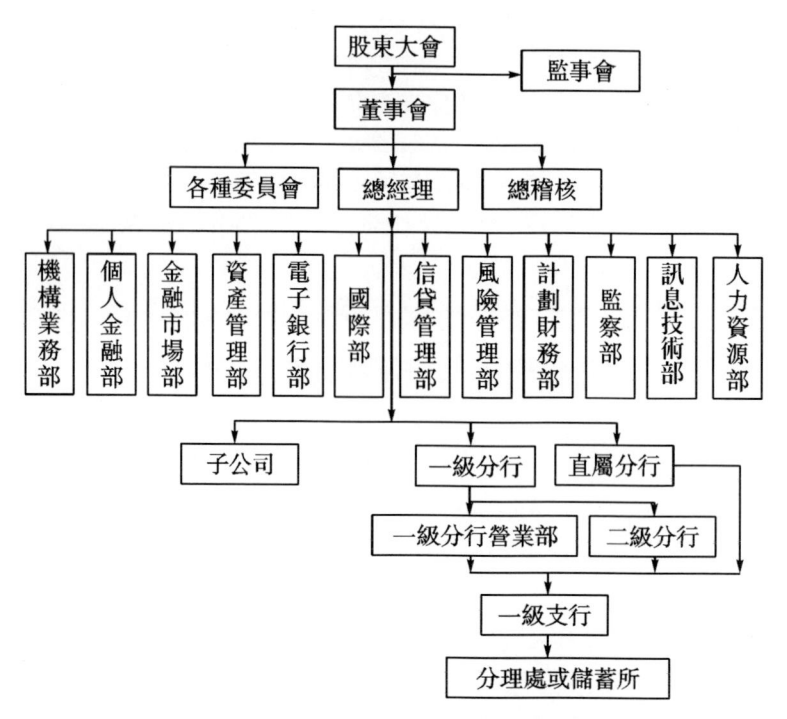

圖 3-1　我國商業銀行組織結構圖

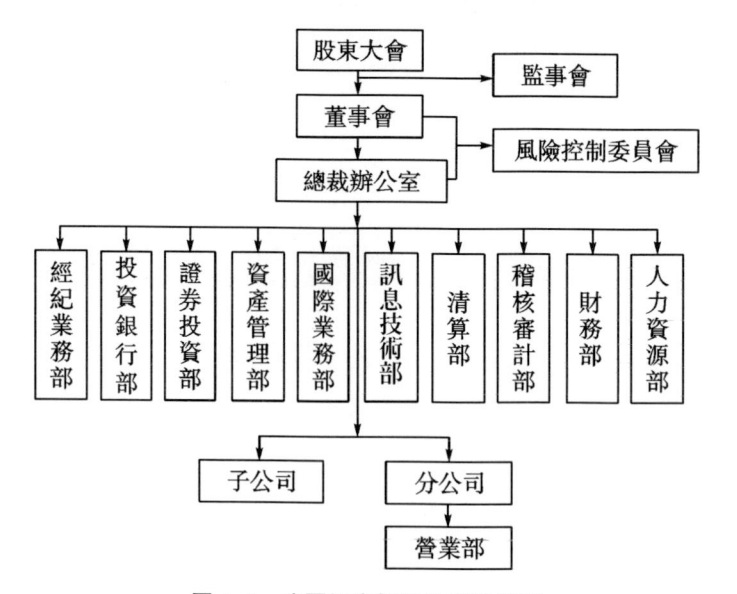

圖 3-2　我國投資銀行組織結構圖

我國保險公司的部門設置可以分為三類：前臺部門（負責業務發展和客戶開發）、中臺部門（主要包括核保和理賠）和后臺部門（為整個公司提供支持）。規模較大的保險公司對前臺和后臺採用事業部，對於新興保險公司仍採用職能部制；對於中臺部門，國內人壽保險公司均設立了獨立的核保部和理賠部，財產保險公司部分設立了獨立核保和理賠部、部分把核保業務納入前臺部門（見圖3-3）。

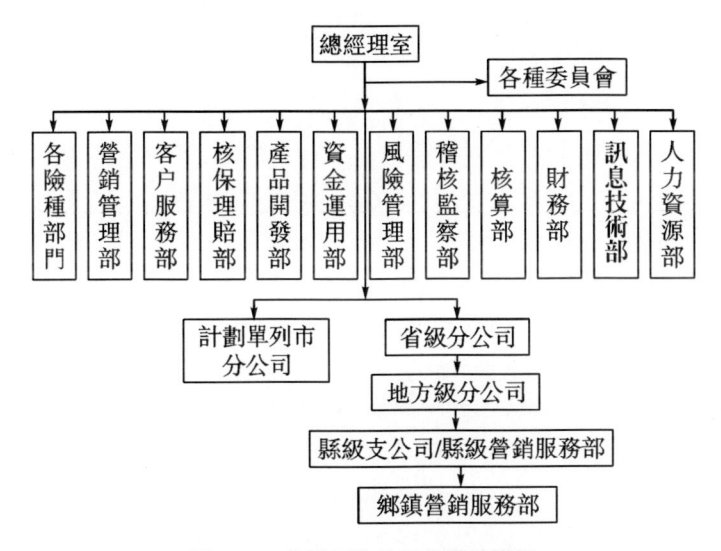

圖 3-3 我國保險公司組織結構圖

在上述組織結構的信息傳遞方式中，有橫向和縱向的。從橫向傳遞上看，各職能部門與業務部門自成體系，存在完全不瞭解其他部門業務和職能、協調力不足的現實，不利於各部門之間的交流與監督，容易引發操作風險。從縱向傳遞上看，工作指令的下達與反饋會經過較多層次，經歷較長時間，不利於各部門做出及時正確的決策，而且當操作風險發生時，各級部門可能會相互推脫責任，加大了操作風險的管理難度。

同時，在上述組織結構的權責分配上，各級部門的授權有所不同，管理權力是以垂直方式從最高管理人員傳遞至下級管理人員，直至最基層執行人員的。除了最基層的分支機構以外，權力均存在著委託與被委託的關係，也就是說存在委託人和代理人雙重身分，這形成了多層次的委託代理鏈條。在此鏈條上，委託人（所有者）委託代理人（經理層）經營企業並追求利潤最大化，代理人從委託人處獲得酬勞並追求自身收入和閒暇最大化，這兩種效用的不一致導致了利益衝突。所以，代理人會憑藉信息優勢與上一級委託人就自身的收

入酬勞進行議價，甚至以各種方式故意欺騙侵蝕利潤；而委託人沒有參與企業的實際營運，由於未能最大化地擁有對利潤的剩餘索取權，會缺乏對代理人工作績效的有效激勵和獎懲機制，這會進一步加大代理人的逆向選擇（Adverse Selection，指代理人利用信息優勢和委託人簽訂下有利於自己的協議）和道德風險（Moral Hazard，指代理人利用信息優勢，在追求自身利益最大化的過程中，通過隱藏信息或隱避行為損害委託人利益的風險），從而放大操作風險的發生頻率。當然，在此鏈條上，委託人和代理人還可能達成共謀，因為總公司和下屬分支機構的目標並不完全一致，總公司追求的是公司總利潤的最大化和各分支機構的全面健康發展，而各分支機構追求的是自身範圍內利潤的最大化，並不關心其他分支機構的利潤水平，這可能增加公司內部的尋租行為而使內部風險逐漸累積，從這方面來看也促進了操作風險的發生。

如在商業銀行的貸款業務中，內部員工會設租或尋租，只要借款人認為收益遠大於成本，就會積極行賄。此時，銀行員工通常會不按正常的審貸原則行事，而是內外勾結故意欺騙銀行，放松對借款風險的審查，從而形成現實中的人情貸、關係貸。這種貸款從發放起就蘊含了較大的操作風險，所以不良貸款的產生實質上屬於操作風險，而非表面上的信用風險。

如在投資銀行的自營業務中，內部員工在用公司的資金拉升股價之前，先用個人的資金在低位建倉，等待公司資金入市把股價拉升到高位后再賣出而率先獲利。這樣的結果就造成投資銀行高位接盤，虧損累累，而老鼠倉則賺得鉢滿盆滿。老鼠倉無疑於是內部詐欺，產生的損失實質上屬於操作風險，而非表面上的市場風險。

如保險公司員工為完成業務指標，會放松風險的審查標準，把船齡較長、適航性差的船舶或年齡超標、身體健康狀況不佳的個人都進行承保，甚至長險短做、人為空轉，或盲目降低承保費率、超標準支付高額手續費，或在新險種的開發方面片面追求「新、快」而忽視風險與市場發展的變化。這些損失的產生實質上屬於操作風險，而非表面上的承保風險。

綜上所述，組織結構設置的不同會使得在信息傳遞方式和各級委託代理關係上引發操作風險，「組織結構」是金融機構操作風險產生的關鍵風險源之一。

3.3.2 業務流程風險源

內部控制是金融機構的內部自我約束，它的完善與否決定著金融機構的業務活動能否正常開展，決定著信息、記錄和處理過程是否正確，決定著操作風

險能否有效地預防和減少，所以在金融機構的營運中有著至關重要的作用。但內部控制是通過業務流程來實現控制目的，業務流程是圍繞著內部控制而構建的，所以完善的業務流程能夠顯著地改善服務質量、差錯回應速度、成本費用以及客戶滿意度等。它是引發金融機構操作風險的主要風險源之一。

流程是金融機構為實現企業目標、為客戶創造價值、由不同崗位的員工共同完成的一系列活動。這不僅需要限定嚴格的先後操作順序，而且需要界定活動的內容、方式和責任等，以使不同崗位的員工能順利地轉手交接，所以業務流程是操作活動的程序化規範。我國商業銀行的業務流程可分前、后臺業務流程：前臺業務處於業務鏈的前端，主要包括信貸/零售、住房抵押按揭、信用卡、諮詢、結算、代理以及表外業務流程等；后臺業務處於業務鏈的最末端，主要包括產品設計、會計核算、計劃財務、風險管理、資金清算、信息管理業務流程等。我國大多數投資銀行也建立了前后臺分離的組織架構：前臺部門包括經紀、資產管理、投行、自營、融資融券、衍生品、直投、IB 業務流程等；會計核算、資金清算、信息技術、計劃財務、稽核業務、風險控制等流程則屬於后臺部門。而我國無論是人壽保險公司還是財產保險公司，均包括以下主要業務流程：銷售、核保、理賠、保全、收付費、客戶回訪和諮詢投訴處理、單證管理、業務檔案管理以及產品開發。

由上可以看出，三類金融機構的業務繁多，且都有自己獨特的流程，這為操作風險的產生創造了前提條件。而如果業務流程的設計存在不必要的環節或缺少必要的控制環節、業務流程的執行不謹慎，操作風險發生的概率會大大增加。

3.3.2.1 業務流程設計的缺陷引發的操作風險

業務流程本身是整體的和層次遞進的，一項業務通常需要幾個部門按一定時間順序共同協作完成。伴隨著金融產品越來越複雜，金融機構業務的構成環節也越來越複雜，業務流程的鏈條隨之越來越長，從而信息管理成本越來越大，信息失真的程度也越來越嚴重，這本來就影響了業務運行速度、決策效率和決策傳導速度。如果在業務流程的設計過程中忽視某一環節而出現漏洞，就不能有效地約束並監管員工的行為決策，則該業務所蘊含的操作風險就將會傳導給其他業務環節，表現為操作風險在整個業務流程的爆發。

如我國商業銀行的信貸業務（見圖 3-4），從受理貸款申請、獲得批准直至放款到帳，需要經過調查、審查、審批、經營管理等環節，這些工作職責均由不同部門來承擔。理論上，相互制約審核環節上的各個部門有助於防範風險，但實際運作中，業務流程的設計中缺乏考慮各環節的整體聯動性，易造成

前臺操作與后臺管理相互獨立、開發客戶與貸款審批相互獨立的現象。也就是說，審貸人員從風險控制的角度會嚴格審批各項貸款申請，或造成審批週期過長，或造成一線客戶經理開發的客戶資源不能達到要求，這樣均影響客戶經理的業績和銀行的經營效率，形成風險控制與業務拓展的突出矛盾。於是部分客戶經理會轉而向上級領導尋求「捷徑」加快完成貸款的審批，這極易引發操作風險。

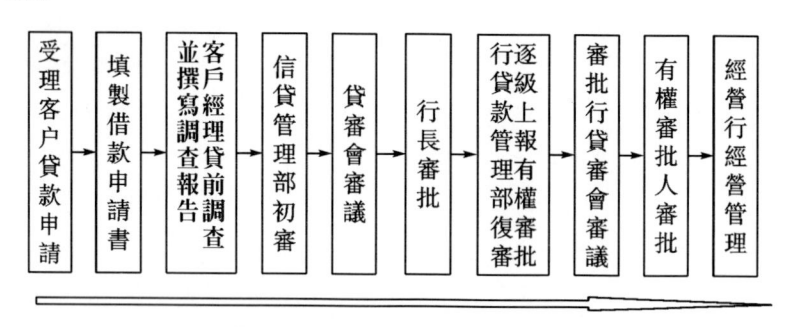

受理客戶貸款申請 → 填製借款申請書 → 客戶經理貸前調查並撰寫調查報告 → 信貸管理部初審 → 貸審會審議 → 行長審批 → 逐級上報貸款管理有權部復審批 → 審批行貸審會審議 → 有權審批人審批 → 經營行經營管理

圖 3-4　商業銀行信貸業務流程圖

如投資銀行經紀業務（見圖 3-5）具有管理環節多、交易頻繁等特點，因而業務流程的設計中應考慮到以下幾個關鍵控制點：是否制定了明確、嚴格的授權審批制度；是否對客戶委託的合規性和一致性進行有效審查；是否對客戶保險金的存取和清算進行及時、有效地管理；是否有內部稽核檢查；各環節是否有文字記錄，書面記錄是否有專人保管。設計業務流程時忽視其中上述一個關鍵點，都會引發操作風險。比如某些營業部違反《中華人民共和國證券法》的規定和投資者簽訂代理委託協議甚至是全權代理委託協議，而擅自動用投資者帳戶上的資金造成操作風險。

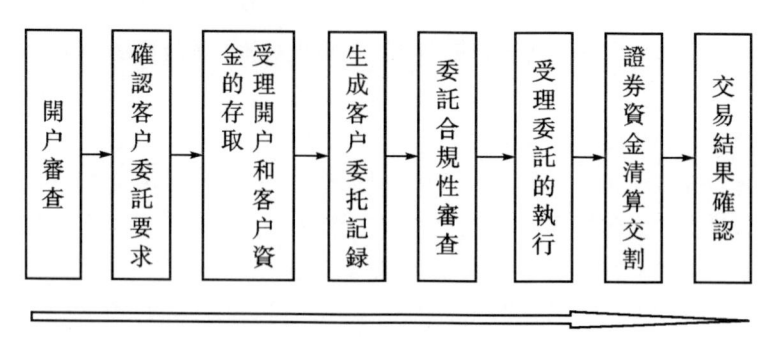

開戶審查 → 確認客戶委託要求 → 受理開戶和客戶資金的存取 → 生成客戶委託記錄 → 委託合規性審查 → 受理委託的執行 → 證券資金清算交割 → 交易結果確認

圖 3-5　投資銀行經紀業務流程圖

保險公司核保業務流程圖見圖3-6。核保是審核承保條件的意思，是保險公司對可保危險進行評判與分類，進而決定是否承保，以什麼樣的條件承保的分析過程。核保是保險公司經營活動的初始環節，其質量直接關係到承保盈虧和財務穩定。因此，核保業務流程是降低賠付率、增加保險公司盈利的關鍵，是保險公司經營的核心流程之一，此業務流程的設計和掌控對於風險管理是至關重要的。如果核保業務流程出現漏洞，無疑會引發操作風險。比如審核投保單這一環節，忽視保險期限的確定（如在貨運險開口保單中未清晰界定對標的的預約運輸時間段、在未實地驗標或得到某些書面確認之前倒簽時間）就可能造成操作風險。

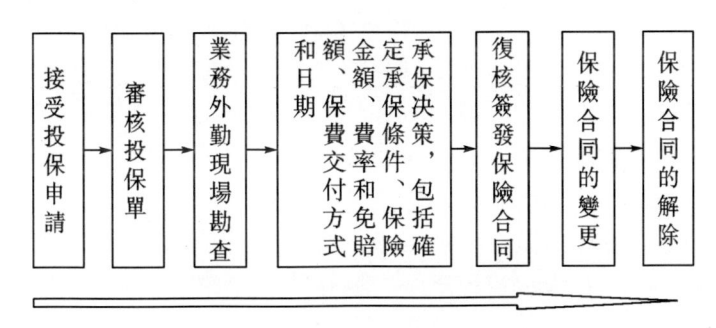

接受投保申請 → 審核投保單 → 業務外勤現場勘查 → 和日期、金額、保費交付方式 → 定承保條件、保險金額、保費費率和免賠 → 承保決策，包括確定承保條件、保險金額 → 復核簽發保險合同 → 保險合同的變更 → 保險合同的解除

圖 3-6 保險公司核保業務流程圖

此外，各分支機構存在對同一業務所製作的業務流程具有差異較大的情況，業務流程缺少統一化、系統化的要求，並且業務與業務之間的銜接並不協調，這都隱藏著操作風險。金融機構應根據自己的內部控制特點，以客戶為中心、以市場為導向來梳理產品的業務流程。

3.3.2.2 業務流程執行不力引發的操作風險

業務流程執行不力是指金融機構的員工在業務執行過程中有意或無意不嚴格按照業務流程行事所引發的操作風險。因為人是有限理性的，由於私利都有著投機取巧的心理和機會主義行為。某些情況下，員工會根據自身的慾望來選擇方案，這個方案雖然不一定是最優方案，但卻是最符合自身利益的，工作中帶著較強的個人主觀意願勢必會降低其理性決策能力和實施約束力。同時，員工知識結構的老化以及培訓制度的滯后會使員工知識儲備和知識結構更新緩慢，這也會導致員工的專屬崗位職能不能得到有效的發揮。這些都必然隱藏著操作風險。

如商業銀行的信用卡審核專員由於工作疏忽，在客戶的開卡審查過程中未按流程審查客戶的資料，帶有較大隨意性和主觀性地發放信用卡或給予與客戶

質信不相符的較大信用額度，從而產生惡意透支行為。抑或信用卡相關工作人員利用職務之便與外部人員相互勾結，產生以下行為：惡意套現、對客戶違約行為故意不作為、不對客戶信用卡的透支金額進行催收導致超過追索時限而變為不良資產。

如投資銀行的承銷業務主要是股票承銷與推薦上市。由於證券市場的一級市場上競爭相當激烈，呈現出僧多粥少的局面，個別投資銀行的負責人就為承攬承銷項目而故意放松或縮減項目的審核流程。例如，主承銷商未履行應盡責任，在沒有核實企業招股說明書中利潤等關鍵財務數據的真實性就貿然簽字，這間接縱容了擬上市公司過度包裝的現象，隱藏了操作風險。

如保險公司核賠員的工作從接受被保險人的損失通知開始，經過現場勘查、責任判定、損失核定后，以向被保險人給付賠款為結束。若核賠員片面追求處理速度，未積極、主動地對出險案件進行調查瞭解，未準確地做好現場勘查，就不能掌握真實的出險情況，對事故的分析和保險責任的確定會出現偏差，最后會導致錯賠、濫賠。

綜上所述，業務流程本身的不完善以及業務流程的執行不規範都會引發操作風險（見圖3-7），業務流程是金融機構操作風險產生的關鍵風險源之一。

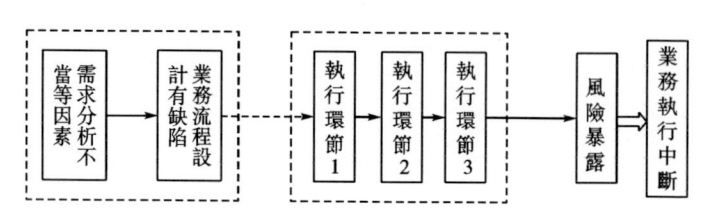

圖 3-7　業務流程與操作風險的形成

3.3.3　信息系統風險源

在金融機構的信息系統中，傳輸和存放的數據均與資金有關，它是保證金融機構持續日常經營以及滿足不間斷、無錯誤的交易的基礎。信息系統在有效降低金融機構營運成本、提高經濟效益的同時，也成為操作風險的傳遞載體。由於金融機構的信息系統是由大量的軟、硬件設備以及網路通信共同構成的，軟件的實用性、可修復性、兼容性；硬件運行環境的完備性、業務支持度、與網路的兼容性；網路系統設計與實施的完善性；傳輸加密技術的先進性等因素均會直接影響到各部門之間以及與客戶之間的信息交流，影響到金融機構的經營效果。這些方面的故障或被蓄意破壞會使金融機構的系統失靈或業務中斷，

當金融機構不能及時修正而繼續提供即時服務時,損失會迅速擴大,甚至整個系統陷入癱瘓而產生惡性連鎖反應。

如商業銀行出現IT系統錯誤導致ATM機無法取現、支付平臺等業務長時間停滯中斷而給客戶帶來損失。投資銀行的網上交易由於網路通信系統出現故障,或當用戶大大超過系統的負荷限度時,會發生網路梗阻,出現客戶無法登錄系統、無法委託下單、行情顯示延時、交易大廳設備死機等故障,給客戶帶來重大經濟損失。保險公司的信息系統遭到黑客攻擊或病毒感染,由此原因造成客戶資料洩露以至客戶遭受資金損失,或因系統不穩定導致客戶信息出錯而影響下一年的費率浮動。以上三個例子中,除非金融機構能證明系統故障處於不可抗力而免責,否則客戶有權向其申請索賠,操作風險由此產生。

綜上所述,軟、硬件,網路通信組成的信息系統的崩潰會引發操作風險(見圖3-8),信息系統是金融機構操作風險產生的關鍵風險源之一。

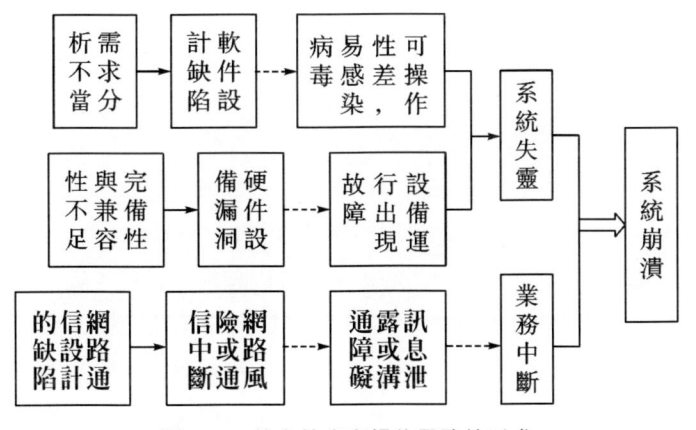

圖3-8 信息技術與操作風險的形成

3.3.4 從業人員風險源

3.3.4.1 金融機構從業人員的有限理性引發的操作風險

西方古典經濟學中,「經濟人」假設人具有完全的理性,在進行決策時能夠最充分地利用信息,並能從各備選方案中選擇出最佳方案。但近年來,這一基本假設在實踐中並未得到一致的認可。因為研究表示,在面對不確定性時,人通常會偏離假設所設定的最優行為模式,總體決策會出現偏離。因此,西蒙(1978年諾貝爾經濟學獎得主)對這一假設進行修正,推出了有限理性理論(Bounded Rationality),認為在有限理性的約束下,人對未來不確定性的因素是難以把握的,只能追求行為的次優。也就是說,經濟人企求尋找最優,而管

理人則企求尋找滿意或足夠好。由於人是介於完全理性與非理性之間的有限理性狀態，所以人對事物的判斷和做出的決策會出現主觀上的偏差。有限理性理論對傳統理性選擇理論的偏激進行了糾正，縮短了現實生活與理性選擇預設條件的距離。鑒於操作風險的發生和從業人員的行為有關，下面具體分析員工有限理性行為所引發的金融機構的操作風險：

(1) 選擇性記憶

心理學研究表明，人對容易記得起來的事物往往更加關注，並且主觀認為它發生的可能性會更大。而且，當面臨新信息時，人通常會有個初始觀念，傾向於根據腦海中的記憶來主觀判斷客觀事物，然後再依據新信息對初始觀念不斷進行修正，並有可能把新信息錯誤地理解為對原有觀念的再度驗證，從而強化了持有原有觀念的信心。通俗地說，這種有限理性行為就是「好了傷疤忘了痛」，會使金融機構員工在業務執行過程中不斷重複發生類似的操作風險。如商業銀行員工在業務實施過程中，會自然對比現有業務和以前處理過的類似業務，忽略不明顯的偏差，而主觀認為此業務與以往業務相同，由此造成錯誤而引起操作風險。

(2) 框定依賴

心理學研究表明，人的判斷與決策將在很大程度上取決於問題所表現出來的特殊的形式而非本質，也就是說同一事物的不同表象會使人有著不同偏好，而產生框定偏差，所以框定依賴體現出人的有限理性。通俗來說，這種有限理性行為就是「一葉障目，不見泰山」，一旦框定偏差累積爆發出來，操作風險隨即產生。如投資銀行從事公司債以及企業債的承銷業務時，如果發現某一行業整體的資質較優、信用評級較高，就會理所當然地認為同一行業其他企業的資質也良好。當此行業的某企業要求發行債券時，投資銀行會憑經驗判斷這是優質企業，從而在債券定價上會加大傾斜力度。但這難免存在偏差，一旦市場環境有所惡化，相似性的偏差會累積而集中以風險表現出來。

(3) 確定性效應

心理學研究表明，決策者的預期效用函數不是概率的簡單加權，而是把其轉換為權重函數。若此權重函數有確定性效應，就意味著發生概率較小的事件，其概率在一定程度上的增加，不會使人們很大地改變對其所賦予的選擇權重。而對於發生概率較大的事件，其概率在一定程度上的少量增加，都會使人們十分明顯地改變對其所賦予的選擇權重。通俗地說，這種有限理性行為就是「大意失荊州」，長期發展會導致操作風險。如保險公司在評估投保人的風險時，若投保人少有重大損失的所賠記錄，核保人員往往會減少警惕性而放鬆檢

查承保期內投保人的風險狀況，對損失風險賦予的主觀權重通常會小於其真實發生的概率，甚至會降低適用費率，這樣造成保險公司的風險敞口不斷擴大，業務隱含操作風險的概率隨之增大，操作風險最終演變為信用風險。

(4) 錨定效應

心理學研究表明，人在判斷和評估事物時，往往會將某些特定信息作為估計的錨點（即基準值），並以此為基礎來調整目標值。也就是說，人在做決策時，會不自覺地過度重視初始信息，而初始信息的不同會使最終結果發生較大變化，這就是錨定效應。通俗地說，這種有限理性行為就是「失之毫厘，謬以千里」，錨點不同產生的偏差會導致操作風險。如在商業銀行貸款業務中，如果有一家信譽高、實力強的企業為要貸款的企業做擔保，銀行審貸人員往往會忽視對貸款企業風險信息的挖掘和分析，較容易與貸款企業簽訂貸款協議。這裡面，擔保企業的信譽和實力就是有限理性決策的錨。事實上，擔保企業與貸款企業之間的知名度和經濟狀況並不存在必然聯繫，由此可能產生操作風險。

(5) 羊群效應

羊群是一種很散亂的組織，平時基本上是盲目地左衝右撞，一旦頭羊動起來，其他的羊也會不假思索地一哄而上，全然不顧前面可能有狼或者不遠處有更好的草。心理學研究表明，當個人意見和多數人意見不同時，情緒不穩、依賴性強、缺乏自信以及墨守成規的個人的心理會緊張，會放棄自己的意見而追隨多數人的思想或行為，這就是羊群效應。通俗地說，這種有限理性行為就是「從眾行為」，這很容易導致盲從而削弱個人決策的獨立性，進而陷入騙局或遭到失敗，產生操作風險。如前幾年投資銀行出現的集體「沆瀣一氣」挪用客戶保證金的案例，大多是領導授意、內部員工配合，有主謀、有組織、上下勾結的集體職務犯罪，員工在這個過程中彼此傳染而逐漸打消對違規行為的懷疑，喪失理性，就是羊群效應造成的操作風險。

(6) 心境

心理學研究表明，人的心境（也即情緒）會對其決策判斷有顯著的影響，處於不同心境之下的人對同一事件做出的決策是不同的：在心境好的狀態下，人會偏好於做出樂觀估計，並積極將之付諸實施；在心境壞的狀態下，人會傾向於做出消極估計，並且行動有所滯后。現代社會中，人的生活和工作節奏較快而導致壓力較大，工作中可能只有較少一段時間處於理性狀態，大部分時間可能會多少受到心境的影響而處於有限理性狀態，這會導致員工的執行力不足從而產生操作風險。通俗地說，這種有限理性行為就是「心情好萬事順」。如

保險公司員工的心境會極大的影響到保單錄入、核保、猶豫期的電話回訪等環節的效果，差錯率的上升會帶來操作風險。

(7) 過度自信

心理學研究表明，某些事情的發生完全是由於運氣和偶然因素作用的結果，但由於認知和判斷上的偏差，人可能會將偶然的成功歸因於自己操作的技巧和突出的能力，而將失敗的結果歸因於外界無法控制的因素，甚至想當然地認為事情會按自己的意願發展，由此產生過度自信的現象。通俗地說，這種有限理性行為就是「一廂情願」，過於自我強化的歸因偏差也會導致操作風險。如金融機構的老員工大多非常自信自己的業務處理能力，會更加關注有利於自己業務處理結果的信息並屏障掉不利於自己的信息，這通常會難以及時暴露其中所蘊含的操作風險，並影響其處理效果。

3.3.4.2 金融機構與客戶之間的委託代理關係引發的操作風險

如果金融機構缺乏具有相容性的激勵機制，不能使內部員工的利己行為和公司的整體目標保持一致，那麼內部員工會損害到公司與客戶之間的委託代理關係，產生逆向選擇，而使操作風險的發生成為常態。

如近幾年來，商業銀行為大力攬儲、搶占市場份額而推出大量的理財產品，銷售人員在銷售過程中存在有意的誤導，只向客戶誇大高收益，並不充分揭示產品的風險。而絕大多數與海外市場掛勾的結構性理財產品的風險極高，不僅宣傳的預期收益與實際收益有較大偏差，甚至本金都難以全部收回。這種道德風險最終會產生嚴重的操作風險，並進一步產生聲譽風險。

如投資銀行在從事高風險的自營業務時，按規定必須在自營、經紀和資產管理業務部門之間建立起「防火牆」制度，做到人員、資金、帳戶的分開操作和適當隔離。但在實際中，部分投資銀行對自營業務決策者和操作者的各項違規行為缺乏制度約束，或缺乏執行力，存在自營資金和客戶委託資金混用，違規拆借資金炒作的現象，從而人為地引發操作風險。

如目前絕大多數保險公司對保險代理人的考核都以業績為主，在此激勵機制下，代理人趨利的心理會誘發銷售過程中誤導和欺騙客戶的行為。道德風險通過交易等途徑最終轉化為操作風險。

3.3.4.3 金融機構激勵約束機制的不合理引發的操作風險

合理的激勵約束機制能夠有效地激發員工的動力，使員工迸發出積極性、主動性和創造性；同時能夠有效地規範員工的行為，使之向公司所期望的目標努力。目前我國金融機構的激勵約束機制並不合理，體現在以下幾方面：

(1) 激勵手段單一

目前主要採用的激勵手段為相對固定的工資和獎金，員工的收入與其績效和貢獻的相關度較低，員工個人利益與公司利益沒能有機地結合起來。

(2) 忽略風險指標的激勵手段

當激勵手段未根據各項風險指標進行相應調整時，就間接鼓勵了員工把業績建立在冒險策略之上，部分員工會為提高業績而無視風險盲目追求收益。

(3) 目標短期化

缺乏長期的激勵措施會導致管理層只重視眼前利益而不關心公司的長期價值，造成管理層安於現狀、缺乏戰略眼光以及形成高人員流動率。這樣反過來又會加劇公司的短期行為，形成惡性循環，會對公司長期、穩定的發展帶來較大負面影響。

(4) 重視行政級別和行政待遇

當經濟激勵落後於行政激勵和精神激勵，而這些激勵標準又有一定程度的扭曲，導致不少經理人不思進取。

(5) 約束機制不到位

當對一般員工的約束難以做到優勝劣汰時，會造成人浮於事的局面。

(6) 缺乏不定期的崗位輪換制

對各級分支機構領導的約束力不夠會導致形成絕對個人權威，使得包括內控稽核在內的人員也無法對其行為進行有效的約束，下屬員工會不遺余力地完成其提出的任務指標，即使有損於整個公司的經營發展。總之，獎勤罰懶的激勵約束機制的不合理會使員工缺乏上進心和責任感，由此容易導致人為的操作失誤而引發操作風險。

綜上所述，有限理性、與客戶的委託代理關係以及不合理的激勵約束機制會使從業人員在信息的獲取、加工、輸出以及反饋過程中產生差錯，影響其執行力水平而形成操作風險。「人」是金融機構操作風險產生的關鍵風險源之一。

3.4　對三類金融機構操作風險本質特徵的分析

下面分別收集商業銀行、投資銀行和保險公司的操作風險損失事件，通過風險暴露來發現損失頻率與金額，以基於歷史數據比較三類金融機構操作風險事件的特徵。

3.4.1 我國商業銀行操作風險暴露及特徵分析

本部分收集了1987—2011年，監管部門公布以及國內外媒體公開報導的279件商業銀行操作風險損失事件，下面是對損失事件的統計特徵分析（其中，損失事件的發生金額採用的是監管部門或媒體公布的損失金額，而非涉案金額，只有在損失金額不明確時才會用到涉案金額；對於損失事件的發生時間採用的是操作風險的案發時間，而非暴露時間。因為案發時間能真實地反應銀行所在年份的操作風險控制水平，更有利於問題的分析）。

表3-5　　　　我國商業銀行操作風險損失事件的分佈表

發生金額範圍（萬元）	發生次數（次）	所占比例（％）
0~100	57	20.43
101~500	46	16.49
501~1,000	19	6.81
1,001~5,000	61	21.86
5,001~10,000	25	8.96
10,001~20,000	24	8.60
20,001~40,000	16	5.73
40,001~60,000	9	3.23
60,001~80,000	4	1.43
80,001~100,000	3	1.08
100,001~200,000	12	4.30
200,001~300,000	3	1.08

在收集整理到的操作風險損失事件中，單筆最小損失為5,800元，單筆最大損失為27億元。表3-5顯示，操作風險損失金額越小，發生頻率越高（損失金額在1億元以下的，發生次數占到74.55％）；損失金額越大，發生頻率越低（損失金額在10億元以上的，發生次數占到5.38％），充分說明操作風險損失數據具有「尖峰厚尾」的典型特徵。

從表3-6可以看出，2000年以後商業銀行操作風險損失事件的發生金額和發生次數呈上升趨勢，特別是在2004年達到最高點，這並不表示這段時間操作風險損失事件比以前發生的更多，而是與商業銀行業務範圍拓展力度和媒

體披露力度加大有關。在 2004 年，銀監會發布了《關於加強操作風險防範工作力度的通知》，要求各商業銀行加大風險檢查和行業自查力度。同時，國有四大商業銀行還處於改制重組的進程中，以上原因使得 2004 年前後更多的操作風險損失事件顯現出來。但收集到的近五年操作風險損失事件有所下降，這可能與數據收集難度有關，也可能與各商業銀行開始重視操作風險的管控有關，還可能與操作風險潛伏週期持續較長、尚未釋放出來有關。

表 3-6　1987—2011 年我國商業銀行操作風險損失事件發生金額和次數的分佈表

年份	損失金額（萬元）	損失次數（次）	年份	損失金額（萬元）	損失次數（次）
1987	29.04	2	2000	206,651	22
1989	6,027.21	3	2001	617,751.3	27
1990	241.80	1	2002	285,046	23
1992	153.90	1	2003	995,105.9	31
1993	37,900	2	2004	1,209,398	46
1994	111,792.6	13	2005	242,463	13
1995	28,837	10	2006	189,913.3	8
1996	9,448.39	5	2007	29,743.65	10
1997	214,563.3	13	2008	9,776.518	11
1998	54,221.88	15	2009	1,244.6	8
1999	171,897.4	12	2010	160,000	2
			2011	6,000.00	1

收集到的損失數據涉及我國各類銀行（包括國有銀行、股份制商業銀行、城市商業銀行、城市合作銀行、農村商業銀行及信用社）共 54 家，各家銀行發生操作風險損失事件的次數、金額和各自所占比例如表 3-7 所示。其中中國銀行位居前列，中國農業銀行以及其他國有銀行依次居后。中國銀行的風險暴露之所以最多，既與媒體披露有關，也與其經營業務涉及商業銀行、投資銀行和保險公司有關，還與其海外分支機構遍布幾十個國家有關。

表 3-7　我國各商業銀行發生操作風險損失事件的次數、金額與比例分佈

損失事件發生次數			損失事件發生金額		
銀行名稱	次數(次)	所占比例(%)	銀行名稱	金額(萬元)	所占比例(%)
中行	59	21.15	中行	1,558,729	33.97
農行	52	18.64	農行	972,146.6	21.19
建行	42	15.05	工行	454,413.5	9.90
工行	27	9.68	信用社	447,343.1	9.75
信用社	24	8.60	建行	342,487.4	7.46
城商行	14	5.02	交行	188,554	4.11
交行	10	3.58	城商	174,290.1	3.80
光大	7	2.51	深發展	160,461.8	3.50
廣發	7	2.51	民生	78,452.5	1.71
民生	7	2.51	華夏	68,518	1.49
中信	7	2.51	浦東	51,590.7	1.12
華夏	6	2.15	中信	44,804.8	0.98
浦發	6	2.15	合作銀行	21,140	0.46
深發展	5	1.79	光大	11,657.81	0.25
合作銀行	3	1.08	廣發	10,397.96	0.23
招行	2	0.72	招行	3,200	0.07
郵儲	1	0.36	郵儲	18	0.00

註：其中信用社、城商行和合作銀行的數據並非是一家的，而是合併了收集到的所有同類型金融機構后的匯總結果。

進一步對發生操作風險的各銀行性質進行歸類分析，得到表 3-8。從中可以發現國有銀行（特別是四大國有商業銀行）的損失事件發生次數以及發生金額遠遠超過其他類型銀行的，分別達到所有損失事件的 68.45% 和 76.64%，這反應出國有商業銀行面臨的操作風險管理的嚴峻形勢，畢竟四大國有商業銀行在產權制度、組織結構、流程控制、風險管理和人事制度等方面還存在著相當缺陷，加上機構龐大、網點和員工眾多，管理操作風險的難度較規模小的銀行要大得多。當然，除去上述因素，由於受關注程度以及信息披露透明程度不同，並不能因為其他類型銀行操作風險的暴露相對少而不重視（因為樣本採用的是監管部門和媒體公布的數據，事件分佈會存在偏差），畢竟在收集到的

數據中，股份制商業銀行和信用社及改制商業銀行的損失金額分別達到 42 億元和 64 億元之多。

表 3-8　我國不同所有制的商業銀行的操作風險損失事件發生次數比較表

銀行性質	發生次數（次）	所占比例（%）	發生金額（萬元）	所占比例（%）
四大國有商業銀行（工行、農行、中行、建行）	180	64.51	3,327,777.0	72.53
交行和郵政儲蓄銀行	11	3.94	188,572.0	4.11
股份制商業銀行	47	16.85	429,083.6	14.01
信用社及改制形成的商業銀行	41	14.70	642,773.1	9.35

本書在前面對金融機構的操作風險按成因分為內部因素（包括制度類、技能類、失控類、詐欺類四種）和外部因素（包括宏觀政策類、詐欺類和其他類），根據此分類，對收集到的損失數據類別加以整理，得到表 3-9。可見在我國商業銀行操作風險損失事件中，內部詐欺無論是在數量上還是在金額上所占比例均最大，其次是外部詐欺以及內外勾結詐欺類，所以主觀的、故意的詐欺類操作風險對我國商業銀行的破壞力是最大的，這與國外商業銀行操作損失事件的特徵存在較大的不同（見圖 3-9），說明我國商業銀行應把對操作風險的管控重點放在從業人員上。

表 3-9　按成因對我國商業銀行操作風險的分類表

	內部因素				外部因素		內外勾結詐欺
	制度類	技能類	失控類	詐欺類	宏觀政策類	詐欺類	
發生次數（次）	29（10.39%）	16（5.73%）	37（13.26%）	96（34.41%）	6（2.15%）	47（16.85%）	48（17.20%）
	總計 178 起				總計 53 起		總計 48 起
發生金額（萬元）	165,935（3.62%）	142,802.5（3.11%）	752,362.4（16.40%）	1,209,087（26.35%）	434,019（9.46%）	1,094,494（23.85%）	789,505.5（17.21%）

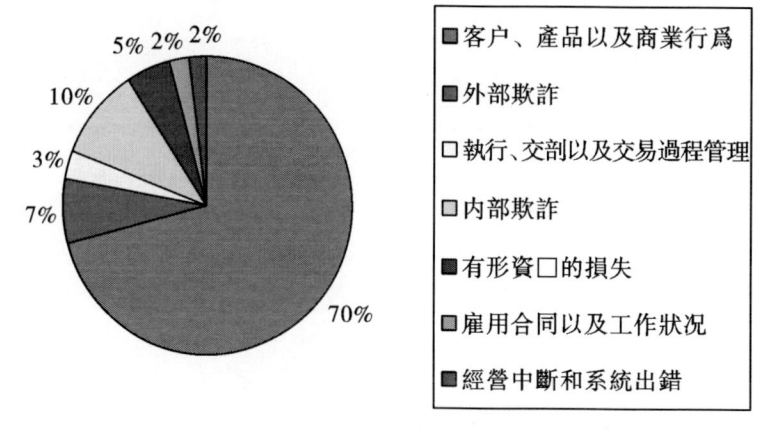

圖 3-9　國外商業銀行操作損失事件類別比例圖

註：數據來源於 2002 年巴塞爾委員會下屬的風險管理小組收集到的 89 家商業銀行的操作風險損失數據（LDCE）。

3.4.2　我國投資銀行操作風險暴露及特徵分析

我國投資銀行操作風險損失數據較商業銀行的更難收集，僅收集到 30 件國內外媒體公開報導的操作風險損失事件，時間跨度為 1999—2009 年。小樣本雖然會產生偏差，但表 3-10 和表 3-11 的統計分析也能說明一定問題。

表 3-10　　　　　　投資銀行操作風險損失事件的分佈表

發生金額範圍（萬元）	發生次數（次）	所占比例（％）
0~100	16	53.33
101~1,000	6	20.00
1,001~10,000	6	20.00
10,001~140,000	2	6.67

其中，單筆最小損失為 4,500 元，單筆最大損失為 13.5 億元，損失數據也具有「尖峰厚尾」的特徵。

這裡仍然採用本書對操作風險的分類方法。表 3-11 顯示出，內部詐欺在操作風險發生數量和金額上佔有最大份額，說明我國投資銀行與商業銀行在操作風險的管控重點上完全一樣。

表 3-11　　　　按成因對我國投資銀行操作風險的分類表

	內部因素			外部因素	
	制度類	失控類	詐欺類	詐欺類	其他類
發生次數 （次）	3 （10.00%）	5 （16.67%）	20 （66.67%）	1 （3.33%）	1 （3.33%）
	總計 28 起			總計 2 起	
發生金額 （萬元）	13.55 （0.01%）	397.95 （0.22%）	182,322.7 （99.58%）	290 （0.16%）	60 （0.03%）

3.4.3　我國保險公司操作風險暴露及特徵分析

根據中國保險監督管理委員會網站公布的對各保險公司的行政處罰決定（僅公布了 2005—2012 年的），對涉及操作風險的違規實例進行了整理歸納，僅暴露 12 起。由於收集到的操作風險損失金額均為保監會對保險公司從 10 萬～50 萬元不等的罰款，對損失金額的分析就不具有任何意義。因此，這裡僅從保險公司操作風險的類別上進行分析。採用本書對操作風險的分類方法可以得到表 3-12，這裡內部詐欺仍占最大比例。

表 3-12　　　　按成因對我國保險公司操作風險的分類表

	內部因素			外部因素	
	制度類	失控類	詐欺類	詐欺類	其他類
發生次數 （次）	3 （25%）	0	9 （75%）	0	0
	總計 12 起			總計 0 起	

以上從我國三類金融機構操作風險暴露和特徵分析上可以看出，商業銀行、投資銀行和保險公司操作風險的最主要成因大多為內部詐欺，即「人」的因素，如果內部從業人員能克盡職守、以公司利益為重，產生的操作風險會大大減少。當然，除了對從業人員操作風險的防範，由外部環境、流程制度等因素所導致的操作風險也不能小覷。因此，三類金融機構的操作風險在本質上是基本相同的，在加強從業人員的技能培訓、完善薪資福利待遇、強化道德意識培養的同時，需要通過完善組織結構、業務流程和信息系統來進一步控制從業人員這個風險源，以達到有效減少操作風險損失事件的目的。

3.5　操作風險度量要求

識別了操作風險的本質后,就進入風險管理程序的度量階段,畢竟有效的度量是風險緩釋的基礎。操作風險度量是根據經驗分析、損失數據定性或定量測定所有被識別出來的操作風險因素的影響程度,以便採取具體的控制技術的過程。通過度量結果可以顯示:哪些操作風險可以接受,能夠自留或管理;哪些風險是銀行所不能接受的,必須轉移出去。操作風險度量以風險管理分級及損失數據庫的確定為基礎,選擇定性、定量相結合的度量方法。

3.5.1　操作風險度量的目標與基本原則

3.5.1.1　操作風險度量的目標

操作風險度量的目標是量化操作風險的預期損失和非預期損失。定性度量可以說明風險的程度,定量度量可以表示風險損失的金額。但通常情況下,預期和非預期損失是不能直接被度量出來的,由於風險頻率及強度是隨機的,通常度量的是對應於統計分佈頻率和強度的參數,風險損失的分佈借助於合併頻率和強度分佈而得到,得到損失分佈后,就能得到預期損失和非預期損失的合理估計。

3.5.1.2　操作風險度量的基本原則

(1) 客觀性

使用正式的客觀標準衡量操作風險,包括選擇通用的風險分類和關鍵風險指標。

(2) 一致性

對不同業務部門相似的操作風險進行評估所得出的測度結果應該相近。

(3) 相關性

所報告的風險是可操作的,評估結果可以在銀行內進行累計和加總。

(4) 透明性

所有實質性操作風險都可以進行報告和估計。

(5) 完整性

要確保所有實質性操作風險都能得到識別和考察而不會有遺漏,風險指標涵蓋所有重要的操作風險暴露。

3.5.2 操作風險的度量基礎

操作風險的度量基礎包括明確操作風險的限制因素、確定損失數據庫以及進行操作風險的管理分級。

3.5.2.1 操作風險的限制因素

由於操作風險自身的特點，使操作風險度量過程中，限制因素較多，使度量方法的選擇有一定難度。因此，在選擇度量方法時，需要充分考慮金融機構的實際管理能力及實際需求，減少因限制因素過多給操作風險管理帶來的不利影響。限制因素包括以下幾個方面：一是損失事件之間的相關性難以體現，損失事件隨機分佈，以此為基礎計算的總資本少於單個事件獨立反應的情況；二是歷史和截面數據不全，經驗數據有限、低頻率高損失事件難以衡量，結果較難檢驗；三是覆蓋範圍大，日常業務、大規模舞弊以及自然災害都會涉及；四是不同定義及分類都會影響到客觀性。

3.5.2.2 損失數據庫的確定

損失數據庫是操作風險度量的基礎，也是一個回溯檢視的工具。它能夠告訴我們，過去何處出現損失，損失的暴露程度。通過損失數據的整理分析，可以為操作風險度量提供原始資料。損失數據庫包括內部數據和外部數據。內部數據主要用於：風險估計實證分析的基礎；驗證風險度量系統輸入與輸出變量的手段；實際損失與風險管理、控制決策之間的橋樑。內部數據的累積時間為3~5年，內部損失數據應綜合全面，涵蓋所有重要的業務活動，反應所有相應的風險暴露情況；外部數據為公開或行業集合數據。金融機構面臨非經常性的、潛在的嚴重損失時，外部數據的影響會明顯增強。

3.5.2.3 操作風險的管理分級

操作風險存在於金融機構的各業務條線，應確定在什麼層面上進行度量，以此確定數據收集層面。分級越多，數據收集成本越高，與成本相對應的，是價值的增加，但細化的分級對數據監測有益，可以通過成本—收益分析確定數據收集的層面。

巴塞爾銀行委員會沒有規定用於操作風險度量和計算監管資本的具體方法，但要求銀行採用的高級度量方法考慮到潛在較嚴重的概率分佈「尾部」損失事件。后面的各個章節就針對中國金融機構的現實狀況採取合適的方法，來對操作風險進行度量。

3.5.3 度量結果的復核與報告

基於損失數據對操作風險進行度量後，金融機構的風險管理部門需要和高

層業務部門主管以及相關風控人員一起復查度量結果，通過投票決定風險評級報告。

操作風險的最終評估應以風險報告形式提交業務管理層、決策層以及金融機構的內部審計部門。操作風險報告能夠給管理層提供更有針對性的風險管理決策，能夠促進銀行更有效地投資、分散、控制風險。

3.6　小結

本章首先界定了我國金融機構面臨的操作風險，分析了操作風險與其他風險的聯繫和區別，重新劃分了操作風險的類別。然后從組織結構、業務流程、信息系統和從業人員四個方面深入研究了操作風險的產生原因。最后逐一收集了商業銀行、投資銀行和保險公司三類金融機構的操作風險損失事件，通過挖掘其各自的統計特徵，發現內部詐欺是它們都面臨的最大風險類別。由以上的分析過程得到三類金融機構面臨的操作風險在本質上是相同的結論，因此適用於度量一類金融機構操作風險的技術和方法在理論上應當同樣適合於另一類金融機構。

4 小樣本下基於損失分佈法對操作風險的度量

通過第三章的分析，得到三類金融機構面臨的操作風險在本質上是相同的。由於收集到的我國商業銀行的操作風險損失事件遠遠多於投資銀行和保險公司的，所以后面三章就以商業銀行的損失數據為例進行實證分析以說明度量方法的效果。在樣本數據相同的情況下，適合於商業銀行的操作風險度量方法在理論上也同樣適合於投資銀行和保險公司。巴塞爾委員會建議的高級計量法中的損失分佈法使用較為廣泛，本章採用損失分佈法來度量操作風險。

4.1 《巴塞爾資本協議》提出的操作風險度量模型

定量度量方法能更精確地衡量出金融機構操作風險的大小，能在較大程度上提升金融機構的操作風險管理水平。《巴塞爾資本協議》提出了基本指標法、標準法和高級計量法，這三種方法在約束條件、風險敏感性和度量有效性方面逐漸增強。

4.1.1 基本指標法

基本指標法不區分金融機構的經營範圍和業務品種，用總收入作為指標來度量操作風險。因為操作簡單，所以較適合業務品種單一的中小金融機構。具體描述如下：

$$K_{BIA} = GI \times \alpha \qquad (4-1)$$

其中：K_{BIA} 為基本指標法計算出的需要為操作風險配置的資本；GI 為金融機構前三年總收入的平均值；α 為操作風險對應總收入的系數，取值在17%和

20%之間。

　　基本指標法簡單易於操作，銀行使用該方法的門檻較低，比較容易實現，《新巴塞爾資本協定》中未對採用該方法提出具體標準。但是對於使用該方法計算經濟資本的銀行，巴塞爾委員會建議其可以遵循於 2003 年 2 月發布的指引《操作風險管理和監管的穩健做法》。但該方法也有相當大的局限性，就是對所有金融機構使用統一的比例 α，幾乎沒有風險敏感度，沒有考慮各金融機構的實際經營狀況和風險管理水平，就是說使用該方法的各金融機構每增加一單位的收入所要配置的經濟資本都是一樣的，這樣不能把各業務類別管理操作風險的效果直接反應在操作風險資本的計提上，體現不出獎優罰劣的機制。此外，該方法是把金融機構當做一個整體進行分析的，對於操作風險的具體構成和原因無法據以進行探討。

4.1.2　標準法

　　和基本指標法的單一指標相比，標準法做出了改進，能更好地反應出金融機構所面臨的操作風險，具有較強的操作性。此方法根據商業銀行的 8 條業務線來劃分總收入，具體描述如下：

$$K_{TSA} = \sum (EI_{1-8} \times \beta_{1-8}) \tag{4-2}$$

　　其中：K_{TSA} 為標準法計算出的需要為操作風險配置的資本；EI_{1-8} 為商業銀行 8 條業務線中各業務類別在過去三年的年總收入的平均值；β_{1-8} 反應了 8 條業務線中各業務類別的操作風險損失經驗值和對應的總收入之間的關係，取值由巴塞爾委員會設定，見表 4-1。

表 4-1　　　　　　　　各業務類別對應的 β 系數

業務類別	公司金融	交易與銷售	零售銀行	商業銀行業務
β 系數	$\beta_1 = 18\%$	$\beta_2 = 18\%$	$\beta_3 = 12\%$	$\beta_4 = 15\%$
業務類別	支付與清算	代理服務	資產管理	零售經紀
β 系數	$\beta_5 = 18\%$	$\beta_6 = 15\%$	$\beta_7 = 12\%$	$\beta_8 = 12\%$

資料來源：中國銀行業監督管理委員會. 統一資本計量和資本標準的國際協議：修改框架 [M]. 北京：中國金融出版社，2004.

　　標準法中最重要的問題就是確定不同業務種類的 β 權重。國際清算銀行組織的定量效果研究以 23 家國際銀行樣本作為研究樣本，得到 β 值，見表 4-2。

表 4-2　　國際清算銀行組織估計的不同業務種類的 β 係數

	標準法下的 QIS 數據分析 12% 的最小監管資本									
	(1) 中值	(2) 均值	(3) 加權平均	(4) 標準差	(5) 加權平均標準差	(6) 最小值	(7) 第25個百分位點	(8) 第75個百分位點	(9) 最大值	(10) 數量
公司財務	0.131	0.236	0.120	0.249	0.089	0.035	0.063	0.361	0.905	19
交易與銷售	0.171	0.241	0.202	0.183	0.129	0.023	0.123	0.391	0.775	26
零售銀行業務	0.125	0.127	0.110	0.127	0.066	0.008	0.087	0.168	0.342	24
商業銀行業務	0.132	0.169	0.152	0.116	0.096	0.048	0.094	0.221	0.507	27
支付與結算	0.208	0.203	0.183	0.218	0.154	0.056	0.098	0.217	0.901	14
代理服務	0.174	0.232	0.183	0.218	0.154	0.056	0.098	0.217	0.901	14
資產管理	0.113	0.149	0.161	0.073	0.066	0.050	0.097	0.199	0.283	15
零售經紀	0.133	0.185	0.152	0.167	0.141	0.033	0.079	0.210	0.659	22

雖然標準法區別對待不同的業務類別，但即便在同一業務類別中，不同的操作風險損失事件所導致的損失也是完全不同的，因此分佈也有差別，使用相同的風險值的理論基礎並不牢固。所以，標準法並不能完全反應風險管理水平和資產質量各異的金融機構的操作風險損失特徵。同時，受金融機構治理狀況、信息透明度等因素的影響，用標準法度量會帶來一定的偏差而缺乏風險敏感性。當然，使用標準法來度量操作風險的資本要求，不會如高級計量法那麼複雜，所以適合規模較小的金融機構。

上述兩種方法以收入作為代理指標度量操作風險，沒有考慮金融機構風險管理狀況。依照這類模型計算操作風險資本不能形成提高風險管理的激勵機制。這類模型被認為缺乏風險敏感性，一般只適於對操作風險的粗略估算。

4.1.3　高級計量法

為得到更為精確的操作風險度量結果，巴塞爾委員會建議國際活躍銀行和具有較高操作風險管理水平的銀行採用高級計量法。高級計量法和之前介紹的兩種方法的最大區別在於金融機構可以根據自身的操作風險損失數據來計算監管資本，即監管資本隨各金融機構操作風險損失分佈的不同而變動。目前，高級計量法是變化較大的方法，主要有以下幾種：內部衡量法、積分卡方法、損失分佈法。

4.1.3.1　內部衡量法

內部衡量法是金融機構根據監管部門的規定，通過收集操作風險損失數據

來估算風險資本的方法。具體來說，監管部門對金融機構的每個業務類別 i 和風險損失類型 j，確定組合 (i, j) 的預期損失轉化為資本要求的換算因子 $(\gamma(i, j))$，$EI(i, j)$ 為風險暴露，通過計算組合對應的操作風險損失事件概率 $(PE(i, j))$ 和損失程度 $(LGE(i, j))$，得到總資本要求 (K_{IMA}) 的計算公式：

$$K_{IMA} = \sum_i \sum_j \left[\gamma(i,j) \times EI(i,j) \times PE(i,j) \times LGE(i,j) \right] \qquad (4-3)$$

內部衡量法在標準法的基礎上細分了風險事件類型，使操作風險的資本計量更具有針對性，如果銀行嚴格按照巴塞爾委員會的要求來劃分產品線和風險事件，對操作風險的計量會相對比較容易。

內部衡量法的好處是對數據連續或離散的狀況以及數量要求不高，金融機構能夠採用自身的損失數據來度量，因此結果具有一定的針對性，這有利於激勵金融機構提高風險管理水平。但巴塞爾委員會建議銀行需要採集至少三年的歷史損失數據，最好是五年或以上，所以商業銀行應盡快規範數據標準，建立操作風險的數據架構。

內部衡量法的弊端在於忽視了損失頻率、損失幅度等的不同組合方式，一概假設意外損失和預期損失之間具有穩定的關係，而事實上這並不符合損失分佈的具體特徵。另外，假設風險暴露指標與最大可能損失之間有線性關係的做法，很容易造成與金融機構內部的業務單位和損失類型不相匹配，與實際的損失分佈有出入。

4.1.3.2 積分卡方法

積分卡法嚴格上講不是一種純粹的計量模型，而是一種管理評估方法。該方法可以通過定性與定量相結合的方式度量操作風險，可以及時反應風險特徵的動態變化。其基本思想是通過設定多項前瞻性的關於操作風險的數量指標，通過對這些指標的監測、計量和分析來度量操作風險所需要的資本金。具體而言，金融機構首先需要依據行業標準制定出風險初始值，然后對操作風險進行自我評估，根據每個操作風險損失事件的影響和發生可能性來賦值，再對賦值后的每一損失事件進行排序、比較和分析，即通過積分卡方法不斷修正，以反應出潛在的操作風險以及適應於不同業務類型的操作風險控制環境。

使用該方法時一般的步驟如下：

（1）操作風險的識別與分類。由於金融機構操作風險是多方面的，風險損失的類型也會有所不同，金融機構的管理層首先應該對風險因素進行識別、確認和分類。

（2）對風險管理者的確定。確定風險管理者是為了確保某一個管理者或者一個委員會對風險本身、風險管理和風險分散化負責。如果沒有風險管理者

對風險責任制的落實，那麼將大大降低對風險的敏感度，風險管理和監督者也會產生道德風險。金融機構的管理層必須全面嚴格落實責任制，以此來確保金融機構能從對風險管理和分散化中受益。

（3）評估風險發生的可能性。首先有風險專家對金融機構下一年發生操作風險的可能性進行一個定性的評估。可以把可能性分為非常低、低、中等、高和非常高等不同的級別。然后再轉換為一個相應的概率。

（4）評估風險損失的后果。損失后果是指金融機構可能遭受的潛在損失，由於精確度量這些損失很困難，一般用一個按貨幣計值的範圍來描述潛在損失。對於每一個已識別的風險敞口都應當估計損失后果。在操作風險損失后果的評估值中應當把風險的減少額除去。

（5）界定風險原因和結果，並選擇合適的操作風險管理方式及工具。

（6）匯報評估結果。操作風險的最終評估將應提交業務管理層、風險調整的資本收益率管理部門以及企業內部的相關部門。評估結果的主要用途有兩個：首先是給管理層更好的操作風險信息，使之能夠改善風險管理決策；其次是改善經濟資本的分配，使之能夠更好地反應業務部門承擔的操作風險。

（7）分配資本。根據操作風險來分配經濟資本，可以確保承擔操作風險較大的業務能獲得更多的資本，可以提高資本支出的透明度。更重要的是，這還會有助於金融機構和每個業務部門使用風險/收益分析來改進營運決策。

該方法的優點首先是它能夠對一線的工作人員形成良好的正向激勵，促使其積極監控、管理金融機構操作風險，便於形成全員參與管理操作風險的氛圍。其次是使用積分卡方法計算金融機構操作風險資本金具有一定的內在彈性。因為它能夠較好地與金融機構的風險和內控相適應，而不必獲得外界對金融機構面臨風險的看法。此外，積分卡方法是一種將風險框架建立在金融機構信息而不是歷史損失數據基礎之上的方法，它較少依賴於歷史數據，而更多偏重全面的定性分析，可以盡早計算操作風險資本金，而不必等到金融機構內部數據庫建成或者利用與自身無關的外部數據。

但它過於偏重定性分析，同時由於所選取的指標和權重均由專家來確定，所以度量結果的準確性和可靠性在較大程度上依賴設計此方法的專家，有很強的主觀性和隨意性，換一批專家可能整個方法的體系和結果都會發生比較大的變化，而且也不利於金融機構形成長期歷史數據的統計分析。

4.1.3.3 損失分佈法

在損失分佈法下，金融機構需要依據歷史損失數據估計出兩個概率分佈函數：損失頻率和損失強度。然后在這兩個概率分佈的基礎上計算得到操作風險

資本配置。它與內部衡量法的最大區別在於，它直接估計出非期望損失，允許分佈隨期望損失的不同而變化，不需要確定換算因子，不需要假定期望與非期望損失之間存在某種關係。下面對損失分佈法進行詳細介紹。

4.2 損失分佈法

4.2.1 損失分佈法概述

損失分佈法是類似於信用風險和市場風險的量化方法，在量化操作風險資本的高級計量法中得到廣泛的應用。它的思路如下：金融機構收集建立操作風險損失數據庫，根據損失數據的特徵來選擇最優的模型，針對每個業務類別/風險類型估計操作風險損失在一定期間內的概率分佈，以擬合出損失頻率分佈和損失強度分佈，通常使用蒙特卡羅模擬等方法或者事先假定具體的概率分佈形式，然后在一定置信度的條件下，計算出總的損失概率分佈函數，進而得到操作風險所要求的資本金（即 VaR 值）。

損失分佈法從具體的單個風險入手，通過嚴密的統計方法，最后得到總的風險度量結果，理論上具有較高的準確性。但該方法在實際使用中面臨著一些問題和難點。數據問題是該方法在使用中面臨的最大困難。用於建模使用的內部操作風險損失數據不能滿足建模需要，尤其是對於發生頻率低損失大的風險事件數據極為缺乏。解決的辦法有兩種：一種方法是延長模型的持有期（holding period），但時間過長，銀行的業務品種、管理流程和管理水平都會發生很大的變化，這會導致原有的歷史數據可能不再能夠反應銀行的風險狀況。另一種方法是利用外部數據，這方面得到了巴塞爾委員會的支持和鼓勵，西方發達國家已開始著手建立行業的操作風險損失數據庫。然而，利用外部數據作為建模補充同樣面臨著一些難以解決的問題。操作風險具有銀行內源性的特點，不同銀行業務、管理的特徵不同，從而潛在風險分佈也不同，外部數據的建模可靠性值得懷疑。另外，外部數據的來源渠道主要為公開披露和銀行提供，不同來源的數據其損失數據獲取的門檻值（該數值以下的損失數據出於各種原因不會收集到數據庫中）不同，這樣建模的結果會偏離真實的損失分佈。還有，操作風險往往涉及銀行一些內部機密信息，銀行出於種種考慮一些風險數據往往不願公開提供。對這種情況，外部損失數據庫一般將涉及具體銀行的一些信息去掉，而這又造成數據信息缺乏建模的實際意義。其他方面的困難還包括由於單個風險之間的風險特徵差異很大，這需要用不同的統計分佈來

進行模擬，現有的統計工具具有相對的局限性；不同風險組合之間的相關性問題還沒有得到很好地解決等。

2001年巴塞爾委員會公布的操作風險諮詢文件中，首次將損失分佈法作為計算銀行操作風險資本的方法，並正式將該方法納入到高級計量法的框架中。由於不同銀行的內部數據缺乏可比性，加上多樣化分佈假設，目前它僅限於少數大的金融機構使用，但是巴塞爾委員會仍然鼓勵銀行完善這一方法，為最終使用損失分佈法來計算銀行操作性風險資本要求而努力。鑒於此方法的結果是依據一定置信度得到的，且隨時間的變化而動態變化，因此能客觀、有效地反應出金融機構特有的風險特徵。

4.2.1.1 可選的損失強度分佈

損失強度分佈是描述操作風險的損失金額，反應損失嚴重程度的分佈。在傳統的金融領域，常採用極大似然法對對數正態分佈的參數進行估計。但鑒於損失強度分佈具有嚴重的尖峰厚尾性，所以現在更多地採用伽馬分佈、威布爾分佈、極值分佈、帕累托分佈等具有厚尾特徵的分佈。這些分佈的描述如下：

(1) 對數正態分佈函數

若均值為 μ，方差為 σ^2，密度函數如下：

$$f(x,\mu,\sigma) = \frac{1}{\sqrt{2\pi\sigma^2}x}\exp\left[-\frac{(\log x - \mu)^2}{2\sigma^2}\right] \quad (4-4)$$

(2) 伽馬分佈（Gamma）函數

對於 $G(\alpha,\beta)$，密度函數如下：

$$f(x,\alpha,\beta) = \frac{1}{\beta^\alpha \Gamma(\alpha)} = x^{\alpha-1}\exp\left(-\frac{x}{\beta}\right) \quad (4-5)$$

(3) 威布爾分佈（Weibull）函數

對於 $W(\alpha,\beta)$，分佈函數如下：

$$F(x,\alpha,\beta) = 1 - \exp\left[-\left(\left(\frac{x}{\beta}\right)^\alpha\right)\right] \quad (4-6)$$

(4) 極值分佈（GEV）函數

對於 $GEV(\xi,\beta)$，分佈函數如下：

$$F(x,\alpha,\beta) = \begin{cases} \exp[1-(1+x)^{-\frac{1}{\xi}}], & \xi > 0 \\ \exp[-\exp(1+\frac{x}{\beta})], & \xi = 0 \end{cases} \quad (4-7)$$

(5) 兩參數帕累托分佈（Pareto）函數

對於 $P(\alpha,\beta)$，密度函數如下：

$$f(x,\alpha,\beta) = \alpha\beta^{\alpha}x^{-(\alpha+1)} \tag{4-8}$$

4.2.1.2 可選的損失頻率分佈

損失頻率分佈是描述操作風險損失發生次數的分佈。由於發生次數是離散型數據，所以通常採用泊松分佈、二項分佈和負二項分佈來擬合。

(1) 二項分佈（Bernolli）函數

以 x 表示 n 次獨立重複試驗中事件 A 發生的次數（p 為發生的概率），則 x 服從二項分佈，記為 $x \sim B(n,p)$。概率質量函數如下：

$$P(x,n,p) = C_n^x p^x (1-p)^{n-x} \tag{4-9}$$

(2) 泊松分佈（Piosson）函數

以 x 表示罕見事件的發生次數，λ 表示總體均數，則 x 出現的次數服從泊松分佈，記為 $x \sim P(\lambda)$。概率質量函數如下：

$$P(x,\lambda) = \frac{\lambda^x}{x!} e^{-\lambda} \tag{4-10}$$

泊松分佈是二項分佈的一種極限分佈，當罕見事件發生概率很小而樣本數很大時，二項分佈趨於泊松分佈。

(3) 負二項分佈函數

若 x 服從參數為 r 和 p 的負二項分佈，記為 $x \sim NB(r,p)$，其中某一個事件在伯努利試驗裡的發生概率為 p，那麼此事件剛好在第 $r+n$ 次試驗裡出現第 r 次的概率可用如下概率質量函數表示：

$$f(n,r,p) = \binom{n+r-1}{r-1} p^r \cdot (1-p)^n \tag{4-11}$$

4.2.2 本章模型的假定與說明

設 $n_t, t=1,\cdots,M$ 是一時段 t 內操作風險損失事件發生的頻率，$X_j, j=1,\cdots,n_t$ 是發生強度，如果假設損失強度獨立同分佈，那麼可把總和損失金額 L 表示如下：

$$L = \sum_{t=1}^{M} n_t \cdot x_t \tag{4-12}$$

其中 x_t，n_t，L 分別表示 t 時操作風險損失強度分佈、損失頻率分佈以及總和損失分佈。要對操作風險所要求的資本進行度量，需要用離散分佈來對頻率維度進行評估，同時要用連續分佈來對強度維度進行評估，從而獲得操作風險總和的損失分佈（Alexander，2003），因而在一定的置信水平下，最大可能的損失就是操作風險的在險價值（VaR）。

若操作風險損失事件發生的強度是來自總體分佈為 $f(x_t|\alpha)$ 的簡單隨機樣本，若發生的頻率是來自總體分佈 $f(n_t|\beta)$ 的簡單隨機樣本，根據公式（4-12），操作風險總和損失分佈的似然函數可表示如下：

$$L(x,n|\alpha,\beta) = \prod [\prod f(x|\alpha)] f(n|\beta) \qquad (4-13)$$

Pareto 分佈是具有遞減的失效率函數，在諸如個人收入（收入越高，未來取得更高收入的可能性就越大）、保險風險以及自然國家現象方面有較為廣泛的應用。因此，選擇兩參數帕累托分佈來描述操作風險損失事件的發生強度，密度函數見公式（4-8）。

當損失事件同質時，其發生次數就服從泊松分佈，均值恒等於方差。但實際上損失事件都或多或少地存在一定的非同質性，由於這種非同質性和分佈厚尾的特徵，所以發生次數並不完全遵守泊松分佈。這就為負二項分佈的應用創造了條件，因為負二項分佈的方差大於均值，且方差越大於其均值，表明損失事件的非同質性越嚴重。鑒於負二項分佈是相對更為保守的頻率分佈模型，更能刻畫出方差與均值的偏離程度，因此選擇負二項分佈來描述操作風險損失事件的發生頻率，概率質量函數見公式（4-11）。

若操作風險損失事件發生的強度是來自兩參數 Pareto 分佈總體的簡單隨機樣本，若操作風險損失事件發生的頻率是來自負二項分佈總體 $f(n|p,r)$ 的簡單隨機樣本，根據公式（4-13），操作風險總和損失分佈的似然函數可表示如下：

$$L(x,n|\alpha,\beta,p,r) = \prod_{t=1}^{M} \left\{ \left[\prod_{j=1}^{n_t} \alpha\beta^{\alpha} x_j^{-(\alpha+1)} \right] \cdot p^r \cdot (1-p)^{n_t} \binom{n_t + r - 1}{r - 1} \right\}$$

$$(4-14)$$

無疑，求得此分佈的關鍵是估計出參數 α，β，p 以及 r。

當獲得操作風險的損失頻率、損失強度的統計分佈后，將以損失頻率分佈產生的隨機數當成下次迭代的次數，根據損失強度分佈產生的隨機數來加總，從而就能獲得操作風險的損失值。重複以上步驟（比如 10,000 次以上），然后連接計算所得的損失值，就能形成一條能夠較好描述潛在損失的曲線，即得到操作風險總損失值的分佈；將得到的總損失值按升序排列，可得到 VaR 值，即為操作風險所要求的資本量。

4.3 貝葉斯分析

雖然用損失分佈法來度量操作風險具有較高的風險敏感性和較好的前瞻性，但它強調較為複雜的數學模型和數據處理技術，並對內部數據的要求較高，即模型的適用性和風險損失數據是否有效和充足決定了度量結果的準確性。本章的損失強度分佈採用較為傳統的兩參數 Pareto 分佈，損失頻率分佈也採用傳統的負二項分佈，所以關鍵的問題是操作風險損失數據是否缺乏。

我國金融機構建立的時間不長，長期忽視操作風險，同時引起操作風險的損失事件具有一定隱密性，以上原因導致有效歷史損失數據嚴重不足。而在操作風險損失頻率、損失強度等歷史數據不充分的條件下，無法採用極大似然估計等傳統方法獲得參數的無偏后驗估計。因此，如何在小樣本條件下獲得恰當的操作風險強度和頻率分佈，成為度量研究的障礙之一，也是管理研究的關鍵問題之一。借助先驗信息，貝葉斯方法能夠有效降低對評估樣本的需求，因而能夠較好地解決統計分析中數據量匱乏和數據不完整的難題，在小樣本推斷分析裡的優勢十分明顯。所以，本章就借助於貝葉斯方法的思路，採用損失分佈來度量操作風險。

4.3.1 貝葉斯方法概述

貝葉斯分析是由英國學者托馬斯·貝葉斯（Thomas Bayes，1702—1761）提出的歸納推理方法，它基於樣本信息和先驗信息進行統計推斷，已經在經濟管理領域和自然科學領域獲得相對比較廣泛的應用。貝葉斯方法的基本觀點為：用概率分佈去描述總體分佈中的未知參數 μ 的情況，那麼此概率分佈就是在抽樣前關於 μ 的先驗信息的先驗分佈（Prior Distribution），即基於先驗信息用概率分佈來衡量對某不確定事件的真實性的相信程度。

4.3.1.1 貝葉斯公式

若 A 和 B 為兩個隨機事件，根據概率論，可以得到如下的貝葉斯公式：

$$P(B|A) = \frac{P(A|B) \cdot P(B)}{P(A)} \qquad (4-15)$$

其中 $P(A) > 0$。若 x 為樣本，μ 為根據 x 進行估計的隨機變量，則由公式 (4-15)，可得下式：

$$\pi(\mu|x) = \frac{P(x|\mu) \cdot \pi(\mu)}{P(x)} \qquad (4-16)$$

這裡，$\pi(\mu)$ 為根據參數 μ 的先驗信息確定的先驗分佈；$\pi(\mu|x)$ 為參數 μ 的后驗分佈；$P(x|\mu)$ 為抽樣分佈的密度函數；$P(x)$ 為 x 的邊緣密度函數。

從公式（4-16）中可以看出，后驗分佈 $\pi(\mu|x)$ 融合了總體、樣本和先驗分佈，可以說，貝葉斯方法充分利用了全部與參數相關的已知信息，即：

先驗信息 ⊕ 樣本信息 ⇒ 后驗信息

4.3.1.2 先驗分佈

在貝葉斯方法中，確定適當的先驗分佈是關鍵的問題。由於先驗信息是基於經驗判斷、主觀感覺、歷史信息以及理論知識得到的非數據信息，所以至今還沒有公認皆準的先驗分佈確定方法。當前主要的先驗分佈包括共軛先驗、無信息先驗、非參數先驗、功效先驗和多層先驗等。下面主要介紹應用最為頻繁的共軛先驗和無信息先驗：

（1）共軛先驗

共軛先驗是指選擇的先驗分佈 $\pi(\mu)$ 和由抽樣信息所得的后驗分佈 $\pi(\mu|x)$ 具有相同的類型。如對於二項分佈：

$$P(x=k|\mu) = \binom{n}{k}\mu^k(1-\mu)^{n-k} \qquad (4-17)$$

若取 $Beta(a,b)$ 為先驗分佈，則后驗分佈密度為：

$$\pi(\mu|x) \propto \pi(\mu)p(x|\mu) \propto \mu^{a+k-1}(1-\mu)^{n+b-k-1} \qquad (4-18)$$

可見，后驗分佈也是 $Beta$ 分佈，所以 $Beta$ 分佈是二項分佈的共軛分佈。一般而言，泊松分佈和指數分佈的共軛為伽瑪分佈、二項分佈和負二項分佈的共軛為貝塔分佈、正態分佈的共軛為正態分佈或逆正態分佈、伽瑪分佈的共軛為伽瑪分佈等。具體見表4-3。

表4-3　　　　　　　　　　各分佈的共軛先驗

分佈類別	共軛先驗
$N(\mu,\sigma^2)$，方差已知	$\mu \sim N(\mu_0,\sigma_0^2)$
$N(\mu,\sigma^2)$，方差未知	$1/\sigma^2 \sim Ga(\alpha_0,\lambda_0)$
$B(n,\theta)$	$\theta \sim Beta(a_0,b_0)$
$P(\lambda)$	$\lambda \sim Ga(\alpha_0,\lambda_0)$
$Ga(\alpha,\lambda)$，α 已知	$\lambda \sim Ga(\alpha_0,\lambda_0)$

（2）無信息先驗

無信息先驗是指知道除參數的取值範圍和在總體分佈中的地位等少量信

息，或在無任何信息的情況下，所構建的先驗，也被稱為模糊先驗。一般採用貝葉斯假設，將先驗分佈規定為參數取值範圍內的均勻分佈：

$$\pi(\mu) = \begin{cases} c & \mu \in \Theta \\ 0 & \mu \notin \Theta \end{cases} \quad (4\text{-}19)$$

無信息先驗儘管並非真正意義上的分佈而且不唯一，卻較少對結果產生比較重大的影響，通常使用 Jeffreys' 先驗。具體見表 4-4。

表 4-4　　　　　　　　各分佈的 Jeffreys' 先驗

分佈類別	Jeffreys' 先驗
$N(\mu,\sigma^2)$, μ 已知	$1/\sigma^2$
$N(\mu,\sigma^2)$	$1/\sigma^2$
$N(\mu,1)$	μ 為常數
$B(n,\theta)$	$\theta^{-1/2}(1-\theta)^{-1/2}$

（3）多層先驗

參數再給出一個先驗分佈，第二個先驗分佈稱為超先驗。由先驗和超先驗採用多層先驗可以增加估計的穩定性。當先驗分佈中的超參數較難確定，可將某一先驗分佈分配給超參數，那麼這個分配給超參數的先驗分佈就是超先驗分佈，超先驗分佈與先驗分佈所構成的新先驗即為多層先驗分佈。

如對於參數為 μ 的先驗分佈 $\pi_1(\mu|\alpha)$，其中的未知參數 α 為超參數。然后對 α 規定先驗分佈 $\pi_2(\lambda)$，就能得到多層先驗的形式：

$$\pi(\mu) = \int \pi_1(\mu|\alpha) \cdot \pi_2(\lambda) d\lambda \quad (4\text{-}20)$$

其中，第二步先驗更加重要，因為第二步先驗的正確性會影響到第一步先驗的結果。但由於超參數通常是難以被觀察到的，用主觀經驗或歷史數據得到第二個先驗分佈有一定困難，所以用無信息先驗分佈是一種較好的方法。可根據 Jeffreys' 原則或不變測度原則進行確定。

4.3.1.3 后驗分佈

在貝葉斯方法中，參數估計是需要基於后驗分佈的，因此后驗分佈至關重要。貝葉斯方法的計算大致分為兩類：一類適用於簡單且維數低的后驗分佈，直接通過后驗分佈就能夠得到后驗均值的估計值，可用直接抽樣、篩選抽樣等方法；另一類適用於高維、複雜、難以通過抽樣得到結果的后驗分佈，這類就只能用 MCMC 方法來解決計算困難的問題。

由於公式（4-16）中，$P(x)$ 為與參數 μ 無關，僅起正則化因子的作用，

所以可表示為如下等價形式：
$$\pi(\mu|x) \propto P(x|\mu) \cdot \pi(\mu) \tag{4-21}$$

這裡，$P(x|\mu) \cdot \pi(\mu)$ 是后驗分佈的核。可看出，根據 $P(x|\mu)$ 的性質就能確定常數因子 $P(x)$。

如果核為常用分佈的核時，不通過計算複雜的積分就能夠得到 $P(x)$，屬於上面提到的第一類。具體常用分佈的核見表 4-5。

表 4-5　　　　　　　　　常用分佈的核

分佈類別	核
$N(\mu, \sigma^2)$	$\exp\left[-\dfrac{(x-\mu)^2}{\sigma^2}\right]$
$Ga(\alpha, \lambda)$	$x^{\alpha-1}e^{-x}$
$Be(a, b)$	$x^{a-b}(1-x)^{a-1}$
$B(n, \theta)$	$\theta^x(1-\theta)^{n-x}$
$P(\lambda)$	$\lambda^x e^{-\lambda}$

但通常情況下，核並不是常用的分佈，也沒有顯式表達式，並且具有較高的維數，屬於上面提到的第二類。所以，貝葉斯分析的本質就是計算后驗分佈的各階矩，即某一函數的高維積分：

$$E[\mu(q)|x] = \int_q \mu(q) P(q|x) dq \tag{4-22}$$

4.3.2　MCMC 模擬

在理論上，如果模型的先驗分佈和似然函數已知，后驗分佈就能夠得到，但高維積分運算在求解參數的后驗分佈時必不可少。雖然這是個非常複雜的數值計算難題，但隨著馬爾科夫鏈蒙特卡羅（Markov Chain Monte Carlo，MCMC）模擬方法和 WinBUGS（Bayesian Inference Using Gibbs Sampling）軟件的應用，此難題得到了很好的解決。MCMC 方法被認為是解決複雜高維積分的理想方法。以 MCMC 模擬為基礎的貝葉斯推斷把貝葉斯理論、MCMC 方法以及非線性時間序列加以融合，過程包括確定先驗分佈、得到似然函數核、推斷后驗條件分佈、選擇 MCMC 抽樣方法和模型、診斷鏈的收斂性等。這裡每個過程的選擇結果均會在很大程度上決定模型的最終結果。下面對 MCMC 方法進行介紹：

4.3.2.1　MCMC 模擬概述

基於貝葉斯推斷原理的 MCMC 方法是一種特殊的蒙特卡羅方法，它把馬

爾科夫過程引入蒙特卡羅模擬中,通過提供待估參數后驗分佈的抽樣方法,產生后驗分佈的樣本,以得到邊緣分佈和后驗分佈的矩。其基本思想是假定有一個目標分佈 $\pi(x)$(Target Distribution),如果 $\pi(x)$ 足夠複雜而無法直接進行抽樣,可以採取方法來間接獲取,就是構造非週期性、不可約的馬爾科夫鏈(Markov Chains)樣本路徑,被估參數的值就是馬爾科夫鏈的狀態空間,被估參數的后驗分佈就是馬爾科夫鏈的極限分佈。在通過充分迭代以至馬爾科夫鏈達到足夠長時,該鏈會不再依賴於原始狀態,收斂於某平穩的目標分佈。刪除初始測試期階段的 n 個狀態,剩余的鏈可被視為來自目標后驗分佈的獨立樣本,后驗分佈的重要特徵即可推斷出。

MCMC 模擬的具體過程為:令 u 是來自目標分佈 $\pi(u)$ 的隨機變量,$u^{(t)}$ 表示獨立的第 t 次抽樣點,由分佈 $f(u)$ 的抽樣均值可得到總體均值,均值用下式進行估算:

$$E[f(u)] \approx \frac{1}{n}\sum_{i=1}^{n} f(u^{(t)}) \qquad (4-23)$$

若需要產生 $\{u^{(0)}, u^{(1)}, u^{(2)}, \cdots, u^{(t)}\}$,那麼在任意 $t \geq 0$ 時,$u^{(t+1)}$ 會來自於對 $p(u^{(t+1)} | u^{(t)})$ 的抽樣,它不依賴於歷史狀態 $\{u^{(0)}, u^{(1)}, u^{(2)}, \cdots, u^{(t-1)}\}$,只依賴於當前狀態,若是如此,則稱 $P(\cdot | \cdot)$ 是轉移核。在給定初始狀態 $u^{(0)}$ 而沒有 $\{u^{(1)}, u^{(2)}, \cdots, u^{(t-1)}\}$ 信息的情況下,可令 $u^{(t)}$ 的分佈為 $p^{(t)}(u^{(t+1)} | u^{(0)})$。如果無論 $u^{(0)}$ 取何值,$P^{(t)}(u^{(t+1)} | u^{(0)})$ 都最終收斂於唯一的分佈,此分佈不依賴於初始狀態,那麼稱此分佈為平穩分佈。即雖然初始狀態 $u^{(0)}$ 不同,但經過充分迭代后若處於收斂狀態,即形成了馬爾科夫鏈,那麼各時刻 $u^{(t)}$ 的邊際分佈可被視為平穩分佈 $\pi(u)$,表示如下:

$$p(u^{(t+1)} \in A | u^{(0)}, \cdots, u^{(t)}) = p(u^{(t+1)} \in A | u^{(t)}) \qquad (4-24)$$

其中 A 表示 $u^{(t)}$ 的狀態空間。

若經過 n 次迭代,發現在第 m 次迭代后才出現平穩分佈,則需要剔除非平穩的邊際分佈,用 $(n-m)$ 個迭代結果進行估計,公式(4-23)變成下式:

$$E[f(u)] \approx \frac{1}{n-m}\sum_{i=m+1}^{n} f(u^{(t)}) \qquad (4-25)$$

經過遍歷平均,可認為 $\hat{f} \to E[f(u)]$,轉移核 $P(\cdot | \cdot)$ 能夠使 $\pi(u)$ 為平穩分佈。

4.3.2.2 Gibbs 抽樣

有很多種方法來構造不同的轉移核,大部分採用 Metropolis-Hastings 等的工作為模式,而在這眾多方法中,最簡單也是應用最廣泛的就是 Gibbs 抽樣。

通過對各個參數的邊緣分佈函數逐個取樣和估計，可以使模型的估計難度大幅降低。

具體算法如下：令 $u = (u_1, u_2, \cdots u_n)$ 是 n 維隨機變量，各隨機變量的邊緣分佈分別為 $f_1, f_2, \cdots, f_n$。給定其他變量，$f(u_j | u_1, \cdots, u_{j-1}, u_{j+1}, \cdots u_n)$ 代表全條件分佈密度。給定初始向量 $u^{(0)} = (u_1^{(0)}, \cdots, u_n^{(0)})$，在 $f(u_1 | u_2^{(0)}, \cdots, u_n^{(0)})$ 中抽取樣本 $u_1^{(1)}$；在 $f(u_2 | u_1^{(0)}, u_3^{(0)}, \cdots, u_n^{(0)})$ 中抽取樣本 $u_2^{(1)}$；在 $f(u_j | u_1^{(0)}, \cdots, u_{j-1}^{(0)}, u_{j+1}^{(0)}, \cdots, u_n^{(0)})$ 中抽取樣本 $u_j^{(1)}$；最終在 $f(u_n | u_1^{(1)}, u_2^{(1)}, \cdots, u_{n-1}^{(1)})$ 中抽取樣本 $u_n^{(1)}$。這樣就完成了一次迭代過程，實現從 $u^{(0)}$ 向 $u^{(1)} = (u_1^{(1)}, \cdots, u_n^{(1)})$ 的轉移。

經過 t 次迭代可以得到 $u^{(t)} = (u_1^{(t)}, \cdots, u_n^{(t)})$，最后得到 $u^{(1)}, u^{(2)}, \cdots, u^{(t)}$。這樣，當 $t \to \infty$ 時，馬爾科夫鏈經過了充分的迭代，在各時刻的邊際分佈成為平穩分佈時，它就是收斂的，收斂后的迭代值可被看成樣本的仿真觀測點。若發現在第 m 次迭代后才出現平穩分佈，則對 $E[f(u)]$ 進行估計時需要把前 m 個迭代剔除，也可得到公式（4-25）。

由上述說明可知，為解決直接通過多元分佈生成樣本帶來的潛在難題，Gibbs 抽樣是能夠將多元分佈的蒙特卡洛運算簡化至一元來運算的。

4.3.2.3 WinBUGS 軟件

若採用 Gibbs 抽樣的 MCMC 方法模擬估計參數的后驗分佈，用手工計算是相當複雜的。但隨著 WinBUGS 軟件的應用，部分不足之處就得到瞭解決。WinBUGS（Bayesian Inference Using Gibbs Sampling）軟件是英國劍橋公共衛生研究所的 MRC Biostatistics Unit 研發的，專門用 MCMC 方法來進行貝葉斯推斷的軟件包。這款軟件能夠快捷地對複雜的模型以及分佈進行 Gibbs 抽樣。可以用有向圖模型（Directed Graphical mModel）來直觀描述，得到參數的 Gibbs 抽樣動態圖。並用 Smoothing 方法估計出后驗分佈的核度估計圖、抽樣值的自相關圖、均數，以及置信區間的變化圖，從而使得抽樣結果會更加直觀和可靠。同時，當 Gibbs 抽樣收斂后，能夠輕鬆地得到參數后驗分佈的標準差、均數、中位數、置信區間和 DIC（Deviance Information Criterion）信息。

採用 WinBUGS 軟件來模擬時，需要進行以下五個步驟：

（1）編寫程序

程序的編寫過程包括構建模型、導入數據、設置參數的初始值三個步驟。具體為構建出貝葉斯推斷模型、設定好各參數的先驗分佈、確定各參數之間的關係、導入數據以及給定各參數的起始值。

（2）執行程序

執行程序包括檢查語法、編譯模型、載入初始值。

（3）監控參數

監控參數是指設定所需要的參數。

（4）迭代

迭代是指設置足夠大的迭代次數，以使馬爾科夫鏈能夠達到平穩狀態。

（5）得到結果

得到結果是指剔除不穩定的部分而選擇穩定的結果，以得到各參數的后驗分佈抽樣仿真結果。

綜上所述，基於 MCMC 模擬的貝葉斯推斷流程如圖 4-1 所示。

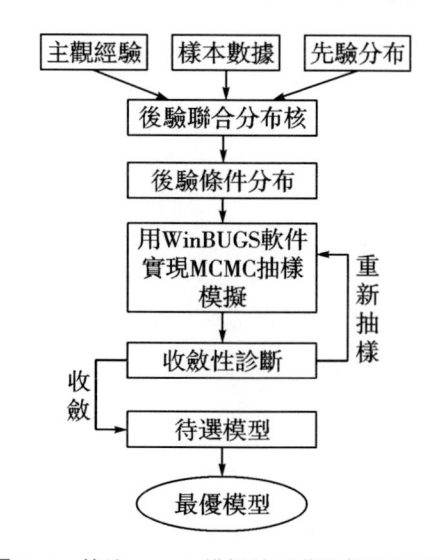

圖 4-1　基於 MCMC 模擬的貝葉斯推斷流程圖

4.3.3　本章模型的貝葉斯推斷

本章採用兩參數帕累托分佈 $P(\alpha,\beta)$ 和負二項分佈來分別描述操作風險損失事件的發生強度和發生頻率。在貝葉斯推斷法中，起到舉足輕重的作用的是參數先驗分佈的選擇。由於通常要求先驗分佈和后驗分佈達到共軛，因此本章取帕累托分佈參數 α 和 β 的先驗共軛分佈為 Gamma 分佈。由於負二項分佈參數 p 在（0.1）之間取值，且 Beta 分佈能夠為負二項分佈等提供有效的先驗概率分佈，因此取 Beta 分佈為共軛先驗分佈。同時，負二項分佈參數 r 是個正整數，因此設 r 服從泊松分佈。即：

$\alpha \sim \mathrm{Ga}(h,f)$，$\beta \sim \mathrm{Ga}(c,d)$，$p \sim Beta(a,b)$，$r \sim Poisson(g)$

先驗分佈裡未確定的參數（即 a,b,c,d,h,f,g）就是超參數。本書採用先驗矩法來確定超參數，就是先根據參數 u 的 N 個估計 $(u_1,u_2,\cdots,u_n)$ 計算得到先驗均值 $\left(\bar{u} = \dfrac{1}{n}\sum_{i=1}^{n} u_i\right)$ 與先驗方差 $\left(S_u^2 = \dfrac{1}{n-1}\sum_{i=1}^{n}(u_i - \bar{u})^2\right)$，然后將其視同為先驗分佈的期望與方差即可。

為在已收集樣本數據基礎上求得參數的后驗分佈 $f(\alpha,\beta,p,r|x,n)$，根據 Bayes 理論得：

$$f(\alpha,\beta,p,r|x,n) \propto f(\alpha,\beta,p,r,x,n)$$
$$= L(x,n|\alpha,\beta,p,r) \cdot f(p|a,b) \cdot f(\beta|c,d) \cdot f(\alpha|h,f) \cdot f(r|g) \quad (4-26)$$

這個複雜的后驗分佈實際上是相當難得到的。因此，採用基於 Gibbs 抽樣的 MCMC 模擬方法將所有未知參數視為未知變量，通過邊緣分佈的迭代進行 Markov 鏈的 Monte Carlo 模擬，當鏈達到穩態時求得的值即為參數的后驗估計值。邊緣分佈如下：

$$\pi(p|x,n_t,r,\alpha,\beta) = p^{Mr+a-1} \cdot (1-p)^{\sum_{t=1}^{M} n_t + b - 1} \cdot \dfrac{\Gamma(Mr+a+\sum_{t=1}^{M} n_t + b)}{\Gamma(Mr+a)\Gamma(\sum_{t=1}^{M} n_t + b)}$$

$$\sim Beta(Mr+a, \sum_{t=1}^{M} n_t + b) \quad (4-27)$$

$$\pi(\beta|x,n_t,\alpha,r,p) = \dfrac{\beta^{\alpha \sum_{t=1}^{M} n_t + c - 1} d^{\alpha \sum_{t=1}^{M} n_t + c} e^{-d\beta}}{\Gamma(\alpha \sum_{t=1}^{M} n_t + c)} \sim \Gamma(\alpha \sum_{t=1}^{M} n_t + c, d) \quad (4-28)$$

$$\pi(\alpha|x,n_t,\beta,r,p) = \dfrac{\alpha^{h + \sum_{t=1}^{M} n_t - 1} (T+f)^{h + \sum_{t=1}^{M} n_t} e^{-(T+f)\alpha}}{\Gamma(h + \sum_{t=1}^{M} n_t)} \sim \Gamma(h + \sum_{t=1}^{M} n_t, T+f)$$

$$(4-29)$$

其中，$T = \sum_{t=1}^{M} \sum_{j=1}^{n_t} (\mathrm{Ln} x_j - \mathrm{Ln} h)$

由於參數 r 的條件后驗不方便用標準形式表示出來，且 MCMC 方法大多建立在建議分佈（Proposal Distribution）的基礎上，因此參數 r 的建議分佈為：

$$q(\cdot|r) \sim Possion(g) \quad (4-30)$$

給定任意初始值 $(\alpha^{(0)},\beta^{(0)},r^{(0)},p^{(0)})$，經 Gibbs 抽樣迭代后，得到 $(\alpha^{(1)},\beta^{(1)},r^{(1)},p^{(1)})$，$\cdots$，$(\alpha^{(n)},\beta^{(n)},r^{(n)},p^{(n)})$，取來自后驗分佈的獨立樣本為達到

穩態后的 *Markov* 鏈，可將生成分佈的均值視為參數的后驗估計值。

4.4 實證分析

下面用第三章中收集的 1987—2011 年監管部門公布以及國內外媒體公開報導的 279 件商業銀行操作風險損失事件，來驗證本章提出的基於貝葉斯推斷的 MCMC 模擬方法度量操作風險的有效性。鑒於部分操作風險損失的發生時間並不在一個月內，所以將時間跨度在 1 個月以上的損失金額，按月份進行平均，處理完成后所得的數據共有 745 個，分佈在 220 個自然月（見表 4-6 和表 4-7）。因為操作風險損失數據的缺乏和國內商業銀行具有一定的同質性，若將這些歷史損失數據看成整個行業的數據的話，那麼估計所得可視為整個商業銀行業應對操作風險應要求的資本量。

表 4-6　　　　　操作風險損失事件的強度表　　　　　單位：萬元

年月	1987年3月	1987年5月	1989年2月	…	2004年3月	…	2010年6月	2010年7月	2010年8月
金額	14.71	14.33	18.98	…	455,996.70	…	60,000	100,000	60,000

表 4-7　　　　　操作風險損失事件的頻數表　　　　　單位：次

年月	1987年3月	1987年5月	1989年2月	…	2004年3月	…	2010年3月	2010年12月	2011年4月
頻數	1	1	1	…	12	…	1	1	1

4.4.1　選擇損失強度與頻率分佈

操作風險損失事件發生的強度由於是連續分佈，因此本章選擇 Pareto 分佈和指數分佈作為代表性參數分佈來進行擬合；發生的頻率由於是離散分佈的，因此本章選擇負二項分佈和泊松分佈來進行擬合。以下將通過用 Matlab 逼近的擬合結果，來對分佈選擇的理由進行進一步說明，見表 4-8。

表 4-8　　　　　　分佈 Kolmogorov-Smirnov 擬合效果檢驗

擬合的分佈		估計所得的參數		P 值
強度分佈	Pareto 分佈	$\alpha = 0.858$	$\beta = 7,809.846$	0.241
	指數分佈	$\varphi = 21,334.4$		0.179
頻率分佈	負二項分佈	$p = 0.653$	$r = 6.357$	0.674
	泊松分佈	$\lambda = 3.382$		0.512

K-S 統計量的檢驗結果顯示：檢驗值均大於 5%，說明以上分佈均可接受以用於度量操作風險。但 P 值越大說明擬合效果越好，所以本書在強度分佈中選擇 Pareto 分佈，在頻率分佈中選擇負二項分佈來進行組合。

4.4.2　確定先驗分佈中超參數

將這 220 個損失強度做先驗數據，分成 15 組，每組 80 個，依次為用第 1 個到第 80 個數組成第一組、第 11 個至第 90 個數組成第二組，直至用第 141 個至第 220 個組成最后一組。用 Matlab 逼近得到 α 和 β 的 15 個估計值，得到先驗均值 $\bar{\alpha} = \frac{1}{15}\sum_{i=1}^{15}\alpha_i = 1.179,7$，$\bar{\beta} = \frac{1}{15}\sum_{i=1}^{15}\beta_i = 8,339.943,0$；先驗方差 $S_\alpha^2 = \frac{1}{15-1}\sum_{i=1}^{15}(\alpha_i - \bar{\alpha})^2 = 1,207.879,8$，$S_\beta^2 = \frac{1}{15-1}\sum_{i=1}^{15}(\beta_i - \bar{\beta})^2 = 6,758.216$。由於 $\alpha \sim \mathrm{Ga}(h,f)$，$\beta \sim \mathrm{Ga}(c,d)$，可知期望 $E(\alpha|(h,f)) = \frac{h}{f}$，$E(\beta|(c,d)) = \frac{c}{d}$；方差 $D(\alpha|(h,f)) = \frac{h}{f^2}$，$D(\beta|(c,d)) = \frac{c}{d^2}$。根據先驗矩法，當參數 α 和 β 的先驗均值等於 Gamma 分佈的均值，先驗方差等於 Gamma 分佈的方差時，解方程組即可得到超參數 c,d,h,f 的估計量，見表 4-9。

表 4-9　　　　　　　　各超參數的估計值

帕累托分佈				負二項分佈		
α		β		p		r
h	f	c	d	a	b	g
0.000,9	0.001,2	10,291.870	1.234	0.100	0.028,5	6.745

將這 220 個損失頻數做先驗數據，分成 15 組，每組 80 個，依次為用第 1 個到第 80 個數組成第一組、第 11 個至第 90 個數組成第二組，直至用第 141

個至第 220 個組成最后一組。用 Matlab 逼近得到 p 和 r 的 15 個估計值，可計算得到先驗均值 $\bar{p} = \frac{1}{15}\sum_{i=1}^{15} p_i = 0.778,4$，$\bar{r} = \frac{1}{15}\sum_{i=1}^{15} r_i = 6.745,1$；先驗方差 $S_p^2 = \frac{1}{15-1}\sum_{i=1}^{15} (p_i - \bar{p})^2 = 0.053,7$。由於 $p \sim Beta(a,b)$，可知 Beta 分佈的期望 $E(p|(a,b)) = \frac{a}{a+b}$，方差 $D(p|(a,b)) = \frac{ab}{(a+b)^2(a+b+1)}$。根據先驗矩法，當參數 p 的先驗均值等於 Beta 分佈的均值，先驗方差等於 Beta 分佈的方差時，解方程組即可得到超參數 a,b 的估計量，見表4-9。

由於 $r \sim Poisson(g)$，可知泊松分佈的期望 $E(r|(g)) = g$。利用先驗矩法，可得到超參數 g 的估計值，見表4-9。

4.4.3 參數的后驗估計

選好模型和變量的先驗分佈，配置好 WinBUGS 軟件，在綜合考慮了計算所需時間和參數收斂性后，本書將取樣次數設置為 10^5 次，計算耗時大約1分鐘。損失強度分佈和損失頻率分佈各參數的 Markov 鏈分別見圖4-2和圖4-3。

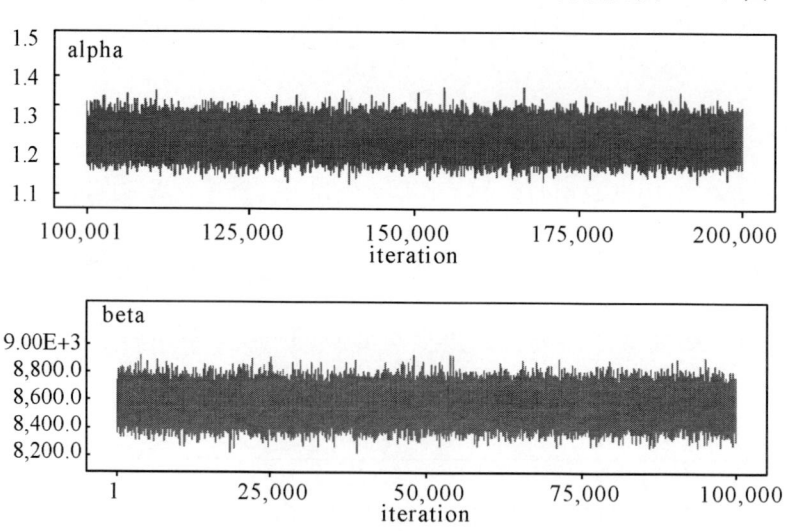

圖4-2　損失強度分佈各參數的 Markov 鏈的歷史軌跡

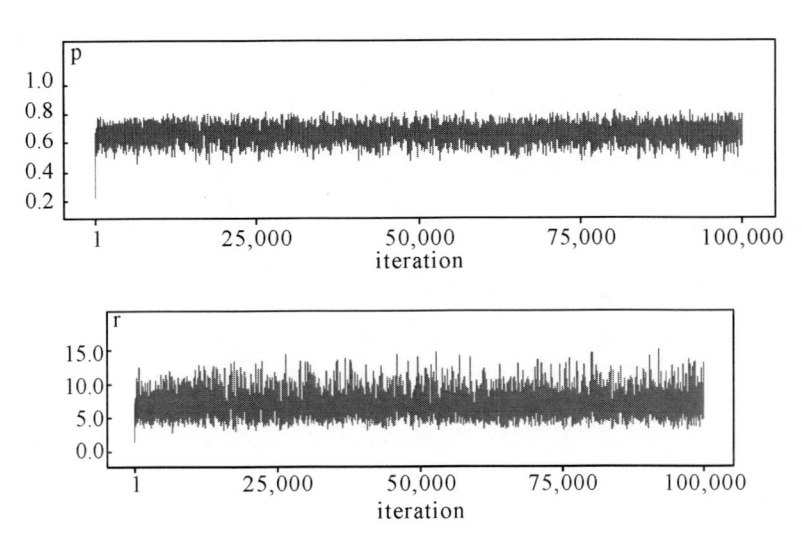

图 4-3　损失频率分佈各参数的 Markov 链的历史轨迹

各参数后验分佈的描述统计见表 4-10。由此，通过贝叶斯的 MCMC 方法，得到操作风险损失事件频率和强度分佈的参数估计值。

表 4-10　　　　　　　　各结点的描述统计量

node	mean	sd	MC error	2.5%	median	97.5%	start	sample
alpha	1.289	0.038	1.20E-4	1.215	1.288	1.364	1	100,000
beta	8,570	83.710	0.273,5	8,407	8,570	8,735	1	100,000
p	0.660	0.050	0.001	0.560	0.662	0.756	501	99,500
r	6.795	1.537	0.034	4.358	6.605	10.380	501	99,500

将所用方法与极大似然估计的结果进行比较，两种方法计算所得的参数估计值列出，如表 4-11 所示。

表 4-11　　　　　　　　两种估计方法的比较

帕累托分佈				负二项分佈			
α		β		p		r	
MCMC 估计	MLE 估计	MCMC 估计	MLE 估计	MCMC 估计	MLE 估计	MCMC 估计	MLE 估计
1.289 (0.088)	0.727 (0.091)	8,570 (83.710)	5,472.233 (73.527)	0.660 (0.050)	0.658 (0.096)	6.795 (1.537)	6.683 (1.775)

標準差標於括號內。通過表 4-11，得出如下結論：在小樣本的條件下，貝葉斯 MCMC 模擬方法的估計結果基本上優於 ML 的估計結果。這是由於基於貝葉斯的 MCMC 估計方法把參數看成隨機變量，從而模型的不確定性結果增加所造成的，這更符合現實情況。

4.4.4　MCMC 收斂性診斷

要確認抽樣方法得到的參數估計值是否具有可信性和實用性，就需要判斷遍歷均值是否收斂。因為如果馬爾科夫鏈不收斂說明參數估計不能穩定於一個具體的值。下面用圖形診斷法、相關性診斷法和 Gelman-Rubin 診斷法三種方法來判斷 MCMC 的收斂性：

4.4.4.1　圖形診斷法

圖形診斷法是一種直觀判斷法，包括軌跡圖（Trace Plot）和核密度圖（Density Plot）。軌跡圖可通過觀察馬爾科夫鏈是否發生明顯變化，或當給定任意多個初始值時的多條馬爾科夫鏈是否趨於重合來判斷。核密度圖是通過觀察參數的后驗分佈密度圖形是否光滑而不存在凸凹的毛刺來判斷。

在圖 4-2 和圖 4-3 中，估計的參數值充滿了鏈的狀態空間，可以直觀地判斷這些鏈是具有收斂性的。然后，通過對參數進行多層鏈式迭代分析來進一步判斷收斂性。向損失強度分佈以及損失頻率分佈的模型中分別輸入三組任意的初始值，在經過 10^5 次迭代后，圖 4-4 和圖 4-5 顯示出各參數三組初始值迭代形成的三條鏈的軌跡穩定且基本趨於重合，圖 4-6 顯示各參數的后驗核密度較為光滑，圖 4-7 顯示各參數的置信區間圖具有較強的穩定性。因此，由圖形診斷法可以判斷馬爾科夫鏈是收斂的。

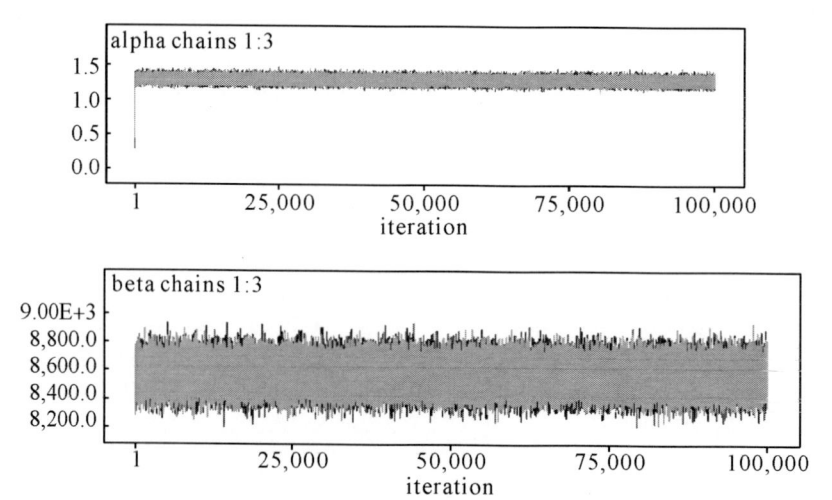

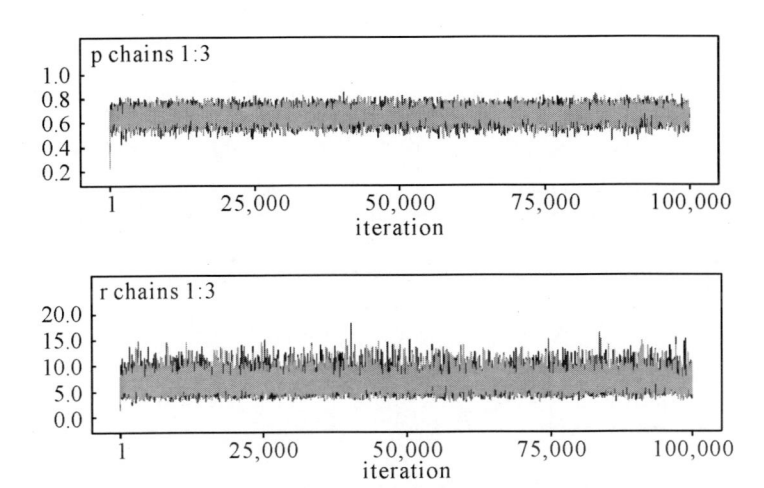

圖 4-4　三組不同初始值情況下各參數 Markov 鏈的歷史軌跡

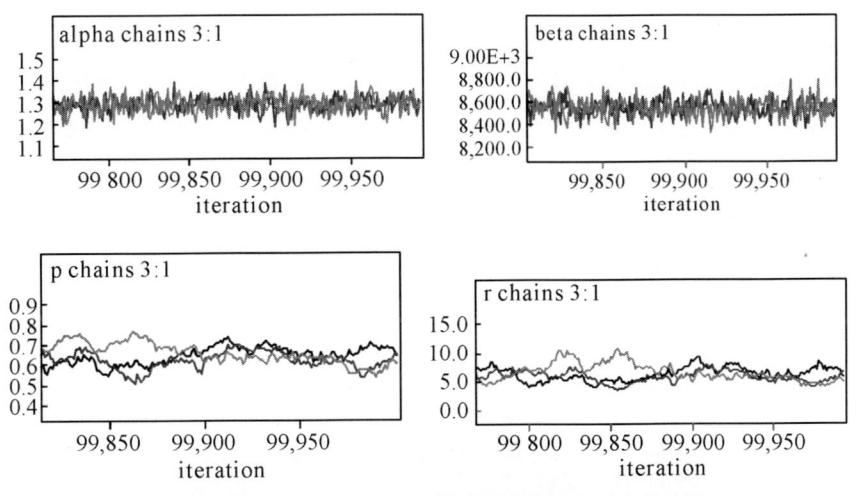

圖 4-5　三組不同初始值情況下各參數的 Markov 鏈

4　小樣本下基於損失分佈法對操作風險的度量

图 4-6　各参数的后验核密度

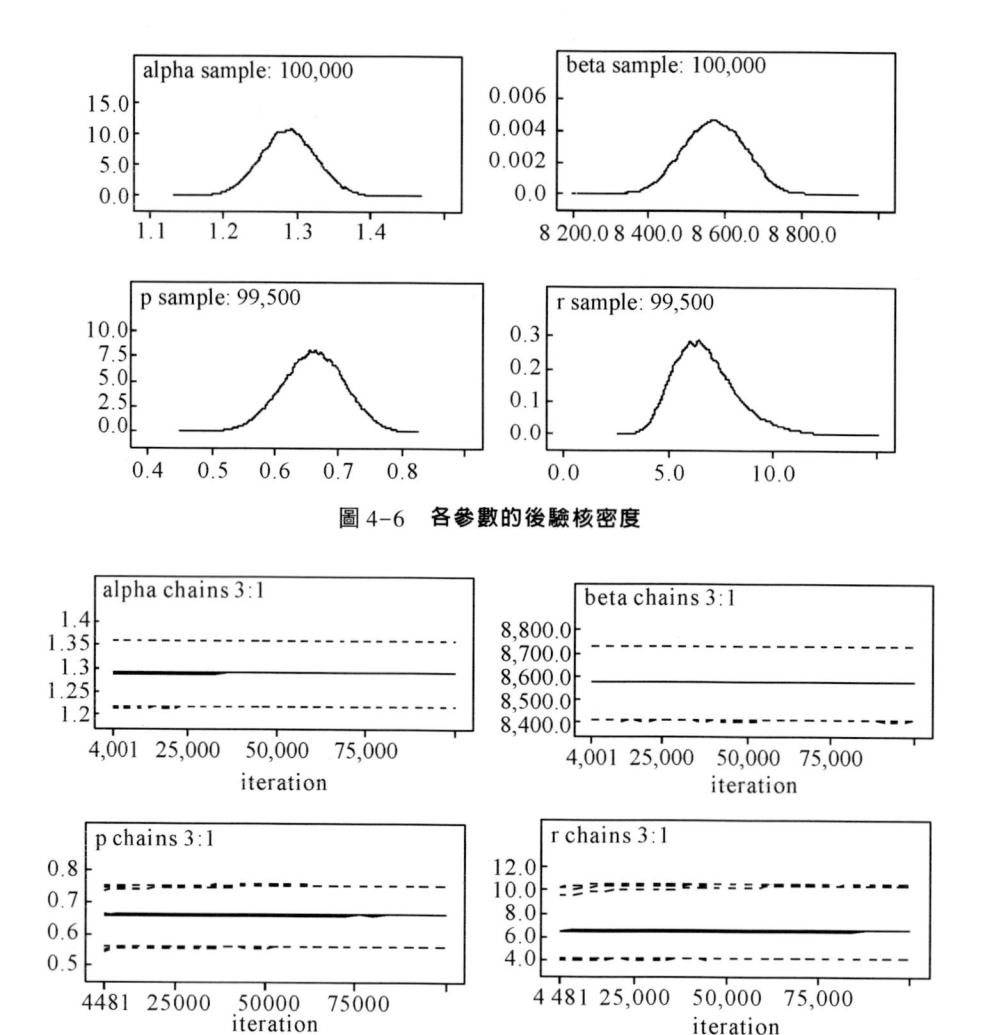

图 4-7　各参数的置信区间

4.4.4.2　相关性诊断法

相关性诊断法（Autocorrelation Diagnostic）是用相关函数度量的相关程度来进行判断的方法。通过观察自相关图中的各参数经过马尔科夫链平滑处理后是否不具有明显的记忆性来判断。滞后 h 期的相关系数如下：

$$\rho_h = \frac{\sum_{i=1}^{T-h}(\lambda_i - \bar{\lambda})(\lambda_{i+h} - \bar{\lambda})}{\sum_{i=1}^{T}(\lambda_i - \bar{\lambda})^2} \tag{4-31}$$

对损失强度分佈和损失频率分佈的模型分别任意输入三组初始值，然后进行 10^5 次迭代。在图 4-8 中，各参数的自相关随步长的增加而减少并衰减至零

附近，說明它們穩定地收斂於目標分佈。

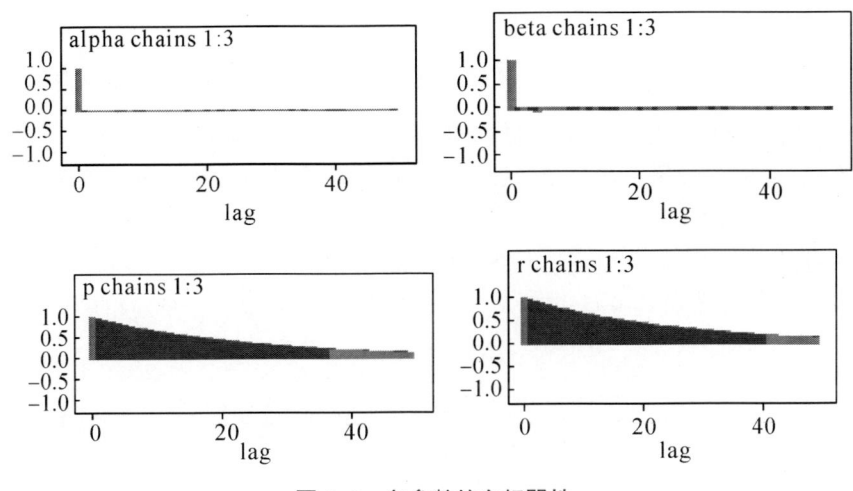

图 4-8　各參數的自相關性

因此，由自相關函數評估認為馬爾科夫鏈是收斂的。

4.4.4.3　Gelman-Rubin 診斷法

Gelman-Rubin 診斷法是通過觀察賦予多個分散初始值的多條馬爾科夫鏈是否能夠平行運行來判斷是否收斂。即對於同時給定的 h 個初始值，會形成的 h 條平行的鏈，假設迭代次數為 n 次。記 λ_{ij} 為第 i 條鏈的第 j 個數，用 W 和 B 分別表示鏈內和鏈間波動值：

$$W = \frac{1}{h}\sum_{i=1}^{h}\frac{1}{n-1}\sum_{j=1}^{n}(\lambda_{ij} - \bar{\lambda}_i)^2 \qquad (4-32)$$

$$B = \frac{n}{h-1}\sum_{i=1}^{h}(\bar{\lambda}_i - \bar{\lambda})^2 \qquad (4-33)$$

這裡，$\bar{\lambda}_i = \frac{1}{n}\sum_{j=1}^{n}\lambda_{ij}, \bar{\lambda} = \frac{1}{h}\sum_{i=1}^{h}\bar{\lambda}_i$。然后結合 W 和 B 來對目標分佈波動量 V 進行估計，得到：

$$\hat{V}(\lambda) = (1 - \frac{1}{n})W + \frac{1}{n}B \qquad (4-34)$$

由於 $\hat{V}(\lambda)$ 一般會對 $V(\lambda)$ 進行較高的估計，但 W 一般會對 $V(\lambda)$ 進行較低的估計，所以得到：

$$\hat{V}(\lambda) > V(\lambda) > W \qquad (4-35)$$

但隨著迭代次數的增加，$\hat{V}(\lambda)$ 和 W 會趨向於 $V(\lambda)$。由此得到 Gelman-Rubin 診斷法：

$$\sqrt{\hat{R}} = \sqrt{\frac{\hat{V}(\lambda)}{W}}, 當 n \to \infty 時, \sqrt{\hat{R}} \to 1 \qquad (4-36)$$

由公式（4-36），如果迭代次數足夠大，並且 $\hat{V}(\lambda)$ 減小、W 增加時，$\sqrt{\hat{R}} \to 1$。而如果 $\hat{R} > 1$，意味著迭代次數不充分，參數抽樣未收斂。所以當 $\sqrt{\hat{R}} \to 1$ 時，能夠認為馬爾科夫鏈經過迭代后的參數估計趨向於目標分佈的真實值，鏈是收斂的。

對損失強度分佈和損失頻率分佈的模型分別任意輸入三組初始值，然后進行 10^5 次迭代。從圖 4-9 可以看到三條鏈以較快速度達到 1，呈現出穩定的狀態，所以能夠認為參數的估計值序列是收斂的。

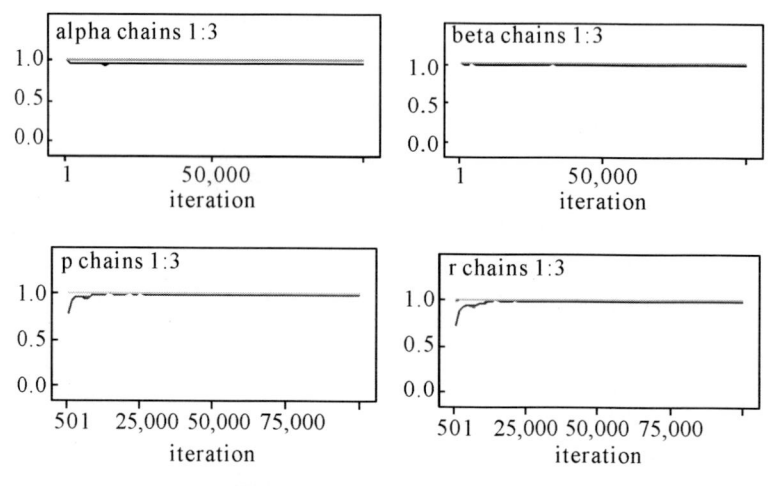

圖 4-9　Gelman-Rubin 診斷圖

通過以上三種收斂診斷法的檢驗，能夠得到馬爾科夫鏈是收斂的結論，鏈的極限分佈能夠被認為是各參數的貝葉斯后驗分佈。

4.4.5　操作風險要求資本量的度量結果

通過得到的參數值，能夠分別計算出操作風險的損失頻率與損失強度的具體統計分佈。按以上計算步驟，就獲得置信度在 99.9% 水平上的 VaR 值，參見表 4-12。

表 4-12　　　　　兩種方法得到的 VaR 值　　　　　　單位：億元

	基於貝葉斯的 MCMC 估計法	
VaR	95%	99.9%
	8.065	185.074

通過表 4-12 能夠看出，基於貝葉斯的 MCMC 估計方法所得的資本要求適中，畢竟過高的資本要求對金融機構而言無太大意義。所以，本章所用方法能夠充分利用先驗信息，可以增加模型的隨機性，因而能夠提供相對更加全面的信息，得到的度量結果也相對更加準確。

4.5　小結

採用傳統的極大似然估計法，在操作風險損失事件發生金額以及次數等數據資料匱乏的情況下，獲得參數的無偏后驗估計是較為困難的，這就要求採取更有效的方法。Bayes 方法對小樣本一般有較好的統計效果，儘管計算高維數值比較困難，但通過 WinBUGS 軟件採用 MCMC 模擬方法，就能夠估計得到參數的后驗分佈。

在損失分佈法的框架下，本書以帕累托分佈、負二項分佈模型為基礎，通過 WinBUGS 軟件包，採用基於 Gibbs 抽樣的貝葉斯 MCMC 方法，分析了操作風險損失事件的發生頻率和強度分佈，以得到后驗分佈以及相關參數的后驗估計，進而度量出操作風險所要求的資本量。此方法能得到相對於極大似然估計法更合理、更穩健的度量結果，所以可以較好地解決操作風險損失事件數據缺乏的問題。本章採用的算法，可以在方法上為國內金融機構度量和規避操作風險提供支持。

5 以變點確定閾值的 POT 模型對操作風險的度量

第三章分析得到的三類金融機構面臨的操作風險在本質上是相同的,所以,在理論上適合一類金融機構的度量方法應該也應當適用於其他金融機構。第四章用損失分佈法對商業銀行的操作風險進行了實證分析。雖然巴塞爾委員會並未提及極值理論法,但極值理論法在處理小概率事件以及外部衝擊所引起的大損失方面所具有的良好特性,這點在國內外學者中得到公認。因此,本章採用改進閾值的極值理論法,仍以商業銀行的操作風險損失數據為例來說明度量效果。

5.1 極值理論與 POT 模型

5.1.1 極值理論

5.1.1.1 極值理論概述

極值理論法良好的適用性得到各國學者的認可。極值理論是次序統計理論的一個分支,1943 年 Gendendo 建立了著名的極值定理,1958 年將這個學科的研究做了系統總結。它的研究只針對分佈的尾部而非整個分佈,所以是一種在極端條件下描述尾部特徵的方法。它在自然學科及工程研究領域有較為廣泛的應用,如水文勘查和氣象預測等①。

操作風險損失事件的發生頻率低而發生損失大,對於這種具有厚尾特徵的分佈,若採用傳統的標準方差模型來計算 VaR 值必然會導致低估損失。而極

---

① 謝盛榮. 序列極值理論導引 [M]. 重慶:重慶出版社, 1993.

值理論法則有著得天獨厚的優勢，因為分佈的尾部體現出的是潛在的災難性風險事件所引發的極端損失，極值理論法以樣本中極端數據的極限定理為基礎，允許僅對損失分佈的高分位點進行參數估計，並不要求像其他統計方法一樣假設出整個損失的分佈形狀，即極值理論法能夠根據樣本的極端值在總體分佈未知的情況下，有針對性地擬合出損失的尾部分佈，所以將極值理論用於度量金融機構的操作風險是一種合適的方法。

但其用來度量操作風險也存在一定的不足之處：一是參數的不確定性，即使存在很好的模型以及充足的、高質量的數據但對參數的估計仍然存在標準誤差。二是模型的不確定性，在極值法下可能會出現有很好的數據，但模型很差的情況。因為利用極值法雖然能處理很好的某一類模型，但這些模型必須在高閾值上才適用，從而不得不考慮閾值的設定問題。三是數據的不確定性，在極值分析中永遠不會有充足的數據。雖然上千個數據點對中心極限定理可能是合適的，但由於只有少數數據點進入尾部區域，導致很難確定分佈的尾部，因此情景分析在計量操作風險中仍佔有重要地位。

5.1.1.2 次序統計量

定義 x 為操作風險損失的金額，x 是獨立同分佈的，都來自同一個總體分佈函數 $F(x)$。現將 x 進行由大到小的排序，得到 $x_1 \geq x_2 \geq \cdots \geq x_n$，$x_1, x_2, \cdots, x_n$ 是 n 個隨機變量，則稱 $(x_1, x_2, \cdots, x_n)$ 為次序統計量，x_i 為第 i 個次序統計量，令 $W(x) = \max\{x_1 \geq x_2, \cdots, x_n\}$，則 $W(x)$ 為極值分佈函數。$F(x)$ 與 $W(x)$ 之間的關係如下：

$$\begin{aligned} W(x) &= \Pr(x_1 \leq x, \cdots, x_n \leq x) \\ &= \Pr(x_1 \leq x) \times \cdots \times \Pr(x_n \leq x) \\ &= [F(x)]^n \end{aligned} \quad (5-1)$$

由公式（5-1）理論上可得到極值分佈函數。但由於總體分佈函數 $F(x)$ 是未知的，所以可考慮通過樣本中的極端數據得到當 $n \to \infty$ 時 $[F(x)]^n$ 的漸進分佈。

極值理論法一般有兩類：一類為 Fisher-Tippett 定理，指極大值序列的漸近分佈收斂於廣義極值分佈（包括 Gumbell、Frechet 和 Weibull 分佈），這種方法被稱為 BMM（Block Maxima Methods）模型，針對塊最大值建模；另一類是指超過某一閾值后的樣本服從廣義帕累托分佈，這種方法被稱為 POT（Peaks over Threshold）模型，專門把超過較大閾值的數據作為樣本來建模。

5.1.1.3 BMM 模型

BMM 模型對塊最大值建模，把樣本數據按照時間順序分組，選出每組中

最大值形成新的樣本並對該樣本進行建模。作為一種傳統的極值分析方法，BMM 適合於分析月度、季度甚至年度最大值的統計規律。極限型定理保證了 BMM 中塊最大值的分佈服從廣義極值分佈 GEV（Generalized Extreme Value）。

設 $x_1, x_2, \cdots, x_n$ 是取自分佈函數 $F(x)$ 的一系列獨立同分佈隨機變量，$(x_1, x_2, \cdots, x_n)$ 為次序統計量，令 W_n 的分佈為即為極值分佈。x_i 為一個單位時間內某一個過程的取值，W_n 為這個過程中 n 個時間段內的最大值。

由 Fisher-Tippett 定理可知，如果存在常數列 $a_n > 0$ 和 b_n，使得：

$$P_r\left\{\frac{W_n - b_n}{a_n} \leq x \right\} \to G(x), n \to \infty \tag{5-2}$$

其中，$G(x)$ 為一個非退化的分佈函數，對參數 a 和 b，$G(x)$ 必屬於 Frechet, Weibull, Gumbel 分別定義的三種重要極值分佈之一。三種分佈如下：

$$\text{Frechet:} \Phi_\alpha(x) = \begin{cases} 0 & \text{當 } x \leq b \\ \exp\left\{-(\frac{x-b}{a})^{-\alpha}\right\} & \text{當 } x > b \end{cases} \quad \alpha > 0 \tag{5-3}$$

$$\text{Weibull:} \Psi_\alpha(x) = \begin{cases} \exp\left\{-[-(\frac{x-b}{a})^{-\alpha}]\right\} & \text{當 } x \leq b \\ 1 & \text{當 } x > b \end{cases} \quad \alpha < 0 \tag{5-4}$$

$$\text{Gumble:} \Lambda_\alpha(x) = \exp\left\{-\exp[-(\frac{x-b}{a})]\right\}, \quad x \in R \tag{5-5}$$

將這三種形式統一成一種來表示，就是廣義極值分佈 GEV：

$$G_{\mu,\gamma,\theta}(x) = \begin{cases} \exp\left\{-[1+\gamma(\frac{x-\mu}{\theta})]^{-1/\gamma}\right\}, \gamma \neq 0 \\ \exp\left\{-\exp[-(\frac{x-\mu}{\theta})]\right\}, \gamma = 0 \end{cases} \tag{5-6}$$

其中，$-\infty < \mu, \gamma < \infty, \theta > 0, 1 + \gamma(\frac{x-\mu}{\theta}) \geq 0$。$\mu$ 為位置參數；θ 為尺度參數；γ 為形態參數；當 $\mu = 0, \theta = 1$ 時稱之為標準形式。

形態參數 γ 稱為分佈 G 的極值指數，當 $\gamma > 0$ 時，$G_{\mu,\gamma,\theta}(x)$ 對應著 Frechet 分佈，用於描述極值有下界而無上界的分佈，由於此時它的尾部像冪分佈一樣衰減，所以稱這種分佈為厚尾分佈，也叫帕累托分佈。Burr 分佈、Student-t 分佈、α-穩定分佈（$\alpha < 2$）及對數 Gamma 分佈都屬於 Frechet 分佈；當 $\gamma < 0$ 時，$G_{\mu,\gamma,\theta}(x)$ 對應著 Weibull 分佈，描述極值有上界而無下界的分佈。均勻分佈、逆帕累托分佈和逆 Burr 分佈就屬於這一類；當 $\gamma = 0$ 時，解釋為 $\gamma \to 0$ 時的極限，描述既無上界也無下界的分佈，由於它的尾部像指數分佈一樣衰減，

稱為 Gumbel 分佈。指數分佈、正態分佈、對數正態分佈、Gamma 分佈，以及古典的 Weibull 分佈都屬於這種分佈。

接下來要對廣義極值分佈進行參數估計，常用的有兩種估計方法：一是概率加權矩估計法 PWM（Probability-Weighted Moments），該方法只適用於 $\gamma < 1$ 的情況。雖然它缺乏令人信服的理論解釋也沒有被一致接受，但這種方法簡單易行，隨機模擬結果也很理想。二是極大似然估計法 MLE（Maximum Likelihood Estimation）。極大似然估計具有很好的實用價值，下面進行介紹：

在 $x_1, x_2, \cdots, x_n$ 獨立且服從 GEV 的假設下，對 $G_{\mu,\gamma,\theta}(x)$ 的 x 求導就可得到隨機變量 x 的概率密度函數。

$$g_{\mu,\gamma,\theta}(x) = \begin{cases} \dfrac{1}{\theta}\left[1 + \gamma\left(\dfrac{x-\mu}{\theta}\right)^{-(1/\gamma+1)}\right]\exp\left\{-\left[1 + \gamma\left(\dfrac{x-\mu}{\theta}\right)^{-1/\gamma}\right]\right\}, \gamma \neq 0 \\ \dfrac{1}{\theta}\exp\left[-\left(\dfrac{x-\mu}{\theta}\right)\right]\exp\left[-\exp\left(-\dfrac{x-\mu}{\theta}\right)\right], \gamma = 0 \end{cases} \tag{5-7}$$

進而取對數得到 GEV 參數的極大似然估計函數：

$$L(\mu,\theta,\gamma) =$$
$$\begin{cases} -m\ln\theta - (1/\gamma + 1)\sum_{i=1}^{m}\ln\left[1 + \gamma\left(\dfrac{x_i-\mu}{\theta}\right)\right] - \sum_{i=1}^{m}\left[1 + \gamma\left(\dfrac{x_i-\mu}{\theta}\right)\right]^{-1/\gamma}, \gamma \neq 0 \\ -m\ln\theta - \sum_{i=1}^{m}\left(\dfrac{x_i-\mu}{\theta}\right) - \sum_{i=1}^{m}\exp\left\{-\left(\dfrac{x_i-\mu}{\theta}\right)\right\}, \gamma = 0 \end{cases} \tag{5-8}$$

由上式可以得到參數 (μ,θ,γ) 的估計值。得出參數之後就可以利用極值分佈函數計算不同 q 下的分位數值。如果用 R^q 表示這一分位數，那麼在 $1/q$ 個週期內出現的極值損失會超過這一閾值的預期數有且僅有一次。令 $p = 1 - q$，則 R^q 表示如下：

$$R^q = G^{-1}{}_{\mu,\gamma,\theta}(p) = \begin{cases} \mu - \dfrac{\theta}{\gamma}\left[1 - (-\ln p)^{-\gamma}\right], \gamma \neq 0 \\ \mu - \theta\ln(-\ln q), \gamma = 0 \end{cases} \tag{5-9}$$

這樣就可以根據已有的若干時期內的損失數據計算得到金融機構在未來一定時期內的操作風險損失值。

但在實際應用中，由於 POT 模型能夠較為有效地使用數量有限的極端樣本值，而成為公認較好的度量操作風險損失極值的方法。用 POT 模型計算確 VaR 時只考慮尾部的近似表達，而不需要對整個分佈進行建模。接下來就詳細介紹本章要用到的 POT 模型。

5.1.2 POT 模型

基於點過程法的 POT（Peaks Over Threshold）模型選擇位於某一較大閾值（threshold）之上的損失數據進行研究，是對數據進行廣義帕累托分佈（Generalized Pareto Distribution, GPD）擬和的技術。它忽略操作損失事件的發生時間，能夠充分利用有限的極端數據建模。

x 為操作風險損失的金額，x 獨立同分佈，它們來自同一個總體分佈函數 $F(x)$。對於置信度 p [即是大數，非顯著性水平那個小數，$P(x \leq VaR) = p$]，$p-th$ 分位數為：

$$x_p = F^{-1}(p) \tag{5-10}$$

即：

$$VaR_p = F^{-1}(p) \tag{5-11}$$

其中，F^{-1} 是分佈函數 $F(x)$ 的反函數。

定義損失數據 x 超過閾值 x_M 的條件分佈函數為 $F_{x_u}(y)$（其中 $y = x - x_M$，表示超額損失；M 為超過閾值的損失數據的個數），也將其稱為閾值 x_M 的超額損失分佈，表示為：

$$F_{x_u}(y) = P\{x - x_M \leq y \mid x > x_M\} = \frac{F(x_M + y) - F(x_M)}{1 - F(x_M)} \tag{5-12}$$

$$\Rightarrow F(x) = F_{x_u}(y)[1 - F(x_M)] + F(x_M) \quad x \geq x_M \tag{5-13}$$

根據 Pickands（1975），Balkama, de Haan（1974）定理，某一較高閾值超出值的極限分佈可以用 GPD 來模擬，其分佈具有厚尾特徵。若存在大於零的常數 a_{x_u} 和 b_{x_u}，使得當閾值 x_M 取較大值時，$F_{x_u}(a_{x_u} + b_{x_u})$ 具有連續的極限分佈，那麼：

$$\lim_{x_u \to x_*} \sup_{0 \leq y \leq x_* - x_u} |F_{x_u}(y) - G_{\lambda, \eta(x_u)}(y)| = 0 \tag{5-14}$$

則超額損失 y 的累積分佈函數用 GPD 分佈函數可以表示為：

$$G_{\lambda, \eta}(y) = \begin{cases} 1 - \left(1 + \lambda \dfrac{y}{\eta}\right)^{-\frac{1}{\lambda}}, & \lambda \neq 0, \ \eta > 0, \ 1 + \lambda \dfrac{y}{\eta} > 0 \\ 1 - \exp\left(-\dfrac{y}{\eta}\right), & \lambda = 0, \ \eta > 0 \end{cases} \tag{5-15}$$

其中，λ 是 GPD 分佈的尾部參數（tail parameter），決定尾部的消失速度。λ 越大，則尾部越厚，反之越薄。當 $\lambda \geq 0$ 時，$y \in [0, \infty)$；當 $\lambda < 0$ 時，$y \in (0, -\eta/\lambda]$。若一分佈的尾部參數 $\lambda = 0$，該分佈為正態分佈、對數正態分佈

或指數分佈等；若一分佈的尾部參數 $\lambda > 0$，則表明該分佈具有厚尾特徵。

η 是尺度參數。當 $\eta = 1$ 時，為廣義帕累托分佈的標準形式，由三種互不相交的子類型分佈構成：

指數分佈：
$$G_0(y) = 1 - e^{-y} \quad x > 0 \tag{5-16}$$

Pareto 分佈：
$$G_{1,\lambda}(y) = 1 - x^{-1/\lambda} \quad \lambda > 0, \, x \geq 1 \tag{5-17}$$

Weibull 分佈：
$$G_{2,\lambda}(y) = 1 - (-x)^{-1/\lambda} \quad \lambda < 0, \, -1 \leq x \leq 0 \tag{5-18}$$

$G_{\lambda,\eta}(y)$ 的密度函數為：
$$g_{\lambda,\eta}(y) = \frac{1}{\eta}\left(1 + \lambda \frac{y}{\eta}\right)^{-\frac{1}{\lambda}-1} \tag{5-19}$$

5.1.3 基於 POT 模型計算操作風險的資本要求

隨著閾值 x_M 逐漸提高，$F_{x_M}(y)$ 逐漸收斂於 $G_{\lambda,\eta}(y)$，即：
$$F_{x_M}(y) \approx G_{\lambda,\eta(x_M)}(y) \tag{5-20}$$

其中參數 λ 和 η 的取值依賴於 x_M 的大小。

依據公式 (5-20)，可以得到超過閾值 x_M 的尾部分佈：
$$F(x_M + y) = F(x_M) + (1 - F(x_M))G_{\lambda,\eta}(y) \tag{5-21}$$

設收集到的損失數據的樣本總數為 n，大於閾值 x_M 的操作風險損失次數為 M，則可用 $(n-M)/n$ 作為 $F(x_M)$ 估計。因此，公式 (5-21) 可變為：
$$F(x_M + y) = \left(1 - \frac{M}{n}\right) + \frac{M}{n}\left[1 - \left(1 + \lambda\frac{y}{\eta}\right)^{-1/\lambda}\right] \tag{5-22}$$

尾部參數 λ 和尺度參數 η 的估計值可以通過在給定閾值 x_M 下的極大似然函數 $\prod_{i=1}^{n} g(y_i)$ 來估計。一旦估計出 $\hat{\lambda}$ 和 $\hat{\eta}$，就可以估計出操作風險資本（VaR）。

由分佈函數尾部數據的估計得到：
$$\hat{F}(x_M + y) = 1 - \frac{M}{n}\left(1 + \hat{\lambda}\frac{y}{\hat{\eta}}\right)^{-1/\hat{\lambda}} \tag{5-23}$$

根據公式 (5-23)，賦予指定的置信度 p（註：是 99% 等大值，非顯著性水平 1% 那樣的小值），則可得到 VaR 的估計值：
$$\hat{VaR}_p = x_M + \frac{\hat{\eta}}{\hat{\lambda}}\left\{\left[\frac{n}{M}(1-p)\right]^{-\hat{\lambda}} - 1\right\} \tag{5-24}$$

VAR 就是操作風險所要求的資本量。

5.2 POT 模型閾值的確定

雖然 POT 模型能夠直接處理操作風險損失數據的尾部，只依據真實的歷史損失數據來選擇分佈函數。但金融機構運用 POT 模型來度量操作風險時，需要滿足兩個條件：一是需要有一定的歷史損失數據，以便能精確估計出參數；二是需要設定合理的高閾值。也就是說，在 POT 模型下，度量結果很可能會出現良莠不齊的情況：如果閾值取得太高，那麼能夠被取入模型的損失數據樣本點就會因為很少而無法建模，導致估計的偏差就會很大；如果閾值取得太低，就會因為把不屬於分佈尾部的樣本點當作尾部的數據而進入模型，這就不能展現 POT 模型的優勢，導致不相合的估計。因此，在實際的度量操作風險的應用中，閾值的確定是個關鍵問題，它決定了 POT 模型擬合操作風險損失分佈的近似程度。國內外的很多學者（Hans，2004；Stelios，2005；Brooks，2005；田宏偉等，2000）都在研究閾值的選取問題，但仍然沒有就採用哪種方法選取的閾值結果最優而達成一致。目前使用較為頻繁的閾值確定法有平均超額圖法、Hill 圖法、峰度法以及擬合優度法，下面逐一進行介紹。

5.2.1 常見的閾值確定法

5.2.1.1 平均超額圖法

由平均超額函數 $e(x_M) = E(x - x_M | x > x_M |)$，可以得到：

$$e(x_M) = \frac{\eta + \lambda x_M}{1 - \lambda} \quad \eta + \lambda x_M > 0 \quad (5\text{-}25)$$

$e(x_M)$ 通過樣本的平均超額函數進行估計，可以得到：

$$e(x_M) = \sum_{i=1}^{n}(x_i - x_M)^+ / N_{x_u} \quad (5\text{-}26)$$

其中，N_{x_u} 為超過閾值 x_M 的樣本個數。當 $x_i > x_M$ 時，$(x_i - x_M)^+ = x_i - x_M$；當 $x_i \leq x_M$ 時，$(x_i - x_M)^+ = 0$。對於超過閾值 x_M 的樣本，函數曲線時會出現明顯的線性變化：當斜率為正時，樣本數據服從 GPD；當成為水平線時，樣本數據服從指數分佈；當斜率為負時，樣本數據的尾部較薄。通過上述斜率的變化就能夠確定樣本的閾值。但對於函數曲線是否趨於線性，則需要在觀察圖形的基礎上借助於經驗來判斷。

5.2.1.2 Hill 圖法

尾部指數的 Hill 統計量為：

$$\hat{\alpha} = \left(\frac{1}{M}\sum_{i=1}^{M} \ln \frac{x_i}{x_{M+1}}\right)^{-1}, \quad x_i > x_{M+1} \tag{5-27}$$

將 x_i 作為第 i 個降序樣本統計量，閾值為 x_M，臨界樣本的序號為 M。以 M 作為橫軸，$\hat{\alpha}$ 作為縱軸，進行畫圖從而得到 Hill 圖（點 $\{(M, \hat{\alpha}), 1 \leqslant M \leqslant n-1\}$ 的集合）。Hill 圖中穩定區域的起點所對應的數值即可確定為閾值。當然，何時進入穩定區域則需要借助於觀察圖形和經驗判斷，具有一定的人為主觀因素。

5.2.1.3 峰度法

峰度法是通過計算樣本峰度來選取閾值的方法。樣本峰度為：

$$K_n = \frac{\frac{1}{n}\sum_{i=1}^{n}(x_i - \mu_n)^4}{(S_n^2)^2} \tag{5-28}$$

其中，$S_n^2 = \frac{1}{n-1}\sum_{i=1}^{n}(x_i - \mu_n)^2$，$\mu_n = \frac{1}{n}\sum_{i=1}^{n} x_i$。那麼當 $K_n \geqslant 3$ 時，把令 $(x_i - \mu_n)^2$ 最大的 x_i 刪除，重複直至 $K_n < 3$ 為止。然后從剩餘的樣本中選取最大的 x_i，此值便可作為閾值。峰度法雖然計算簡便，但並沒有嚴格的理論支持。

5.2.1.4 擬合優度法

擬合優度法的原理為：由於超過閾值的樣本的超額值的條件分佈服從廣義帕累托分佈，所以最優的閾值便是使超額值的條件分佈最接近 GPD 的值。所以，先按一定標準確定多個閾值，把超過閾值的超額值看成一個新的序列，構造 $Pearson$-χ^2 統計量：

$$\chi^2 = \sum_{i=1}^{N} \frac{(N_i - np_i)^2}{np_i} \tag{5-29}$$

公式（5-29）表示了理論頻數與實際頻數間的差別。此統計量的值越小，分佈的置信度就會越高，擬合效果就會越好，對應的閾值也越佳。

5.2.2 基於變點理論的閾值確定法

鑒於閾值確定的方法仍處於探索研究過程，下面利用變點理論，把閾值所在的位置精確地定位出來，進而把閾值定量地計算出來，從而在確定閾值這個

非常重要的環節時避免了僅靠肉眼和經驗來判斷的弊端。具體思路為：先確定損失數據是否具有厚尾分佈，然后按照形狀參數的 Hill 估計 α 畫出 Hill 圖，接著採用變點理論，尋找 Hill 圖中 α 出現相對穩定區域的起始位置 d^*，則 d^* 位置所對應的損失金額，就是閾值 x_M。

5.2.2.1 變點理論的適用性

在自然界、社會、經濟等問題的研究中，常常出現系統的輸出序列在某未知時刻（或位置）發生突然變化，這點即稱為變點（Chang Point）。變點統計分析的目的是判斷和檢驗變點的存在、位置、個數，並估計出變點的躍度，可以將前、后數據的均值、概率分佈或模型參數發生顯著改變的時刻稱為均值、概率或模型參數的變點[1]。

Hill 圖曲線的表現形態通常具有如下特徵：首先曲線劇烈變化，快速拉升或急驟下降，或反覆性的劇烈變化，然后進入某區域或跨過某點后，突然變化減緩，並最終逐漸趨於穩定。曲線開始由非穩定變化轉為穩定變化會出現在某一點（或區域）的前后，該突然轉變的點就是變點，而變點的出現往往說明，該點（或區域）前后的數據具有不同的結構和不同的特性。Hill 圖曲線中的非穩定區域與穩定區域的分界點就是所謂的閾值。因此，對確定閾值而言，至關重要的就是準確地定位出變點所屬區域和位置。在變點位置附近，其斜率變化會表現得比較顯著，然而斜率之差反應的只是該點兩側斜率的變化幅度，分析的是斜率的變化情況，所以必須結合斜率局部加（減）速變化最大來進行分析。因為形狀參數 α 在其斜率加速度達到最大值之前，往往是沿著某類直線或曲線移動；而 α 在其斜率加速度越過最大值之后，會開始轉向，變為沿著另一類直線或曲線運動。因此，通過確認曲線斜率變化的加（減）速度局部極大值，就能夠對變點（即閾值）所在的位置進行確定。在等間距的情況下，斜率變化幅度的二階差分反應了斜率的變化率。因此，如果結合一階差分最大值找到最接近曲線穩定區域的二階差分最大值所處的區域，那麼就找到了變點所在的區間，就可以確定 α 從何處開始進入穩定狀態，再用類似於求分組數據眾數的方法，便能夠對變點的位置進行準確定位，將其換算為所對應的損失金額，這個金額對應的就是要確定的閾值。

5.2.2.2 基於變點理論確定閾值的算法

用變點對閾值進行確定的具體算法：

---

[1] 葉五一，繆柏其，譚常春. 基於分位點迴歸模型變點檢測的金融傳染分析 [J]. 數量經濟技術經濟研究，2007（10）.

（1）由於超過閾值的樣本數的間距是相等的，將閾值探索點序列定義為 d_j，$(j = 1, 2, \cdots, M - 1)$，每個點所對應的 Hill 估計值為 α_j。

（2）計算探索點前、后周圍曲線的斜率（即探索點前、后各若干數據點的線性迴歸系數）時，需考慮以各探索點為中心的滑動窗口。迴歸系數的取值會受到參加迴歸的數據點數 l 的多少的影響，所以在構造滑動窗口時，需要在探索點前、后各取 l 個數據點。同時，在較小的距離內，曲線會近似成直線，所以 l 的取值不能太大，因此這裡分別設置 $l = 2, 3, 4$，從而構成三套滑動窗口。在以 d_j 為滑動窗口中，線性迴歸探索點 d_j 前（或左）的 l 個數據點，得到迴歸系數 $\beta_{before}^{(l)}(d_j)$；用同樣的方法，線性迴歸探索點 d_j 后（或右）的 l 個數據點，得到迴歸系數 $\beta_{after}^{(l)}(d_j)$。可以發現，$l = 2$ 時，得到的迴歸系數能夠較好地反應出局部的斜率性態，但由於隨機性較大而不能較完整地反應出整體的斜率性態；$l = 4$ 時，雖然得到的迴歸系數能夠較完整地反應出整體的斜率性態，統計意義較強，但不能較好地反應出局部的斜率性態。$l = 3$ 時算出的迴歸系數性態則介乎二者之間，故應當更注重 $l = 4$ 時迴歸系數的結果。因此，將 $l = 2, 3, 4$ 時計算出的 $\beta_{before}^{(l)}(d_j)$ 和 $\beta_{after}^{(l)}(d_j)$ 進行加權平均時，權重取 l^2，即：

$$\bar{\beta}_{before}(d_j) = \frac{\sum_{l=2}^{4} l^2 \cdot \beta_{before}^{(l)}(d_j)}{\sum_{l=2}^{4} l^2} \tag{5-30}$$

$$\bar{\beta}_{after}(d_j) = \frac{\sum_{l=2}^{4} l^2 \cdot \beta_{after}^{(l)}(d_j)}{\sum_{l=2}^{4} l^2} \tag{5-31}$$

（3）對每個探索點 d_j，將 d_j 點前后曲線斜率的改變量記為 $\Delta S(d_j)$，即一階差分：

$$\Delta S(d_j) = \bar{\beta}_{after}(d_j) - \bar{\beta}_{before}(d_j) \tag{5-32}$$

（4）將得到 $\Delta S(d_j)$ 序列再進行計算，得到其二階差分，即：

$$\Delta^2 S(d_j) = \Delta S(d_{j-1}) - \Delta S(d_j) \tag{5-33}$$

（5）找到序列的 $\Delta^2 S(d_j)$ 的最大值所對應的區間 (d_{j-1}, d_j)，這即為變點所在的區域。根據其前后相鄰區間 (d_{j-2}, d_{j-1})，(d_j, d_{j+1}) 和對應的值 $\Delta^2 S(d_{j-1})$，$\Delta^2 S(d_{j+1})$，用與分組數據眾數類似的方法進行線性內插，則可精確定位到變點 d^* 的位置。

（6）再由變點 d^* 的精確位置，以 d_{j-1}，d_j 與 d^* 的距離為權重，便得到閾值的精確值。

通過 Visual C++編程實現以上算法。

5.3 POT 模型參數的估計

在用變點理論確定好 POT 模型的閾值后，下一步需要對參數 λ 和 η 進行估計。參數估計的方法中，極大似然估計法（MLE）得到廣泛的認可，特別是當 $\lambda > 0$ 時，估計效果更佳。但在數據出現異常值的情況下，MLE 法通常又是缺乏定量的穩健性的。由於在極值分佈尾指數估計中出現的小誤差就足以導致結果發生大的偏差，為得到更穩健的估計量，採用平方誤差積分（ISE，Integrated Squared Error）法來對 POT 模型中的參數進行估計，它與極大似然估計相比具有更良好的穩健性。下面分別對 MLE 法和 ISE 法進行介紹。

5.3.1 用 MLE 法估計參數

$G_{\lambda,\eta}(y)$ 的密度函數 $g_{\lambda,\eta}(y)$ 可擴展為：

$$g_{\lambda,\eta}(y) = \begin{cases} \dfrac{1}{\eta}\left(1 + \lambda\dfrac{y}{\eta}\right)^{-\frac{1}{\lambda}-1}, & \lambda \neq 0 \\ \dfrac{1}{\eta}e^{-\frac{y}{\eta}}, & \lambda = 0 \end{cases} \quad (5-34)$$

超額損失 y 的對數似然函數為：

$$L(\lambda, \eta|y) = \begin{cases} -n\ln\eta - \left(1 + \dfrac{1}{\lambda}\right)\sum_{i=1}^{n}\ln\left(1 + \dfrac{\lambda}{\eta}y_i\right), & \lambda \neq 0 \\ -n\ln\eta - \dfrac{1}{\eta}\sum_{i=1}^{n}y_i, & \lambda = 0 \end{cases} \quad (5-35)$$

上面公式（5-35）求極大值，就可得到參數 λ 和 η 的估計值。

5.3.2 用 ISE 法估計參數

基於平方誤差積分的最小距離估計準則最早是由 Terrel（1990）提出的。經證明此準則具有一致性和漸近正態性。此準則直觀地來說是取盡量使最多的數據與假定的參數模型相匹配的情況下得到參數估計值，因此其準確性損失不大，得到的參數誤差更加小，結果更為穩定。

使用以平方誤差積分為基礎的最小距離估計準則，能夠得到適合的參數 θ 使得密度函數 $f(.|\theta)$ 最接近於真實未知的密度函數 f，用公式表述如下：

$$\hat{\theta} = \arg\min_{\theta} \left[\int (f(y|\theta) - f(y))^2 dy \right] \tag{5-36}$$

對一個具有參數 θ 的分佈函數 $F(.|\theta)$，也可以表述為：

$$\hat{\theta} = \arg\min_{\theta} \left\{ \sum [F(y|\theta) - F(y)]^2 \right\} \tag{5-37}$$

針對所採用的 POT 模型，在閾值 x_M 已確定的情況下，在得出實際超額損失數據分佈的條件概率後，就可運用上述準則來擬出參數估計值。$F_{x_u}(y)$ 為超額損失 y 的分佈、$G_{\lambda,\eta}(y)$ 為近似累積分佈函數，公式 (5-37) 可變為：

$$\hat{\theta} = \arg\min_{\theta} \left\{ \sum [G_{\lambda,\eta}(y) - F_{x_u}(y)]^2 \right\}$$

$$= \arg\min_{\lambda,\eta} \left\{ \sum \left[1 - \left(1 + \lambda \frac{y}{\eta}\right)^{-\frac{1}{\lambda}} - F_{x_u}(y) \right]^2 \right\} \tag{5-38}$$

涉及權重，則為：

$$\hat{\theta} = \arg\min_{\lambda,\eta} \left\{ \sum \omega \cdot \left[1 - \left(1 + \lambda \frac{y}{\eta}\right)^{-\frac{1}{\lambda}} - F_{x_u}(y) \right]^2 \right\} \tag{5-39}$$

在其他信息匱乏的情況下，選取權函數時採用了經驗估計的方法。損失數據的順序統計量為 $x_1 \geq x_2 \geq \cdots \geq x_n$，超額損失的順序統計量為 $y_1 \geq y_2 \geq \cdots \geq y_{M-1}$，則 y_i 的分佈的經驗估計為：

$$\hat{F}(y_i) = \frac{M-i}{M-1}, \quad y_{i-1} < y < y_i \tag{5-40}$$

公式 (5-39) 可變為：

$$\hat{\theta} = \arg\min_{\lambda,\eta} \left\{ \sum_{i=1}^{M-1} \frac{M-i}{M-1} \cdot \left[1 - \left(1 + \lambda \frac{y_i}{\eta}\right)^{-\frac{1}{\lambda}} - F_{x_u}(y) \right]^2 \right\} \tag{5-41}$$

對上式分別求 λ 和 η 的偏導，並使之等於零就可以得到上式的最小值。
以上方法的實現仍通過 Visual C++編程來實現。

5.4 實證分析

下面用第三章中收集的 1987—2011 年監管部門公布以及國內外媒體公開報導的 279 件商業銀行操作風險損失事件，來驗證本章提出的基於變點理論的 POT 模型閾值確定方法度量操作風險的有效性。若將這 279 個損失數據看成整體來對操作風險進行度量時，那麼可將估計結果視為國內商業銀行業應對操作風險所要求的資本量。原始損失數據的頻數圖如圖 5-1 所示。

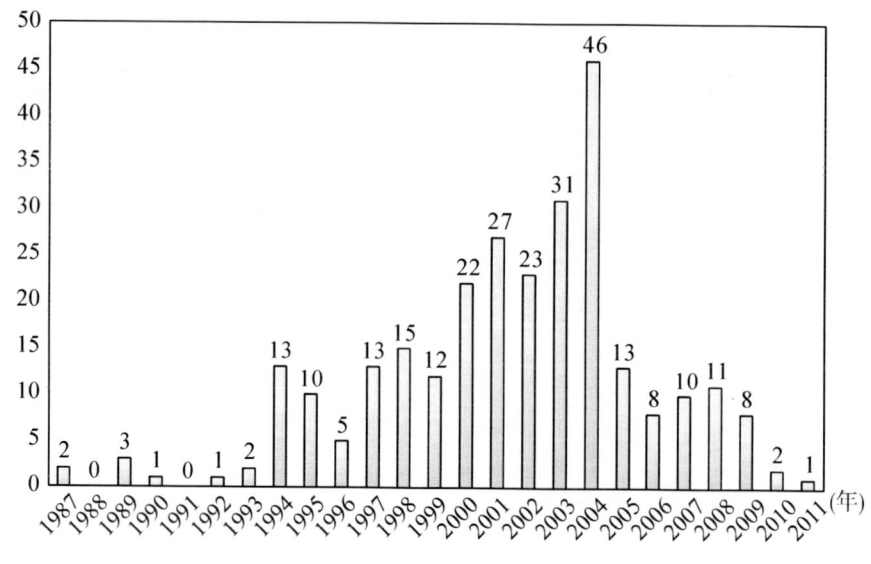

图 5-1　1987—2011 年操作风险损失频数图

5.4.1 阈值的确定

Hill 图的稳定区域要具有优良的性质的前提是损失数据需要具有厚尾特征。因此，必须首先检验损失数据是否服从厚尾分佈。损失数据的描述性统计结果如表 5-2 所示。

表 5-2　　　　　　　操作风险损失数据的描述性统计

N	Valid	279
	Missing	0
Mean		16 445.18
Std. Deviation		38 926.35
Skewness		3.771
Std. Error of Skewness		.146
Kurtosis		16.250
Std. Error of Kurtosis		.291
Minimum		.578
Maximum		270 000.0

从表 5-2 中的损失数据可以看出，偏度为 3.771，峰度为 16.250，其特征有偏且尖峰。通过绘制 QQ 图来进一步检验操作风险的损失数据是否服从厚尾分佈，其结果见图 5-2。

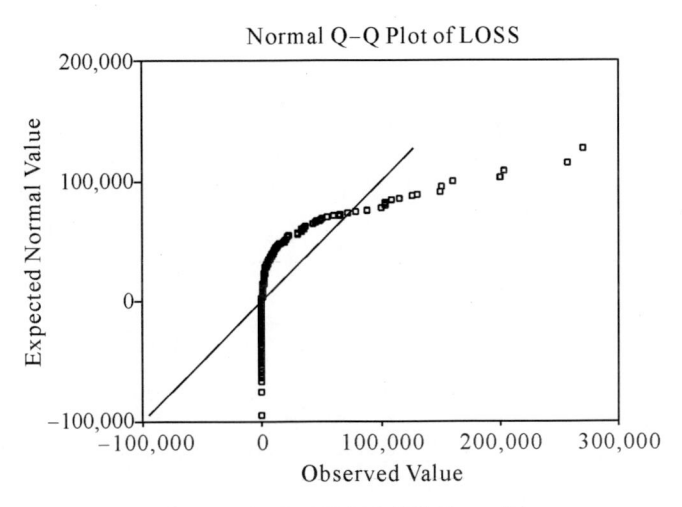

圖 5-2　操作風險損失數據的 QQ 圖

在圖 5-2 中選取正態分佈為參考分佈，其圖形走勢明顯偏離直線並且向下彎曲，可以說明操作風險損失數據分佈的尾部比正態分佈的尾部厚，樣本確實來源於厚尾性分佈。通過 Visual C++ 編程處理得到的 α 作為縱軸，以 M 作為橫軸，繪製的 Hill 圖見圖 5-3。

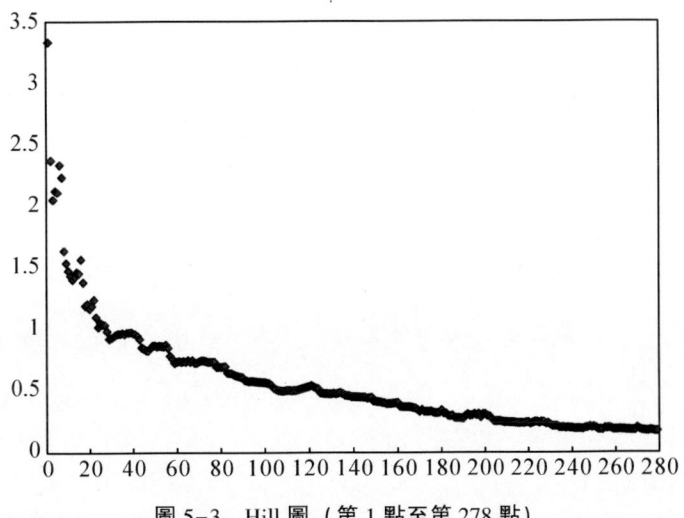

圖 5-3　Hill 圖（第 1 點至第 278 點）

從圖 5-3 可以看出，從第 200 點后 α 出現跳躍點，有進入穩定區域的趨勢，這就是變點所處的位置。下面對第 200 點后的一、二階差分值進行分析。為比較方便，第 170 點之后的結果見圖 5-4。

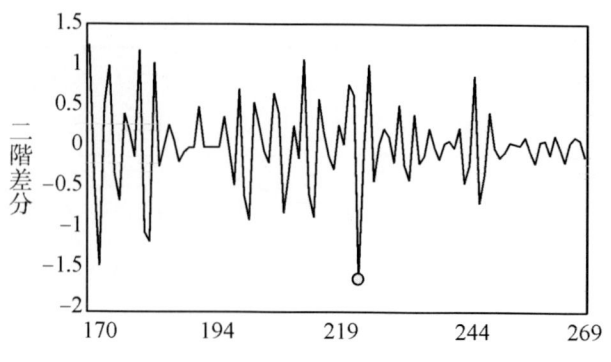

图 5-4 二阶差分值（第 170 点至第 269 点）

从图 5-4 可以看出，二阶差分最大值是第 225 个点，因为其距离稳定的区域最近。

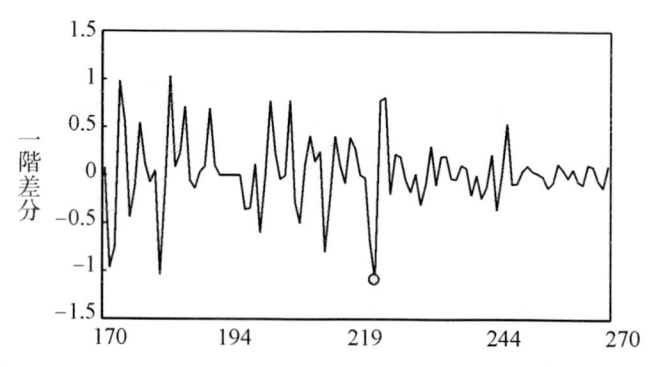

从图 5-5 可以看出，距离稳定区域最近的最大值是第 225 点的一阶差分。二阶差分与一阶差分的最大值均于第 225 点出现，意味著第 225 点前后数据的结构存在著显著差异，是区分 $α$ 值稳定与非稳定的变点，稳定区域的起始点就是阈值。

图 5-5 一阶差分值（第 170 点至第 270 点）

由于考虑到变点前后数据对该点的影响，若是只取第 225 点对应的损失金额作为阈值是不合适的。为保持数据的连续性，下面运用线性插值法精确定位变点 d^* 的位置，即：

$$d^* = d_{j-1} + \frac{\Delta^2 S(d_j) - \Delta^2 S(d_{j-1})}{[\Delta^2 S(d_j) - \Delta^2 S(d_{j-1})] + [\Delta^2 S(d_j) - \Delta^2 S(d_{j+1})]} \quad (5-42)$$

得 $d^* = 225.559$。以 d_{224}，d_{225} 与 d^* 的距离为权重，则阈值 x_M 为 18,503.1 万元。

5.4.2 參數的估計

在確定閾值是 1,850.31 億元的情況下,接下來對兩個參數進行估計,超額損失 y 的分佈見表 5-3。

表 5-3 　　　　　　　超過閾值的損失數據的分佈

Losses（萬元）	Cumulative Percent（%）
20,000	83.2
30,000	85.3
37,000	88.9
50,000	91.4
79,000	93.5
126,000	96.8
160,000	98.6
202,900	99.3
270,000	100

註:超額損失數據的總數為 55 個,由於篇幅限制只羅列部分結果。

通過線性插值法得到 $F(18,503.1) = 80.5\%$。按條件分佈進行計算,得到的結果參見表 5-4。

$$F_{18,503.1}(y) = \frac{F(18,503.1+y) - F(18,503.1)}{1 - F(18,503.1)} \quad (5-43)$$

表 5-4 　　　　　　　超過閾值的損失數據的條件分佈

Excess Losses（萬元）	Conditional Probability
396.9	0.005
14,996.9	0.338
30,496.9	0.538
53,496.9	0.651
90,596.9	0.800
131,496.9	0.908
184,396.9	0.964
251,496.9	1.000

註:類似於表 5-3,這裡僅列出部分結果。

根據 $G_{\lambda,\eta}(y)$ 來進行參數估計。為了計算方便，現對 $G_{\lambda,\eta}(y)$ 分佈進行相應的變化：

設 $1 - G_{\lambda,\eta}(y) = Z$，$\lambda/\eta = \beta_1$，$1/\lambda = \beta_2$，則 $G_{\lambda,\eta}(y)$ 可化簡為：

$$Z = (1 + \beta_1 y_i)^{-\beta_2} \quad (5-44)$$

通過 Matlab 軟件擬合這條曲線來獲得參數的估計值。為比較此方法與極大似然法的估計結果，採用計算機模擬產生 279 個隨機數，進行隨機排序，從而得到一組隨機損失數據，利用極大似然法計算出參數估計值，重複 100 次上述過程就能夠獲得估計參數的均值。兩種方法估計出的參數值的比較結果參見表 5-5。

表 5-5   兩種方法得到的參數估計值

	$\hat{\lambda}$	$\hat{\eta}$
平方誤差積分法	0.478（0.164）	159,871.301（4,124.210）
極大似然估計法	0.598（0.387）	317,956.881（7,754.074）

括號內值為標準差。從表 5-5 可以看出，基於平方誤差積分的最小距離估計的標準差，是小於 MLE 估計的標準差的。

設橫坐標是有效超額損失數據（扣除閾值后的數據），縱坐標是大於閾值的條件累積概率，圖 5-6 就是擬合效果。圖 5-6 表明擬合效果良好、模型適宜。

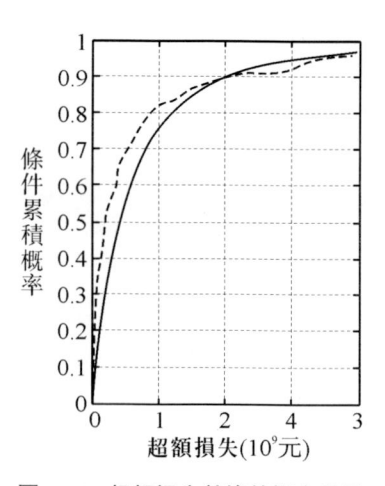

圖 5-6   超額損失數據的擬合效果

註：連續曲線為帕累托的擬合損失分佈，虛線為超額損失的損失分佈。

5.4.3 操作風險要求資本量的度量結果

在 99.9% 的置信水平上，把已經計算得到的閾值與參數代入可得 $VaR =$ 3,850,400.486 萬元。計算出的 VaR 就是金融機構在遭受操作風險時的損失。由於以所收集到的所有商業銀行的損失事件為樣本，因此這 385 億元在 99.9% 的置信水平下可近似看成整個商業銀行應對操作風險所要求的資本量。

5.5 小結

本章在以收集的國內外公開報導的操作損失數據的基礎上，運用變點理論來確定 POT 模型的閾值。Hill 圖曲線非穩定區域與穩定區域的分界點即為閾值。而根據變點理論，變點前後的數據特徵一般有著顯著的變化。因此，通過找到最接近 Hill 圖曲線穩定區域的斜率二階差分和一階差分最大值，就能夠確定閾值所處區域，進而能夠定量地計算閾值的大小並用以改善極值理論的尾部估計。該方法簡單直觀，克服了以往運用 Hill 圖和平均超額圖來對閾值進行模糊選擇的缺陷。同時，採用以平方誤差積分的最小距離估計準則為基礎估計參數，能夠得到相對更穩健的結果。通過這些改進，可以為更準確地對操作風險要求的資本量進行度量奠定良好基礎。對於國內的金融機構，本章所採用的算法在方法上可以對以度量和規避為由產生的操作風險所帶來的損失提供支持。

6 基於 MCMC 模擬的信度模型對操作風險的度量

第三章分析得到的三類金融機構面臨的操作風險在本質上是相同的，所以在理論上，適合一類金融機構的度量方法也應當適用於其他金融機構。因此，第四章和第五章就以商業銀行的操作風險損失數據為樣本，分別用損失分佈法和極值理論法對整個商業銀行操作風險所要求的資本進行了度量。但由於操作風險損失數據的匱乏，所以以單個金融機構較難預測本機構下一年操作風險的發生強度、頻率以及損失總金額。但 Bühlaman 模型能夠在數據不足的情況下實現上述預測，因此本章採用信度模型的方法，仍以商業銀行的操作風險損失數據為例來說明度量效果。

6.1 信度模型

6.1.1 信度模型的適用性

雖然損失分佈法和極值理論是目前的研究熱點，但損失分佈法中對分佈的選取和參數的估計、極值理論中對閾值的確定這些問題仍值得繼續探討。同時，為滿足數據的充足性，上述方法一般是直接把披露出來的金融行業內、外部操作風險損失數據混合在一起來建模。這樣的數據處理方法雖然取得了寶貴的實際經驗和理論成果，但 Fontnouvelle（2006）等用 SAS OpRisk, Fitch OpVar 的數據做研究時，發現外部數據具有明顯的報告選擇偏差；Rachev（2003）等利用歐洲公開報導操作損失數據對穩健統計理論進行了分析，發現操作損失數據極端值嚴重，有 5% 的數據屬於局外數據，不適合大數據模型，另外這些局外數據卻占到置信區間的 99% 和 VaR 的 70%。因此，把內、外部

數據簡單地合併在一起使用這種處理方法存在一定問題。畢竟不同金融機構的產品線、業務流程、風險偏好及風控體系是各異的，不同機構的損失數據完全可能服從不同的分佈，簡單地混合在一起會改變原有數據的分佈特徵，在此基礎上所建立的數學模型無疑會降低度量結果的精確性。鑒於此，部分學者提出將外部數據混合進來時對其進行調整的思路：Shih（2000）等運用收入指標進行調整，但這種調整方法的有效性受到了一些學者的質疑；Cagan（2005）指出，受損失的業務部門通常不是該銀行的核心業務或者銀行沒有投入足夠的資源進行控制，對外部損失數據的調整需要考慮到更多因素。

在保險領域，保險公司早已廣泛採用比較成熟的信度理論來補充自身數據不足的問題。鑒於問題的相似性，本章把信度理論應用於操作風險的度量上，先採用 MCMC 方法通過構造損失事件發生次數模型來隨機模擬出損失事件的次數，在補充好缺失次數數據的情況下，再以 Bühlmann-Straub 信度模型為基礎，通過 MCMC 方法隨機模擬得到各金融機構損失金額均值的估計值、總體均值的估計值、信度因子的估計值，最后通過信度風險暴露量還原出操作風險的損失總額。也就是說，通過信度模型在金融機構自身損失數據和行業損失數據之間進行加權處理，以解決數據合併問題，達到對計算結果優化的目的，以期能為此領域的后續研究與實踐提供方法上的參考。

6.1.2　信度模型概述

保險精算學中的信度理論（Credibility Theory）出現於 20 世紀 20 年代，在非壽險精算理論和實務中具有里程碑的意義[①]。信度建模是一種費率擬訂的過程，基於信度理論來厘定保費是非壽險保費計算的重要方法之一。為確定某保險對象次年合理的保費水平，不但要考慮該保險對象的理賠數據，還要考慮該類保險對象的整體理賠數據。因此，信度理論是研究如何合理利用本保單組合近期損失數據和主觀選擇的類似險種同期損失數據來估計和預測后驗保費。

信度模型的基本思路是採取自上而下的方法，也就是說，先保證整個保單組合的收支平衡，再把保單組合的保費公平地分攤至各個保單。可令 $x(x$ 為隨機變量） 為某種非壽險的保費，則前期繳納的歷史保費可為 x_1, x_2, …, x_n。這其中既包括某保險人自己過去繳納的保費，也包括具有類似風險的其他保險人繳納的同類保費。也就是說，歷史保費數據可分為個體風險保費數據和集體風險保費數據。信度理論認為下一年的保費取決於滿足特定條件的分佈函數，

---

① 王靜龍，湯鳴，韓天雄. 非壽險精算 [M]. 北京：中國人民大學出版社，2004.

可用個體以往的歷史保費和被保險人所處環境（被相同風險影響）的集體歷史保費的加權平均值來表示，即：

信度保費 = Z × 個體風險保費 + $(1 - Z)$ × 集體風險保費

這裡面的 $Z(Z \in [0, 1])$ 是信度因子，它可以看成權重。因此，預測下一年的保費是在個體風險保費和集體風險保費之間來尋求平衡。

6.1.3 Bühlmann-Straub 模型

Bühlmann-Straub 模型是瑞士精算學家 Bühlmann（1967）在對貝葉斯估計改進的基礎上提出的迄今應用最廣泛、具有最大精度的信度模型。該模型允許在保單組合存在非同質性和在觀測數據不完全的情況下對未來的保費進行估計。由於 Bühlmann-Straub 模型的計算方法與《巴塞爾新資本協議》倡導的將內、外部數據融合起來度量操作風險損失的思路相符，且考慮到金融機構操作風險損失數據匱乏和缺失的現狀，因此完全可以將此模型引入操作風險的量化管理之中。下面對此模型進行介紹：

若一個保單組合有 k 個合同，每個合同有 n 年的歷史數據。合同 j 第 t 年的索賠量為 x_{jt}，參數為 $\lambda_j (j = 1, \cdots, k; t = 1, \cdots, n)$。若 $x_j = (x_{j1}, , x_{jn})$，每個合同均有隨機向量 (λ_j, x_j)。現有下述假設：

在 λ_j 已知的情況下 x_{jt}，$t = 1, \cdots, n$ 互不相關且有相同的一階矩和二階矩，也就是說，相同的合同在不同年度的索賠量是互不相關且一階矩和二階矩是相同的。同時，$\lambda_1, \cdots, \lambda_k$ 是獨立同分佈且 (λ_j, x_j) 相互獨立，即這 k 個合同對保險方來說無質量差別且合同之間相互獨立。

根據歷史數據 x_{jt}，$j = 1, \cdots, k; t = 1, \cdots, n$ 估計各個合同的索賠金額的均值 $\mu(\lambda_j)$。Bühlmann-Straub 模型是基於觀測數據的線性函數來比較找到最小均方誤差的估計量的，即通過優化問題的求解獲得：

$$\min_{c_j, c_s} E\left\{\left[\mu(\lambda_j) - c_j - \sum_{i=1}^{k}\sum_{t=1}^{n} c_{jit} x_{it}\right]^2\right\} \tag{6-1}$$

下面求解 c_j 和 c_{jit} 以使公式（6-1）取得最小值，即：

$$Q_{c_j, c_s} = \left[\mu(\lambda_j) - c_j - \sum_{i=1}^{k}\sum_{t=1}^{n} c_{jit} x_{it}\right]^2 \tag{6-2}$$

通過對公式（6-2）求導，得公式（6-3）：

$$c_j = E[\mu(\lambda_j)] - \sum_{i=1}^{k}\sum_{t=1}^{n} c_{jit} E(x_{it}) \tag{6-3}$$

將公式（6-3）代入公式（6-2），得：

$$Q = E\left\{\left[\mu(\lambda_j) - E[\mu(\lambda_j)] - \sum_{i=1}^{k}\sum_{t=1}^{n} c_{jit}(x_{it} - E(x_{it}))\right]^2\right\} \tag{6-4}$$

對 c_{jrw} 求導，得：

$$E\left\{[\mu(\lambda_j) - E[\mu(\lambda_j)] - \sum_{i=1}^{k}\sum_{t=1}^{n} c_{jit}(x_{it} - E(x_{it}))](x_{rw} - E(x_{rw}))\right\} = 0 \quad (6\text{-}5)$$

其中 $r = 1, \cdots, k$；$w = 1, \cdots, n$。

根據上述假設，得：

$$\text{cov}[\mu(\lambda_j), x_{it}] = a, \ t = 1, \cdots, n \quad (6\text{-}6)$$

$$\text{cov}[x_{rw}, x_{rt}] = a + \delta_{wt}s^2, \ r = 1, \cdots, w; \ t = 1, \cdots, n; \ w = 1, \cdots, n \quad (6\text{-}7)$$

$$\text{cov}[x_{rw}, x_{it}] = 0, \ \text{當 } i \neq r \quad (6\text{-}8)$$

$$\text{cov}[\mu(\lambda_j), x_{it}] = 0, \ \text{當 } i \neq j \quad (6\text{-}9)$$

這裡，a 和 s^2 是結構參數，a 反應不同保單之間索賠量的方差，s^2 反應同一保單內索賠量的方差。當 $w = t$ 時，$\delta_{wt} = 1$，反之取零。

結合公式（6-5）至公式（6-9），當 $r \neq j$ 時，得：

$$\sum_{t=1}^{n} c_{jrt}\text{cov}(x_{rt}, x_{rw}) = 0, \ r = 1, \cdots, t; \ w = 1, \cdots, n \quad (6\text{-}10)$$

$$(a + s^2)c_{jrw} + a\sum_{t \neq w} c_{jrt} = 0, \ r = 1, \cdots, t; \ w = 1, \cdots, n \quad (6\text{-}11)$$

$$(a + s^2)c_{jrw} + a\sum_{t \neq w} c_{jrt} = ac_{jrw} \quad (6\text{-}12)$$

$$c_{jrw} = -\frac{a}{s^2}\sum_{t=1}^{n} c_{jrt} \quad (6\text{-}13)$$

從公式（6-13）可以看到右邊與 w 沒有關係，因此得到：

$$c_{jr1} = \cdots = c_{jrn} = 0 \quad (6\text{-}14)$$

結合公式（6-5）至公式（6-9），當 $r = j$ 時，得：

$$a - \sum_{t=1}^{n} c_{jjt}\text{cov}(x_{jt}, x_{jw}) = 0 \quad (6\text{-}15)$$

類似於得到的公式（6-14），從公式（6-15）可得到：

$$c_{jj1} = \cdots = c_{jjn} = c_{jj} \quad (6\text{-}16)$$

將上式代入公式（6-15），結合公式（6-7），得：

$$a - (a + s^2)c_{jj} - a\sum_{t \neq w} c_{jj} = 0 \quad (6\text{-}17)$$

其中，$c_{jj} = \dfrac{a}{na + s^2}$。把公式（6-14）和公式（6-17）代入公式（6-3），得：

$$c_j = m - \frac{na}{na + s^2}m = (1 - z)m \quad (6\text{-}18)$$

6 基於 MCMC 模擬的信度模型對操作風險的度量

這裡 $z = \dfrac{n}{n + s^2/a}$，即為信度因子。m 是結構參數，是集體風險保費，即為保單組合的平均淨風險保費。則模型的最優解是：

$$\begin{aligned}
\hat{\mu}(\lambda_j) &= c_j + \sum_{i=1}^{k} \sum_{t=1}^{n} c_{jit} x_{it} \\
&= (1-z)m + \sum_{t=1}^{n} c_{jj} x_{jt} \\
&= (1-z)m + z \dfrac{1}{n} \sum_{t=1}^{n} x_{jt} \\
&= z\bar{x}_j + (1-z)m
\end{aligned} \tag{6-19}$$

公式（6-19）表示保單 j 的淨風險保費是在個體風險保費和集體風險保費之間通過信度因子加權得到。結構參數 a，s^2 和 m 的無偏估計量可以通過下面的公式得到：

$$\hat{m} = \dfrac{1}{k} \sum_{i=1}^{k} \bar{x}_j = \bar{x} \tag{6-20}$$

$$\hat{s}^2 = \dfrac{1}{k(n-1)} \sum_{i=1}^{k} \sum_{t=1}^{n} (x_{it} - \bar{x}_i)^2 \tag{6-21}$$

$$\hat{a} = \dfrac{1}{k} \sum_{i=1}^{k} (\bar{x}_i - \bar{x})^2 - \dfrac{1}{n} \hat{s}^2 \tag{6-22}$$

6.1.4 本章對 Bühlmann-Straub 模型的解讀

鑒於本章是對操作風險度量問題的研究，可對 Bühlmann-Straub 信度模型做如下假設：第 $i(i=1,\cdots,n)$ 家金融機構第 $j(j=1,\cdots,m)$ 年操作風險損失事件的平均金額為 x_{ij}，它們獨立同分佈；第 i 家金融機構第 j 年操作風險損失事件的次數為 w_{ij}。Bühlmann-Straub 信度模型把第 i 家金融機構於第 j 年的操作風險損失總額分解為行業風險水平損失額的總平均值 μ、第 i 家金融機構損失額和 μ 的隨機偏差 α_i 以及在第 j 年損失額和 μ 的偏差 ε_{ij} 這三個分量。在此風險結構下對 x_{ij} 做如下分解：

$$x_{ij} = \mu + \alpha_i + \varepsilon_{ij} \tag{6-23}$$

假定 α_i 和 ε_{ij} 相互獨立，$E(\alpha_i) = 0$，$Var(\alpha_i) = \sigma_\alpha^2$，$E(\varepsilon_{ij}) = 0$，$Var(\varepsilon_{ij}) = \sigma_\varepsilon^2 / w_{ij}$，其中 σ_α^2 是異質方差，σ_ε^2 是同質方差，w_{ij} 是數據 x_{ij} 的權，代表各個觀測數據的相對精度。則第 i 家金融機構次年信度風險暴露量的最優無偏估計量為：

$$\hat{L}_{i,j+1} = z_i \bar{x}_i + (1 - z_i) \hat{\mu} \tag{6-24}$$

其中，$z_i = \dfrac{\sum_{j=1}^{m} w_{ij}}{\sum_{j=1}^{m} w_{ij} + \hat{\sigma}_\varepsilon^2/\hat{\sigma}_\alpha^2}$（$\hat{\sigma}_\alpha^2$ 和 $\hat{\sigma}_\varepsilon^2$ 分別為 σ_α^2 和 σ_ε^2 的估計量），$\bar{x}_i = \sum_{j=1}^{m} \dfrac{w_{ij}}{\sum_{j=1}^{m} w_{ij}} \cdot x_{ij}$；$\hat{\mu}$ 為通過合理推測和判斷得到的先驗值；$z_i \in [0, 1]$ 是信度因子，表示 $\bar{x}_i$ 在 $\hat{x}_{i, j+1}$（表示第 i 家金融機構於第 $j+1$ 年的操作風險損失估計量）中的可信程度，反應出不同的風險特徵。預測操作風險損失金額的關鍵是估計出 μ、σ_α^2 和 σ_ε^2。

從模型中可以看出 $\hat{x}_{i, j+1}$ 具有良好的漸近性質，因為當 $\hat{\sigma}_\alpha^2 \to \infty$，完全可信條件成立，$z_i \to 1$，表明金融機構次年的操作風險損失金額完全可以根據本機構前期的歷史損失金額推算出。當 $\hat{\sigma}_\varepsilon^2 \to \infty$，則 $z_i \to 0$，表明金融機構次年的操作風險損失金額完全可以參考其他金融機構的歷史數據進行推斷，就是把行業內金融機構損失金額進行平均分攤。因此，可以認為 Bühlmann-Straub 是相對比較穩健的風險損失估計方法，特別當單個金融機構的損失數據較少時，信度理論所起的作用應當最為顯著。

6.1.5 基於 Gibbs 抽樣的 MCMC 模擬

正如本書第四章所描述的，Bühlmann-Straub 模型雖然在某種意義上是一種最接近真實風險保費的估計，但也存在一些困難，就是當密度函數比較複雜時直接計算高維數值的后驗分佈具有很大難度。本章仍然運用 WinBUGS 軟件通過 MCMC 模擬來解決這些問題。

MCMC 採用的是貝葉斯分析方法，首先對參數構建先驗分佈並利用實際觀測到的數據對先驗分佈進行調整，然后通過隨機模擬的方法生成隨機變量或參數，最后不斷的進行迭代運算以通過大量的迭代運算來模擬出變量的邊緣分佈以及后驗分佈的矩。簡言之，MCMC 的基本思想是假定有一個目標分佈，並對非週期、不可約的馬爾科夫鏈樣本路徑進行定義，被估計參數的值即是鏈的狀態空間，被估計參數的后驗分佈即為鏈的極限分佈，若馬爾可夫鏈在被進行充分迭代以至足夠長后，它能夠不依賴於原始的狀態而收斂於某平穩目標分佈，那麼去除之前測試期階段的狀態數據，剩餘的鏈可被視為來自目標后驗分佈的獨立樣本數據，后驗分佈的重要特徵即可推斷出。

WinBUGS 軟件採用 Gibbs 抽樣，具體算法為：令 $u = (u_1, u_2, \cdots u_n)$ 是 n 維隨機變量，隨機變量的邊緣分佈為 f。給定初始向量 $u^{(0)} = (u_1^{(0)}, \cdots, u_n^{(0)})$，

在 $f(u_1|u_2^{(0)}, \cdots, u_n^{(0)})$ 中抽取樣本 $u_1^{(1)}$；在 $f(u_2|u_1^{(1)}, u_3^{(0)}, \cdots, u_n^{(0)})$ 中抽取樣本 $u_2^{(1)}$；最終在 $f(u_n|u_1^{(1)}, u_2^{(1)}, \cdots, u_{n-1}^{(1)})$ 中抽取樣本 $u_n^{(1)}$；經過 t 次迭代可以得到 $u^{(t)}$。這樣，Gibbs 抽樣保證了 $f(x)$ 是馬爾可夫鏈的唯一分佈。當 $t \to \infty$ 邊緣分佈收斂時，可認為邊緣分佈處於平穩狀態，收斂后的迭代值可被看成樣本的仿真觀測點，以減少初始值對模擬的影響。

6.2 本章模型的構建

由於部分損失事件發生次數及金額數據的缺失，使得難以得到每家金融機構操作風險損失發生事件的總頻率，這會使得估計有偏。因此，本章先利用貝葉斯 MCMC 方法在數據不完備的情況下求出損失次數參數的后驗分佈和相關參數估計，以對損失次數逐年進行校正。再根據校正好的損失次數數據，利用以貝葉斯 MCMC 方法為基礎構建的 Bühlmann-Straub 模型，求出損失金額的后驗分佈，以得到每家金融機構下一年信度風險暴露量的最優無偏估計。

6.2.1 損失次數的模型構建

採用參數的無信息先驗分佈，假設如下：

$w_{ij} \sim possion(\lambda)$，其中 $\lambda = x_{ij}\theta_i$，$x_{ij} \sim \Gamma(a, b)$，$\theta_i \sim \Gamma(c, d)$。參數 a, b, c, d 服從的分佈分別為：$a_i \sim U(0, e)$，$b_i \sim U(0, f)$，$c \sim \Gamma(g, h)$，$d \sim \Gamma(k, l)$。根據 Bayes 理論，參數的后驗分佈為：

$$\pi(\theta_i, c, d \mid) \propto \pi(\theta_i, c, d, w_{ij})$$

$$= \prod_{i=1}^{n}\prod_{j=1}^{m}\pi(w_{ij}/x_{ij}\theta_i) \cdot \prod_{j=1}^{m}\pi(\theta_i/c,d) \cdot \pi(c) \cdot \pi(d) \quad (6-25)$$

從公式（6-25）可以看出，高維數值積分的方法很難得出參數的后驗分佈。因此，採用基於 Gibbs 抽樣的 MCMC 模擬方法將所有未知參數視為未知變量，通過邊緣分佈的迭代進行 Markov 鏈的 Monte Carlo 模擬，各參數的邊緣分佈見公式（6-26）至公式（6-28）：

$$\pi(\theta_i|c,d,w) \sim \Gamma(c + \sum_{j=1}^{m}w_{ij}, d + \sum_{j=1}^{m}x_{ij}) \quad (6-26)$$

$$\pi(c|\theta,d,w) \propto \left[\frac{d^c}{\Gamma(c)}\right]^n \left[\prod_{i=1}^{n}\theta_i\right]^c c^{g-1}\exp(-hc) \quad (6-27)$$

$$\pi(d|\theta,c,w) \propto d^{nc+k-1}\exp\left[-(\sum_{i=1}^{n}\theta_i + l)\right] \quad (6-28)$$

給定 (θ_i, c, d) 的任意初始值，經過 Gibbs 抽樣迭代后取達到穩態后的 Markov 鏈為來自后驗分佈的獨立樣本，生成分佈的均值可視為某金融機構操作風險損失次數的后驗估計值。

6.2.2 損失金額模型的構建

假設參數的無信息先驗分佈為：

$$x_{ij} \sim N(u_i, \sigma_\varepsilon^2 / w_{ij}) \tag{6-29}$$

其中 $\mu_i = \mu + \alpha_i$，$\alpha_i \sim N(0, \sigma_\alpha^2)$。

根據 Bayes 理論，參數的后驗分佈為：

$$\pi(\alpha_i, \mu, \sigma_\alpha^2, \sigma_\varepsilon^2 | x) \propto \pi(\alpha_i, \mu, \sigma_\alpha^2, \sigma_\varepsilon^2, x_{ij})$$
$$= L(x_{ij} | \alpha, \mu, \sigma_\alpha^2, \sigma_\varepsilon^2) \cdot \pi(\alpha_i) \cdot \pi(\mu) \cdot \pi(\sigma_\alpha^2) \cdot \pi(\sigma_\varepsilon^2) \tag{6-30}$$

各參數的邊緣分佈見公式（6-31）至公式（6-34）：

$$\pi(\mu | \alpha, \sigma_\alpha^2, \sigma_\varepsilon^2, x) \propto \exp\left[-\frac{1}{2\sigma_\varepsilon^2} \sum_{i=1}^{n} \sum_{j=1}^{m} (x_{ij} - \mu - \alpha_i)^2\right] \tag{6-31}$$

$$\pi(\alpha_i | \mu, \sigma_\alpha^2, \sigma_\varepsilon^2, x) \propto \exp\left(-\frac{1}{2\sigma_\alpha^2} \alpha_i^2\right) \exp\left[-\frac{1}{2\sigma_\varepsilon^2} \sum_{j=1}^{m} (x_{ij} - \mu - \alpha_i)^2\right] \tag{6-32}$$

$$\pi(\sigma_\alpha^2 | \alpha, \mu, \sigma_\varepsilon^2, x) \propto \frac{1}{\sigma_\alpha^2} \cdot \frac{1}{\sqrt{2\pi}(\sigma_\alpha^2)^{n/2}} \exp\left(-\frac{1}{2\sigma_\alpha^2} \sum_{i=1}^{n} \alpha_i^2\right) \tag{6-33}$$

$$\pi(\sigma_\varepsilon^2 | \alpha, \sigma_\alpha^2, \mu, x) \propto \frac{1}{(\sigma_\varepsilon^2)^{\sum_{i=1}^{n} m/2 + 1}} \exp\left[-\frac{1}{2\sigma_\varepsilon^2} \sum_{i=1}^{n} \sum_{j=1}^{m} (x_{ij} - \mu - \alpha_i)^2\right] \tag{6-34}$$

給定 e, f, g, h, k, l 的任意初始值，經過 Gibbs 抽樣迭代后穩態分佈的均值可視為某金融機構操作風險損失金額的后驗估計值。

6.3 實證分析

第三章中收集了 1987—2011 年監管部門公布以及國內外媒體公開報導的 279 件商業銀行操作風險損失事件。考慮到商業銀行的成立時間、影響面、損失數據量以及本章模型的特點，特從中選取我國四大國有商業銀行（中國工商銀行、中國農業銀行、中國銀行和中國建設銀行）的操作風險損失事件共 125 件，起止時間為 2000—2009 年（2000 年以前的損失數據缺失嚴重，且只

收集到中國建設銀行2010年和2011年的部分損失數據而沒有其他三大行的，因此本章適用的樣本為2000—2009年）。以通過這125個樣本來驗證本章提出的基於MCMC模擬的信度模型對操作風險度量的有效性，鑒於三類金融機構面臨的操作風險在本質上是相同的，所以適合商業銀行的度量方法也應當適用於其他金融機構。

損失金額和次數如表6-1所示。現需要根據這些歷史數據來預測出四大國有商行2010年的操作風險損失金額。

表6-1　　　四大國有商業銀行操作風險損失事件的歷史數據

單位：萬元、次數

年份	2000	2001	2002	2003	2004
工商銀行	37,719（5）	350（3）	117,000（2）	50,153（4）	3,068（4）
農業銀行	82,276（4）	50,612（5）	112（2）	15,573（4）	467,485（9）
建設銀行	58,230（4）	64,844（2）	922（4）	16,085（3）	108,877（5）
中國銀行	8,691（2）	432,795（6）	123,811（8）	325,896（6）	394,837（9）
年份	2005	2006	2007	2008	2009
工商銀行	10,000（1）	1,843（2）	—（NA）	1（1）	—（NA）
農業銀行	50,610（4）	10（1）	670（4）	69（2）	68（2）
建設銀行	1,638（2）	460（1）	47（2）	53（2）	9（2）
中國銀行	143,250（2）—	14,600（1）	80,260（2）	351（2）	90（1）

註：括號內為損失事件的次數。

從表6-1中可以看出，四大國有商業銀行10年的損失事件次數並不完整，為提高估計結果的精度，先利用MCMC方法對次數進行校正，再估計2010年的損失金額。

6.3.1　損失事件發生次數的校正

超參數 e, f, g, h, k, l 的計算結果如下：由 $\theta_i \sim \Gamma(c, d)$，可得 $E(\theta) = c/d$ 和 $D(\theta) = c/d^2$，求得 $c = 0.972$，$d = 13,472.776$。設 $h = l = 1$，則 $g = 0.972$，

$k = 13,472.776$。即 $c \sim \Gamma(0.972, 1)$，$d \sim \Gamma(13,472.776, 1)$。

同理，由 $x_{ij} \sim \Gamma(a, b)$，可得 $E(x) = a/b$ 和 $D(x) = a/b^2$，求得 $a = 0.462$，$b = 0.000,006,8$，進而得到 $e = 0.925$，$f = 0.000,013,61$。即 $a \sim U(0, 0.925)$，$b \sim U(0, 0.000,013,61)$。

WinBUGS 軟件是利用 MCMC 方法進行貝葉斯推斷的專用軟件包，用此軟件設置好模型和參數的先驗分佈。考慮到計算時間和參數收斂性，取樣次數為 10^5 次。由此，可得到四大國有商業銀行歷年缺失的損失次數和 2010 年預計發生的損失次數（見表 6-2）。如 w[1, 11] 對應的均值就是預計中國工商銀行 2010 年遭受操作風險損失的次數。

表 6-2　　10 萬次抽樣迭代的損失次數的后驗估計量

node	mean	sd	MC error	2.5%	median	97.5%	start	sample
w[1,8]	8.182	165	0.304	0.0	1.0	45.0	501	99,500
w[1,10]	12.800	1,618	2.965	0.0	1.0	45.0	501	99,500
w[1,11]	10.300	559	1.145	0.0	1.0	45.0	501	99,500
w[2,11]	10.400	753	1.377	0.0	0.0	54.0	501	99,500
w[3,11]	6.340	54	0.098	0.0	0.0	42.0	501	99,500
w[4,11]	5.688	29	0.054	0.0	1.0	35.0	501	99,500

表 6-2 中的 MC 誤差是通過比較樣本均值和后驗分佈的均值而得到的，它可以描述模擬的準確度。研究表明參數后驗分佈的估計越精確，MC 誤差應當越小，通常認為當 MC 誤差小於標準差的 1/20 時就可以認為達到了要求。表 6-2 所示的模擬結果中，MC 誤差都很小且遠遠小於標準差的 1/20，說明模型的模擬效果很好。

模型的收斂性檢驗是很重要的，下面仍用本書第四章的圖形診斷法、相關性診斷法和 Gelman-Rubin 診斷法進行多層鏈式迭代以分析其收斂性，即對模型輸入三組任意初始值進行迭代 10,000 次。圖 6-1 顯示經過大量的模擬後，各缺失次數的三組初始值迭代形成的三條鏈的運動軌跡交錯在一起，可以取遍所有的取值範圍。

當模擬結果相互獨立時，隨著迭代計算次數的增加，自相關性應逐漸減弱並趨於 0，即時滯為非零處的自相關值應接近於 0。對於任意的三組初始值，圖 6-2 中的自相關函數均趨於零，說明損失事件發生次數的自相關性已基本消除，次數的取值具備隨機性。

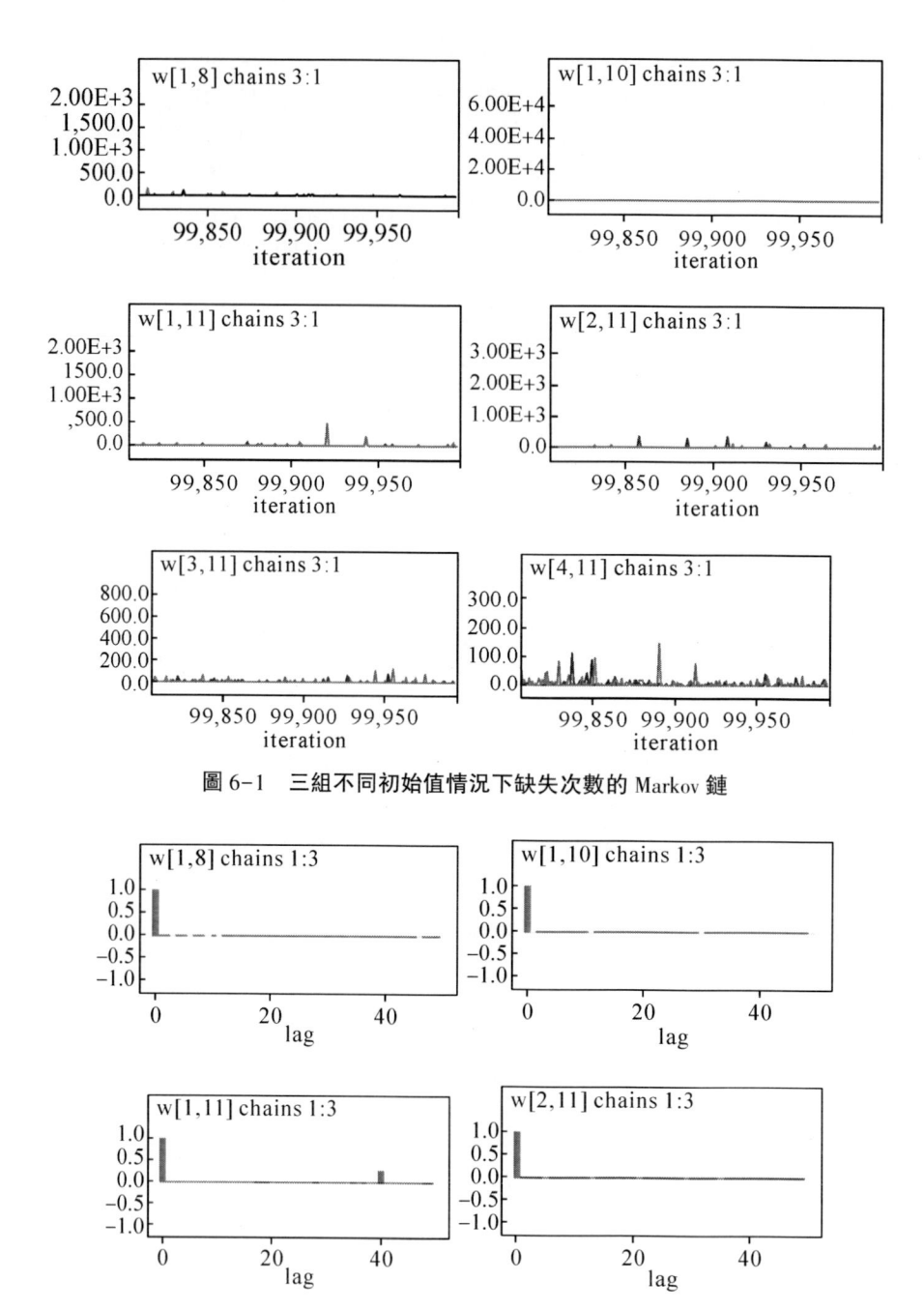

圖 6-1　三組不同初始值情況下缺失次數的 Markov 鏈

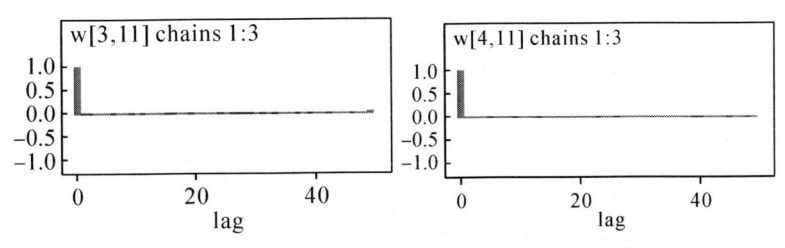

图 6-2　三组不同初始值情况下缺失次数的自相关性

对于任意赋予的三组初始值，从图 6-3 可以看出 Gelman-Rubin 检验也趋于重合。

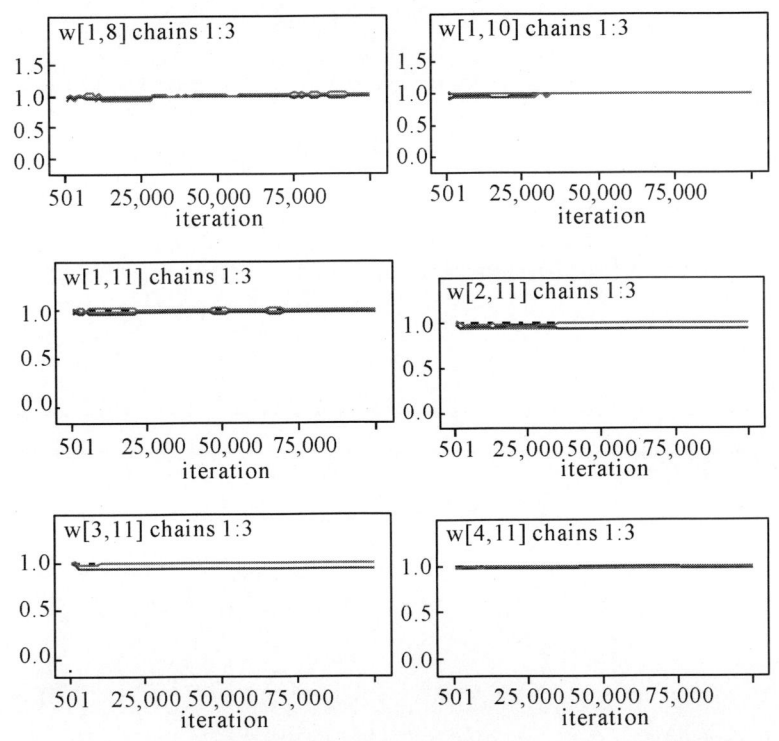

图 6-3　三组不同初始值情况下缺失次数的 Gelman-Rubin 诊断图

因此，通过以上三种收敛诊断法的检验，可以看到在充分迭代后马尔科夫链收敛于平稳的目标分布，输出效果较好，各缺失次数能够得到有效的补充，表 6-2 的输出结果可以采用。

6.3.2　次年损失金额的度量

将前面得到的缺失损失事件次数的估计值代入表 6-1，并计算得到每家银

行每年的加權平均損失金額,整理得到表 6-3。

表 6-3　　整理得到的四大國有商業銀行操作風險損失數據

單位:萬元、次數

年份	2000	2001	2002	2003	2004	2005
工商銀行	37,719 (5)	20 (3)	4,392 (2)	3,765 (4)	230 (4)	188 (1)
農業銀行	6,943 (4)	5,339 (5)	5 (2)	1,314 (4)	88,763 (9)	4,271 (4)
建設銀行	6,986 (4)	3,890 (2)	111 (4)	1,447 (3)	16,328 (5)	98 (2)
中國銀行	389 (2)	58,109 (6)	22,165 (8)	43,756 (6)	79,519 (9)	6,411 (2)
年份	2006	2007	2008	2009	2010	
工商銀行	69 (2)	— (8.182)	0.019 (1)	— (12.800)	— (10.300)	
農業銀行	0.211 (1)	57 (4)	3 (2)	3 (2)	— (10.400)	
建設銀行	14 (1)	3 (2)	3 (2)	1 (2)	— (6.340)	
中國銀行	327 (1)	3,592 (2)	16 (2)	2 (1)	— (5.688)	

採用模糊先驗分佈(vague priors)的方法,設方差非常大,同時 $E(x_{ij})$ = 8,228.779。因此,$\mu \sim N(8,228.779, 10,000)$。同時設 $\tau_\alpha = 1/\sigma_\alpha^2 \sim \Gamma(\delta, \rho)$,可得 $E(\tau_\alpha) = \delta/\rho$。設 $\delta = 1$,則 $\rho = 70,281,875$。同理設 $\tau_\varepsilon = 1/\sigma_\varepsilon^2 \sim \Gamma(\eta, \gamma)$,可得 $E(\tau_\varepsilon) = \eta/\gamma$。設 $\eta = 1$,則 $\gamma = 285,456,226$。即 $\tau_\alpha \sim \Gamma(1, 70,281,875)$,$\tau_\varepsilon \sim \Gamma(1, 285,456,226)$。

仍然迭代 10^5 次,根據公式 6-24,可以得到四大國有商業銀行 2010 年操作風險的信度風險暴露量,即表 6-4 中 $L[i]$ 的均值。

表 6-4　　10 萬次抽樣迭代的信度風險暴露量的后驗估計量

node	mean	sd	MC error	2.5%	median	97.5%	start	sample
L[1]	5,348.0	6,436.0	12.61	-8,696.0	5,880.0	17,490.0	1	100,000
L[2]	16,070.0	6,042.0	15.07	6,394.0	15,380.0	29,500.0	1	100,000
L[3]	6,628.0	5,319.0	9.651	-4,969.0	6,997.0	1.7E+4	1	100,000
L[4]	24,310.0	8,305.0	26.36	10,170.0	23,880.0	41,420.0	1	100,000

由於損失金額的方差非常大，因此表 6-4 中的標準差和 MC 誤差均較大；但 MC 誤差是遠遠小於標準差的 1/20 的，因此說明模型估計具有一定準確度。同時 97.5%的分位點可以作為估計損失金額界定出相應的上限，從而為風險度量及管理提供一定參考。

下面仍通過輸入三組初始值進行 10^5 次迭代，來對信度風險暴露量的收斂性、取值的隨機性進行判斷，見圖 6-4 至圖 6-9。

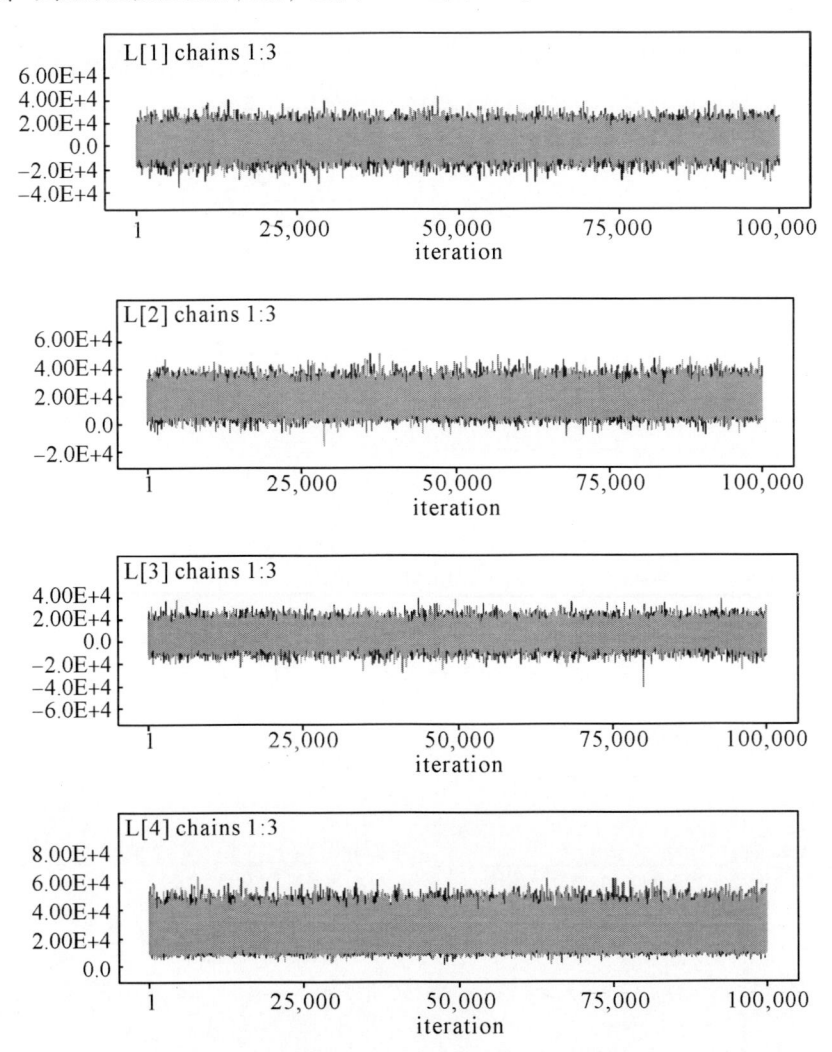

圖 6-4　各信度風險暴露量的 Markov 鏈在三組不同初始值情況下的歷史軌跡

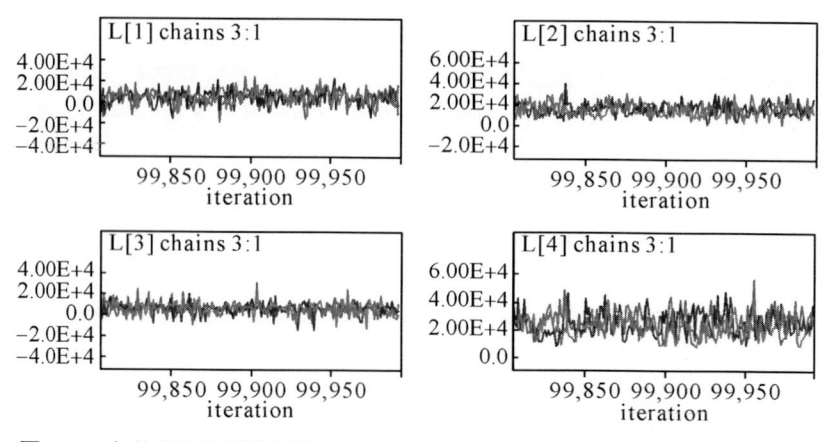

圖 6-5　各信度風險暴露量的 Markov Chain 在三組不同初始值情況下的實現值

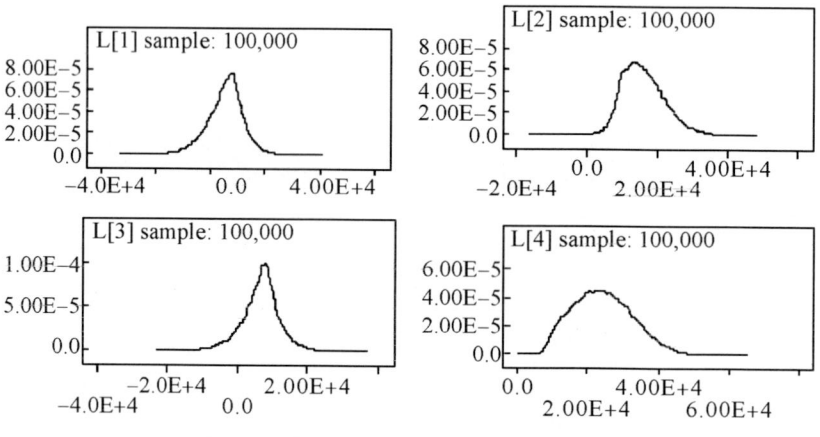

圖 6-6　各信度風險暴露量的後驗核密度

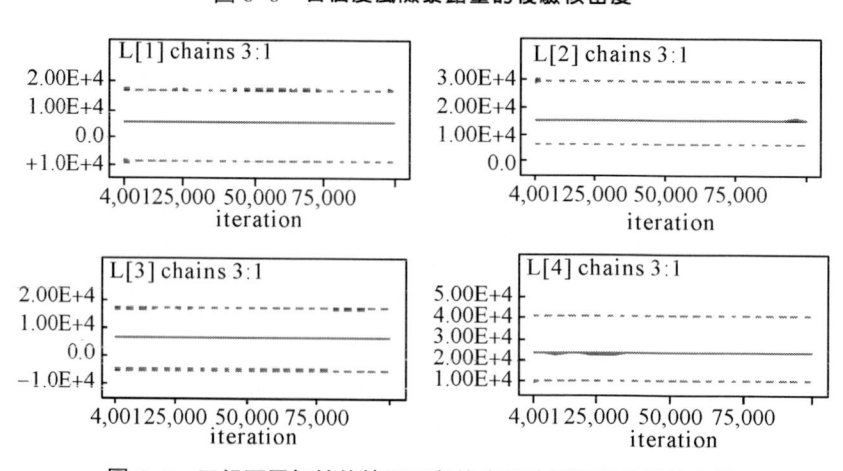

圖 6-7　三組不同初始值情況下各信度風險暴露量的置信區間

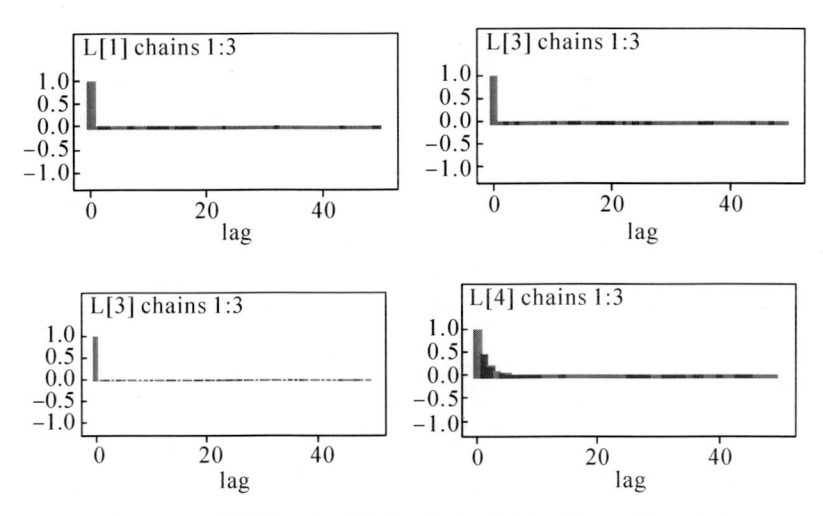

圖 6-8　三組不同初始值情況下各信度風險暴露量的自相關性

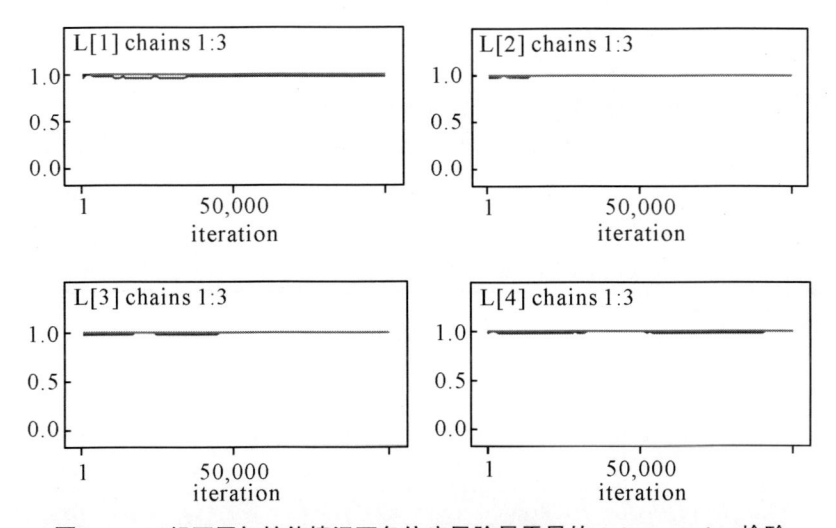

圖 6-9　三組不同初始值情況下各信度風險暴露量的 Gelman-Rubin 檢驗

從圖 6-4 到 6-9 可以看出，馬爾科夫鏈是收斂的，模擬結果是相互獨立的。因此，表 6-4 中的模擬結果可以採用。根據估計出的四大國有商業銀行 2010 年的信度風險暴露量以及對應的損失次數，可還原得出四大國有商業銀行 2010 年操作風險的損失總額估計值，中國工商銀行、中國農業銀行、中國建設銀行和中國銀行分別可能面臨損失金額為 2.7 億元、7.3 億元、3.4 億元和 19 億元的操作風險，如表 6-5 所示。

表 6-5　　　　　　信度風險暴露量的后驗估計與損失總額

	信度風險暴露量的后驗估計值（萬元）	損失次數的后驗估計值（次）	損失總額（萬元）
L[1]	5,348.0	10.3	27,665.3
L[2]	16,070.0	10.4	73,242.1
L[3]	6,628.0	6.3	34,854.5
L[4]	24,310.0	5.7	190,992.5

在估計出次年操作風險的損失總額后，下面來對比四大國有商業銀行的風險異質性。如表 6-6 所示，四大國有商業銀行的信度因子中，第 2 和第 4 家的比較接近，第 1 家和第 3 家的相差較大，說明四大國有商業銀行的數據不易混合起來使用。

α_i 值的大小代表每家商業銀行的損失金額與總體之間的偏差。從表 6-7 中可以看出，第 4 家銀行的風險異質性最強，其次是第 2 家銀行和第 1 家銀行，第 3 家銀行的異質性最弱。這與表 6-8 中顯示的各商業銀行的平均損失金額 μ_i 與總體損失金額 μ 的偏差結果是一致的。

表 6-6 至表 6-8 的分析結果說明了簡單地把行業內、外部操作風險損失數據進行平分混合是有一定問題的，Bühlmann-Straub 信度模型中和了行業均值和個體均值的影響，是比較穩健的風險損失估計方法，它在判斷各商業銀行操作風險的非同質性方面是有效的，它的使用應該可以在一定程度上提高估值的準確性。

表 6-6　　　　　　　　信度因子的后驗估計

node	mean	sd	MC error	start	sample
z[1]	0.718,5	0.161,1	8.571E-4	1	100,000
z[2]	0.691,4	0.168,1	8.907E-4	1	100,000
z[3]	0.630,6	0.180,1	9.452E-4	1	100,000
z[4]	0.701,1	0.165,7	8.794E-4	1	100,000

表 6-7　　　　　　　　alpha 的后驗估計

node	mean	sd	MC error	start	sample
alpha[1]	-3,720.0	8,216.0	27.93	1	100,000
alpha[2]	10,660.0	7,307.0	28.29	1	100,000
alpha[3]	-2,382.0	7,662.0	25.61	1	100,000
alpha[4]	21,630.0	8,448.0	41.17	1	100,000

表 6-8　　　　　　　　　　mu 和 u 的后驗估計

node	mean	sd	MC error	start	sample
mu［1］	4,509.0	8,216.0	27.93	1	100,000
mu［2］	18,890.0	7,307.0	28.29	1	100,000
mu［3］	5,847.0	7,662.0	25.61	1	100,000
mu［4］	29,850.0	8,448.0	41.17	1	100,000
u	8,229.0	0.010,11	3.002E-5	1	100,000

下面仍通過對 z_i, α_i 和 μ_i 進行多層鏈式迭代分析來判斷其收斂性，如圖 6-10 至圖 6-14 所示，能夠認為上述參數的估計值是有效的。

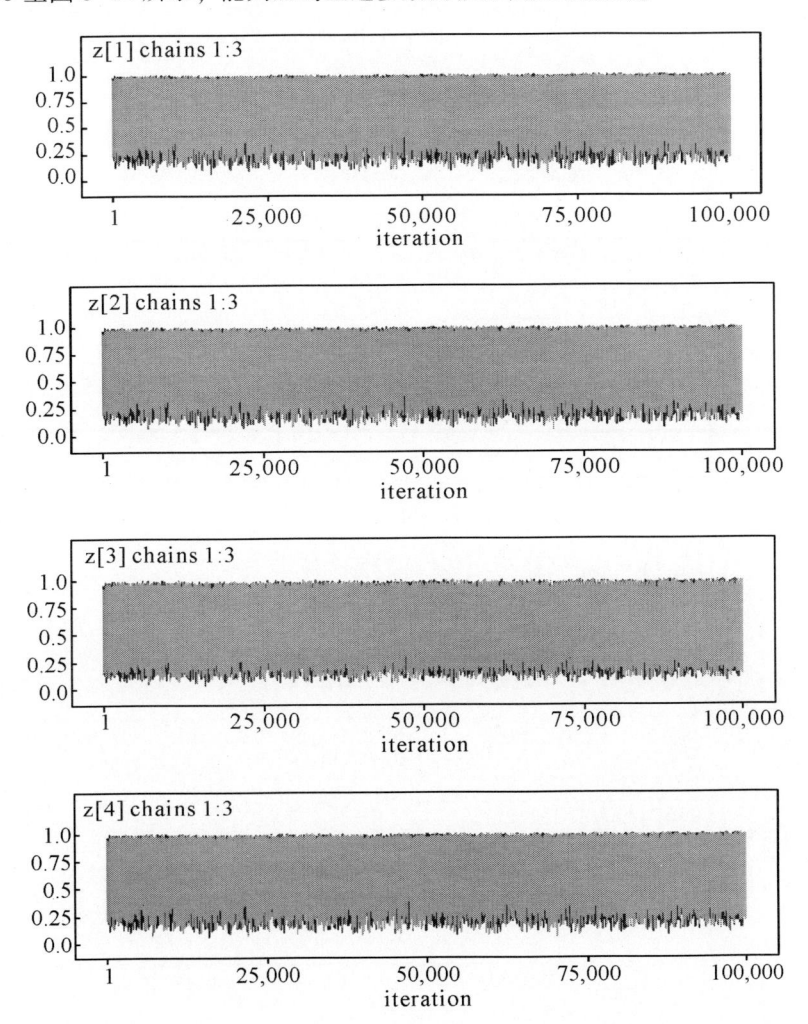

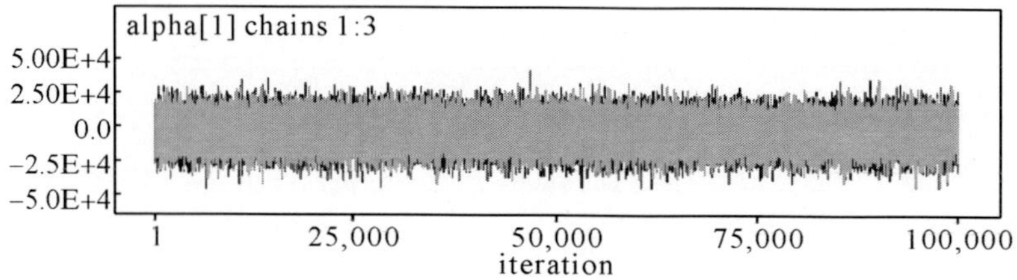
alpha[1] chains 1:3
5.00E+4
2.50E+4
0.0
−2.5E+4
−5.0E+4
1
25,000
50,000
75,000
100,000
iteration

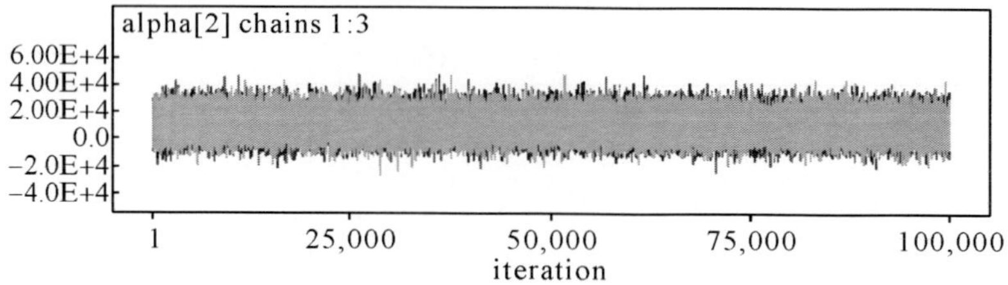
alpha[2] chains 1:3
6.00E+4
4.00E+4
2.00E+4
0.0
−2.0E+4
−4.0E+4
1
25,000
50,000
75,000
100,000
iteration

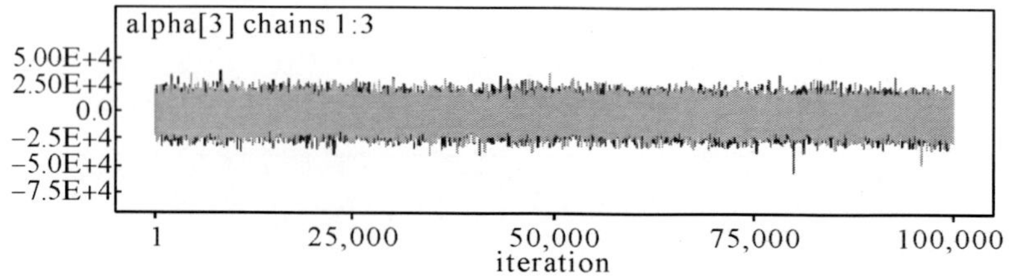
alpha[3] chains 1:3
5.00E+4
2.50E+4
0.0
−2.5E+4
−5.0E+4
−7.5E+4
1
25,000
50,000
75,000
100,000
iteration

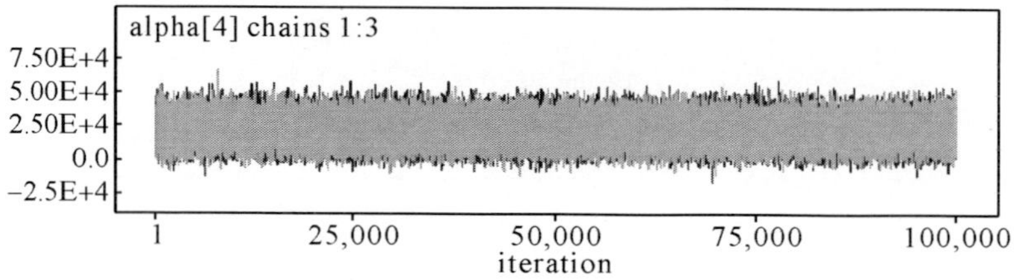
alpha[4] chains 1:3
7.50E+4
5.00E+4
2.50E+4
0.0
−2.5E+4
1
25,000
50,000
75,000
100,000
iteration

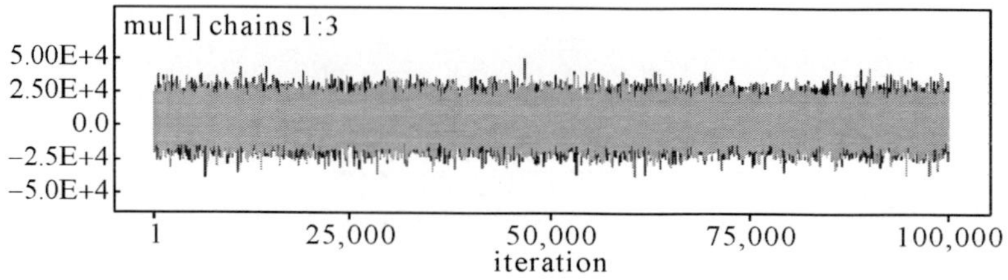
mu[1] chains 1:3
5.00E+4
2.50E+4
0.0
−2.5E+4
−5.0E+4
1
25,000
50,000
75,000
100,000
iteration

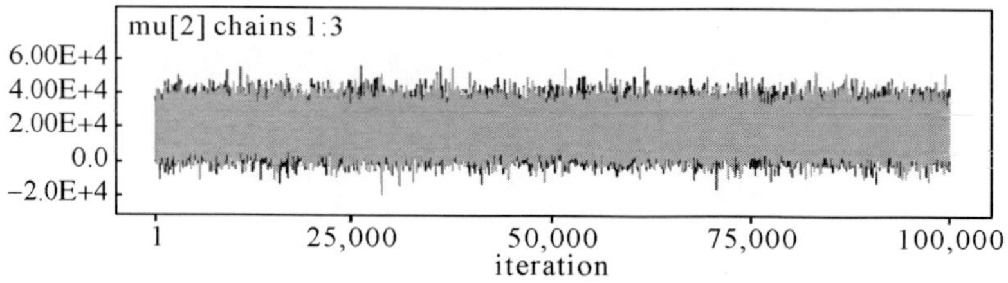
mu[2] chains 1:3
6.00E+4
4.00E+4
2.00E+4
0.0
−2.0E+4
1
25,000
50,000
75,000
100,000
iteration

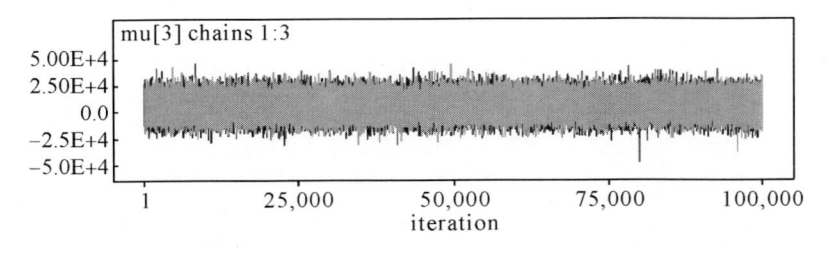

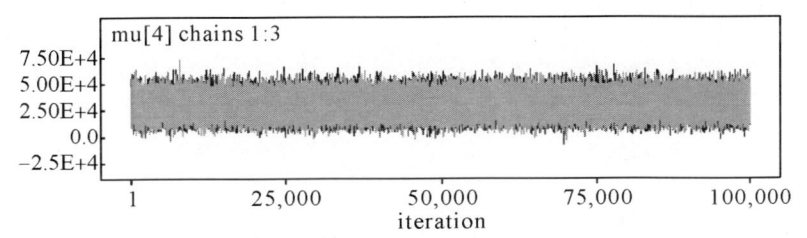

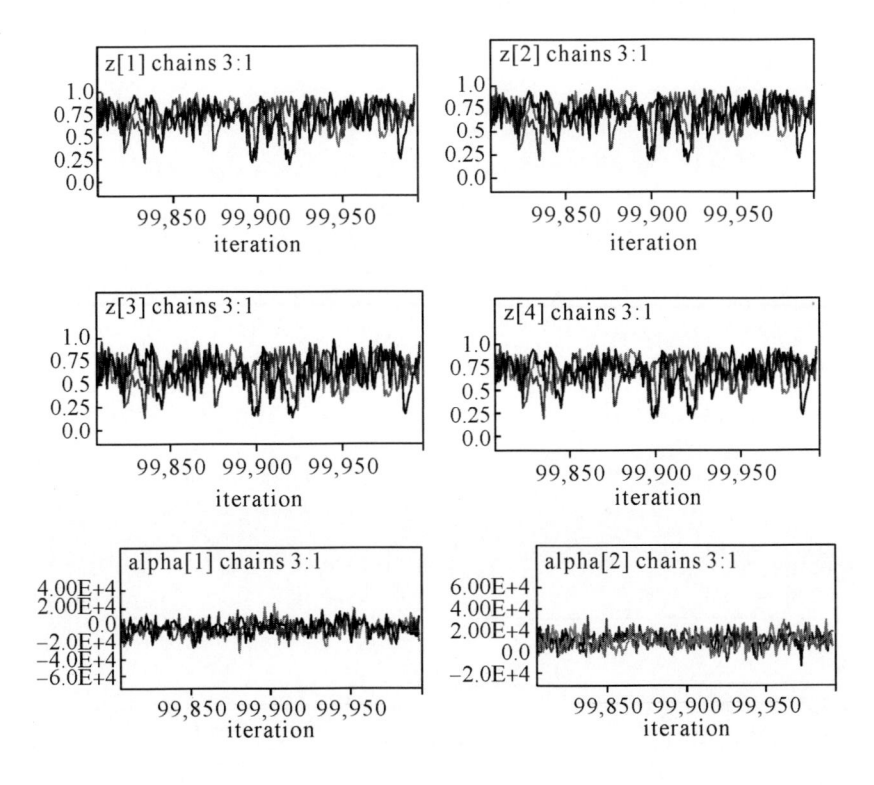

圖 6-10　三組不同初始值情況下各變量 Markov 鏈的歷史軌跡

6　基於 MCMC 模擬的信度模型對操作風險的度量　143

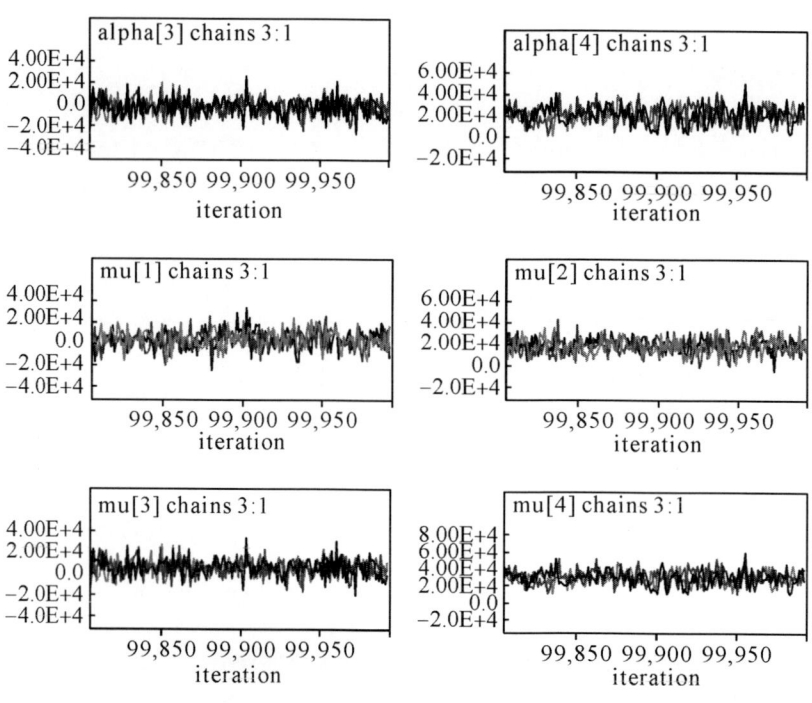

圖 6-11　三組不同初始值情況下各變量的 Markov Chain 實現值

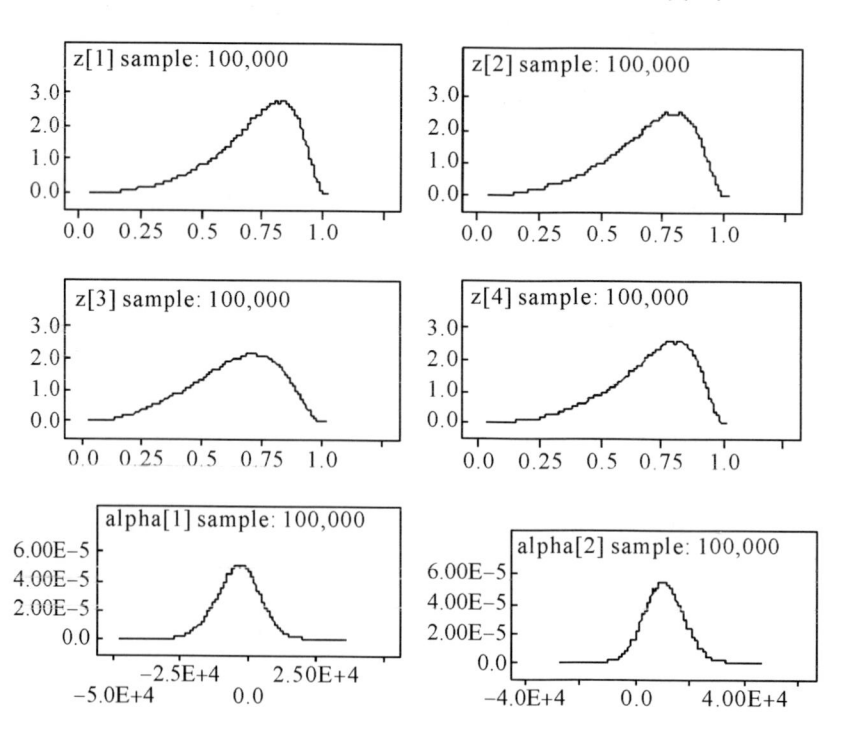

144　金融機構操作風險的度量及實證研究

圖 6-12　各變量的後驗核密度

6　基於 MCMC 模擬的信度模型對操作風險的度量

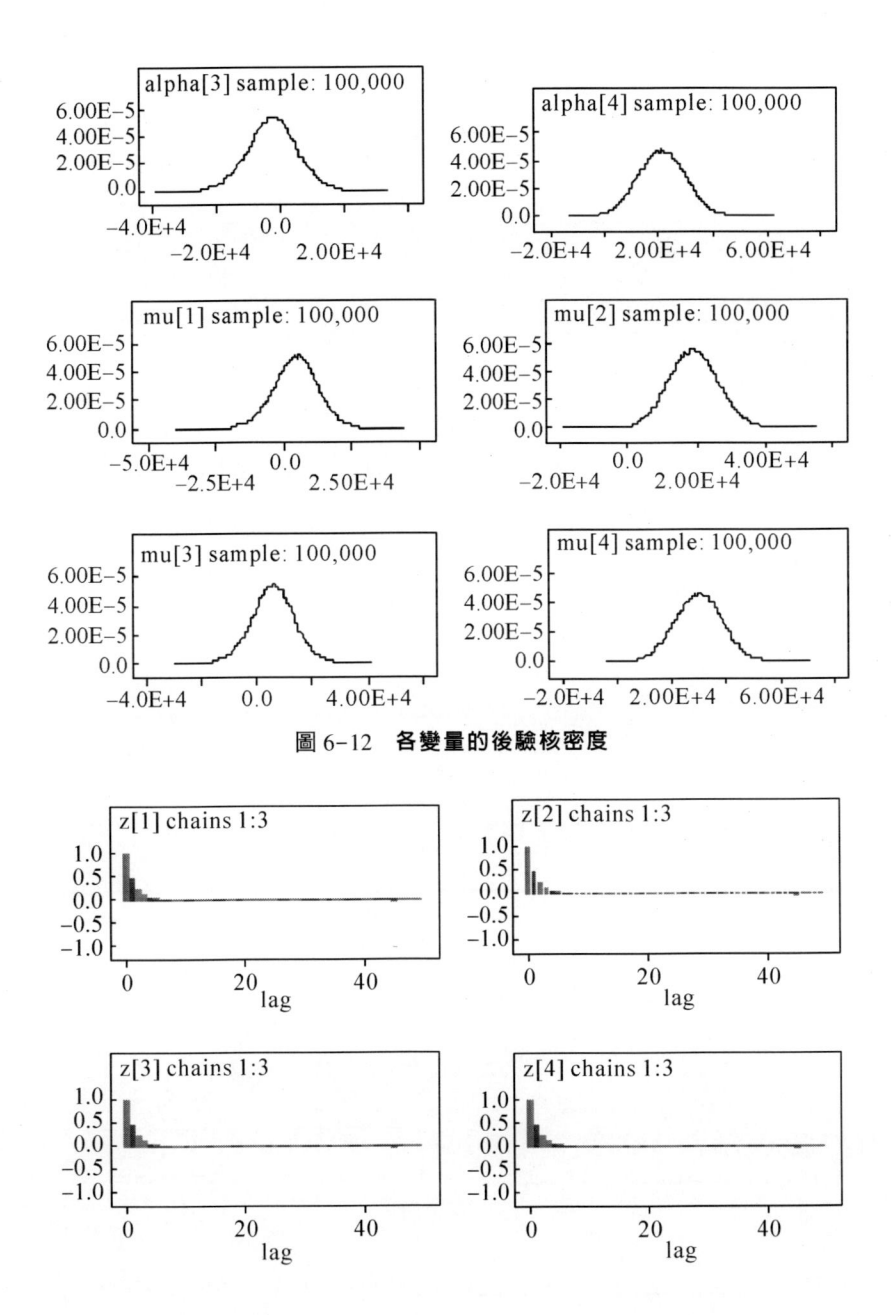

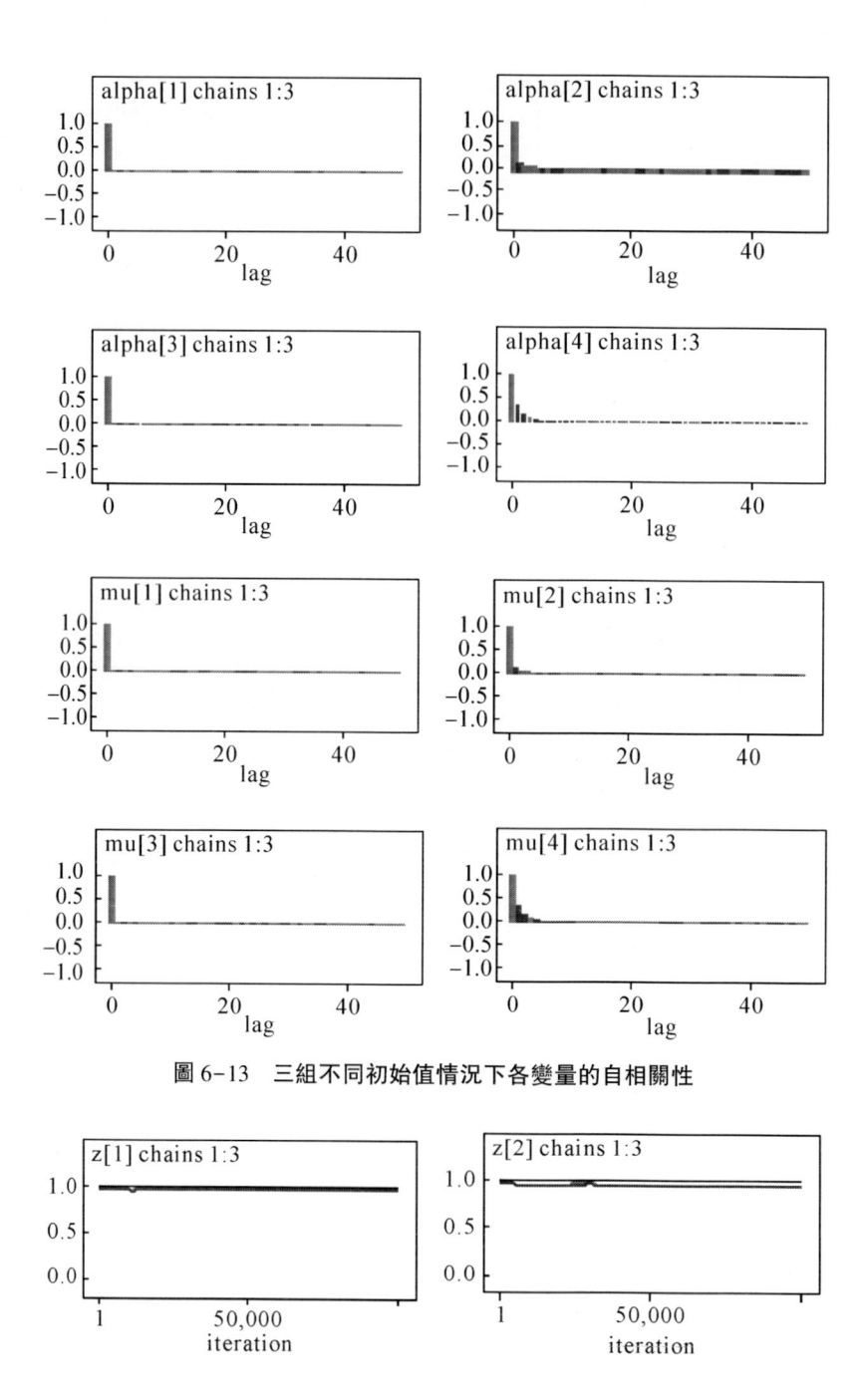

圖 6-13　三組不同初始值情況下各變量的自相關性

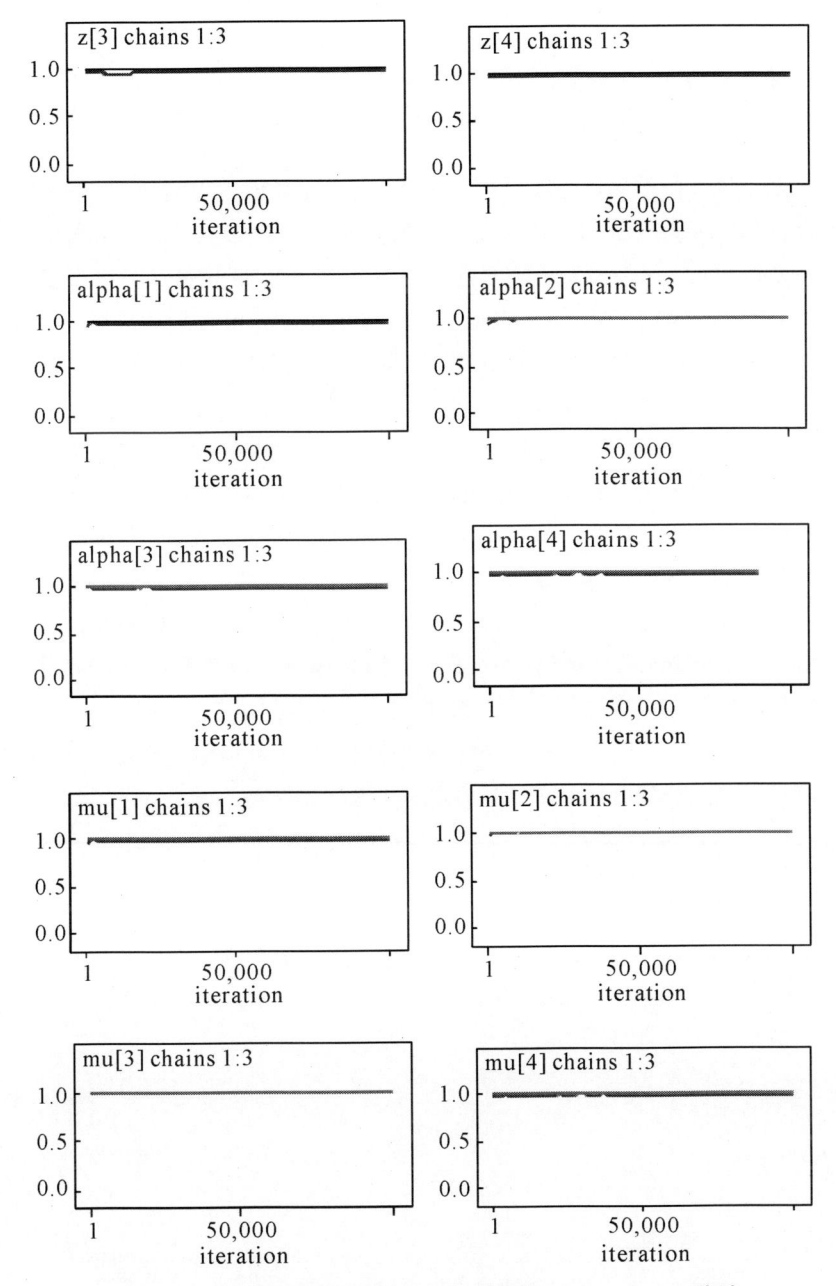

圖 6-14　三組不同初始值情況下各變量的 Gelman-Rubin 檢驗

6.4 小結

在金融機構操作風險的度量和管理中，常常由於歷史數據的不足導致建立的模型低估或者高估風險，這會使得到的結論失去意義。在缺乏數據的情況下，本章以 Bühlmann-Straub 信度模型為基礎，在數據不完備的情況下運用 WinBUGS 軟件通過 MCMC 方法先補充金融機構缺失的損失次數數據，再隨機模擬得到單個金融機構的操作風險信度風險暴露量，進而預測出其下一年的操作風險損失金額。結果表明：

（1）以 MCMC 模擬為基礎的信度模型能夠在金融機構操作風險損失歷史數據不完備的情形下，模擬出缺失歷史數據的估計值、參數的后驗分佈、相關參數的估計值，並估計出未來一年操作風險的損失總額。所以，能夠彌補在缺失數據情況下參數估計的不足。

（2）以 MCMC 模擬為基礎的信度模型能夠甄別單個金融機構操作風險損失事件與其他同類金融機構的非同質性，因此簡單地把整個行業（如商業銀行業、投資銀行業或保險業）內、外部損失數據合併在一起使用會在一定程度上影響到度量結果的有效性。同時，計算所得的信度風險暴露量以及信度因子的精度較高，這都可以為進一步識別操作風險提供新的思路。

7 研究結論、主要觀點、政策建議及未來方向

本章是本書最后一章,先對研究結論和主要觀點進行總結,再針對目前國內理論界和實務界在操作風險度量管理方面的困難給出相應的政策建議,最后提出進一步的研究方向。

7.1 研究結論

(1) 雖然我國的商業銀行是負債經營和經營負債的,具有潛在的系統性風險和宏觀經濟調控功能、我國的投資銀行主要依靠自身資金和提供仲介服務來經營、我國保險公司具有分散風險和廣泛的社會性等特點,即這三類金融機構的業務特點並不相同。但是它們都無一例外地面臨著具有內生性、覆蓋面廣、數據相對匱乏、難以採取統一的度量方法、管理難度大等特徵的操作風險。本書通過分析引發操作風險的四個風險源——組織結構、業務流程、信息系統和從業人員來說明操作風險的產生原因。

在三類金融機構的組織結構的信息傳遞方式中,各職能部門與業務部門自成體系,存在完全不瞭解其他部門業務和職能、協調力不足的現實,不利於各部門之間的交流與監督;同時,工作指令的下達與反饋會經過較多層次和較長時間,不利於各部門做出及時、正確的決策;此外,在組織結構的權責分配上,各級部門的授權有所不同,管理權力是以垂直方式傳遞從最高管理人員傳遞至下級管理人員直至最基層的執行人員,從而形成多層次的委託代理鏈條。所以,三類金融機構的組織結構雖然不完全一樣,但它們都面臨著因組織結構的設置使得在信息傳遞方式和各級委託代理關係上引發的操作風險。

三類金融機構的業務流程在金融機構的營運中有著至關重要的作用，因為內部控制是通過業務流程實現控制目的的。隨著金融產品日益複雜，金融機構業務的構成環節也愈加複雜，業務流程的鏈條隨之越來越長，若業務流程的設計過程在某一環節存在漏洞，該業務所蘊含的操作風險就會傳導給其他業務環節。同時，金融機構的員工在業務執行過程中均會有意或無意地出現不嚴格按照業務流程執行的事件。所以，三類金融機構的業務雖然繁多且有自己獨特的流程，但它們都面臨著由業務流程設計缺陷和業務流程執行不力引發的操作風險。

　　三類金融機構的信息系統是保證金融機構持續日常經營和不間斷、無錯誤的交易的基礎。由於信息系統是由大量的軟硬件設備、網路通信共同構成的，若這些方面出現故障或被蓄意破壞就會造成系統失靈或業務中斷，甚至產生惡性連鎖反應。所以，三類金融機構的業務雖然搭建的信息系統平臺各異，但它們都面臨著因軟硬件、網路通信的故障或崩潰所引發的操作風險。

　　三類金融機構的正常營運均有賴於員工的執行力，但出於選擇性記憶、框定依賴、確定性效應、錨定效應、羊群效應、心境、過度自信等心理，員工是有限理性的，即在執行或決策時不能最充分地利用信息而使得結果出現偏離。同時，金融機構存在內部員工的利己行為和公司的整體目標不一致的情況，內部員工會損害到公司與客戶之間的委託代理關係，從而產生逆向選擇。此外，目前我國金融機構的激勵約束機制存在激勵手段單一、忽略風險指標的激勵手段、目標短期化、重視行政級別和行政待遇、約束機制不到位、缺乏不定期的崗位輪換制等不合理之處，會使員工缺乏上進心和責任感而容易導致人為的操作失誤。所以，三類金融機構都面臨著因員工主觀或客觀產生差錯、執行力不足引發的操作風險。

　　分析上述引發操作風險的四個風險源可以發現，三類金融機構無一不面臨著因制度不完善、技能不熟練、操作不正確和內部詐欺等內部因素的操作風險，以及宏觀政策改變和外部詐欺等外部因素的操作風險導致的損失。再分別收集我國商業銀行、投資銀行和保險公司的操作風險歷史損失事件，通過對三類金融機構的操作風險暴露和特徵分析也可以發現，操作風險的主要成因大多為內部詐欺，也就是「人」的因素。在加強對從業人員操作風險的防範外，通過完善組織結構、業務流程和信息系統可以有效地減少操作風險損失事件的發生。因此，三類金融機構的操作風險在本質上是相同的。

　　（2）為得到更為精確的操作風險度量結果，巴塞爾委員會建議國際活躍銀行和具有較高操作風險管理水平的銀行採用高級計量法。損失分佈法在量化

操作風險資本的高級計量法中是較為重要和使用廣泛的方法，其根據損失數據的特徵來選擇最優的模型，以擬合出損失強度分佈和損失頻率分佈，然后在一定置信度的條件下，計算出總的損失概率分佈函數，進而得到操作風險所要求的資本量。由於 Pareto 分佈是具有遞減的失效率函數，負二項分佈是相對泊松分佈更為保守的頻率分佈模型，它們分別更能刻畫出風險特徵和方差與均值的偏離程度。因此，本書選擇兩參數帕累托分佈和負二項分佈分別描述操作風險損失事件的發生強度和發生頻率。

鑒於三類金融機構面臨的操作風險在本質上是相同的，且收集到的我國商業銀行的操作風險損失事件遠遠多於投資銀行和保險公司的，所以就以監管部門公布以及國內外媒體公開報導的 279 件商業銀行操作風險損失事件為例，來驗證提出的基於貝葉斯推斷的 MCMC 模擬方法度量操作風險的有效性，計算所得為 185 億元。由於過高的操作風險資本要求對於金融機構無太大意義，所以本書所用的方法能夠在充分利用先驗信息的基礎上增加模型的隨機性，應該說提供了相對更加全面的信息，所以其度量結果勢必會相對準確。

（3）巴塞爾委員雖未提及極值理論法，但這種方法在處理小概率事件和外部衝擊所引起的極端損失方面的良好特性已經得到國內外學者的公認。因為它的研究只針對分佈的尾部而非整個分佈，所以是一種在極端條件下描述尾部特徵的方法。極值理論法分為 BMM 模型和 POT 模型兩類。在實際中，由於 POT 模型有效地使用了有限的極端觀測值，因此本書用 POT 模型來度量操作風險損失。

鑒於三類金融機構面臨的操作風險在本質上是相同的，且收集到的我國商業銀行的操作風險損失事件遠遠多於投資銀行和保險公司的，所以仍以監管部門公布以及國內外媒體公開報導的 279 件商業銀行操作風險損失事件為例，來驗證提出的基於變點理論的 POT 模型閾值確定方法度量操作風險的有效性。計算得到的 385 億元可近似看成整個商業銀行對操作風險所要求的資本量。

（4）信度模型是非壽險精算理論中常用的方法，用信度建模來確定某保險對象次年合理的保費水平時，不但要考慮該保險對象的理賠數據，還要考慮該類保險對象的整體理賠數據。類似地，應用信度模型中的 Bühlmann-Straub 模型時，金融機構次年的操作風險損失金額完全可以根據本機構前期的歷史損失金額以及將行業內金融機構損失金額進行平均分攤來推算出。由於當密度函數比較複雜時直接計算高維數值的后驗分佈具有很大難度，本書仍然運用 WinBUGS 軟件通過 MCMC 模擬來解決此問題。

由於部分損失事件發生次數及金額數據的缺失，使得難以得到每家金融機

構操作風險損失發生事件的總頻率，這會使得估計有偏。因此，先利用貝葉斯MCMC方法在數據不完備的情況下求出損失次數參數的后驗分佈和相關參數估計，以對損失次數逐年進行校正；再根據校正好的損失次數數據，利用以貝葉斯MCMC方法為基礎構建的Bühlmann-Straub模型，求出損失金額的后驗分佈，以得到每家金融機構下一年信度風險暴露量的最優無偏估計。

鑒於三類金融機構面臨的操作風險在本質上是相同的，且收集到的我國商業銀行的操作風險損失事件遠遠多於投資銀行和保險公司的，所以從監管部門公布和國內外媒體公開報導的商業銀行操作風險損失事件中收集到279個數據，再從中選取我國四大國有商業銀行的操作風險損失事件共125件來驗證基於MCMC模擬的信度模型對操作風險度量的有效性。結果發現以MCMC模擬為基礎的信度模型能夠在金融機構操作風險損失歷史數據不完備的情形下，模擬估計出未來一年操作風險的損失總額。所以，能夠彌補在缺失數據情況下參數估計的不足。

（5）本書所採用的三種度量操作風險損失的方法均以商業銀行的損失數據為例進行實證分析，鑒於三類金融機構面臨的操作風險在本質上是相同的，在樣本數據相同的情況下，既適合於商業銀行的操作風險度量方法，也同樣適合於投資銀行和保險公司。

在三種方法中，損失分佈法和極值理論法為滿足數據充足性的要求，通常直接把披露出來的金融行業內、外部操作風險損失數據混合在一起來建模。為說明本書提出的修正的方法所具有顯著的效果，就把表2-1中各學者的度量結果進行加以平均。平均結果為492億元，這與本書第四章和第五章的資本要求度量結果（分別為185億元、385億元）比較接近，說明本書的度量方法具有一定效果。因為適度規模的資本要求對金融機構配置資本以有效地應對操作風險是有利的。

同時，由於操作風險損失數據的匱乏，單個金融機構非常難預測本機構下一年操作風險的發生強度、頻率以及損失總金額。第六章的方法可對此問題加以有效地解決，對為度量和規避國內金融機構由操作風險所帶來的損失提供方法上的創新與支持。

7.2　主要觀點

（1）風險度量是有效風險管理的前提和重要環節，若跳過風險度量而直

奔風險管理，是本末倒置和無益的。因此，為減少操作風險管理中由於主觀判斷造成的損失，量化風險是操作風險管理的發展方向。

（2）對三類金融機構的操作風險進行統一定義：由可控事件所導致的直接或間接的、可以用貨幣衡量的潛在經濟損失。無法用貨幣計量損失的可控事件，以及由自然災害等不可控事件導致的損失不包含在內。雖然此定義與巴塞爾委員會的定義相比範圍相對縮小，但仍涵蓋了操作風險中的核心要素，並保持了操作風險數據收集、整理和度量範圍的一致性，為實證分析提供統一、有效的數據支持。

（3）對金融機構的操作風險按成因分為內部因素和外部因素。內部因素引發的操作風險分為制度類（由於制度、產品和系統的不完善所致）、技能類（由於員工知識結構不完善或理解錯誤所致）、失控類（由於員工無惡意主觀過失所致）、詐欺類（由於員工出於私利主觀故意所致）四種。外部因素引發的操作風險分為宏觀政策類、詐欺類和其他類三種。其中，內部詐欺無論是在數量上還是在金額上所占比例均最大。

（4）在收集到的操作風險損失數據中，國有銀行（特別是四大國有商業銀行）的損失事件發生次數以及發生金額遠遠超過其他類型的銀行的，分別達到所有損失事件的68.45%和76.64%。股份制商業銀行和信用社及改制商業銀行的損失金額分別達到42億元和64億元之多。這反應出我國商業銀行業面臨著嚴峻的操作風險管理形勢。

（5）雖然用損失分佈法來度量操作風險具有較高的風險敏感性和較好的前瞻性，但在實際應用中它需要解決兩個關鍵問題：一是建立較為複雜的數學模型，擁有數據處理技術；二是具有充足、有效的歷史損失數據量。在目前學者更多地將關注目光集中於分佈選擇的情況下，歷史數據的缺失仍是損失分佈法在實際應用中所面臨的難題。所以，如何在小樣本情況下運用損失分佈法仍值得研究。

（6）POT模型雖然能夠僅針對尾部進行建模，以更真實地反應出操作風險的特徵。但它只針對超過較大閾值（臨界點）的數據建模，因此需要設定合理的高閾值。因為如果閾值取得太高，則可取的損失數據樣本點就會很少而不足以建模；而如果閾值取得太低，就會把分佈接近中部的樣本點也看成尾部分佈來處理，不能突出POT模型的優勢。目前學者在閾值的選取上一般需要在觀察圖形的基礎上借助於主觀經驗來進行模糊判斷。所以，如何在確定較高閾值和保證較充足樣本數據之間找到平衡點仍值得研究。

（7）鑒於操作風險損失數據的缺乏，目前大多數學者對將內（單個金融

機構)、外（同行業的其他金融機構）部損失數據簡單合併在一起作為整個行業來使用。但由於不同商業銀行（或不同投資銀行，或不同保險公司）的資產規模、產品線、業務流程、風險偏好及風控體系是有差別的，即便都是同一行業，單個金融機構的損失數據也是服從不同分佈的。因此，簡單地把整個行業的損失數據混合在一起會改變原有數據的分佈特徵，由此得到的度量結果的精確性會存在一定問題。所以，如何有效整合內、外部損失數據，甚至是如何在現有小樣本情況下預測出次年單個金融機構的操作風險損失量仍值得研究。

7.3 政策建議

（1）要實現對操作風險的有效管理，量化是研究發展的必由之路。相對於金融機構內部流程制度管理方面的研究，目前我國對操作風險度量技術和方法的研究是非常不完善的。因此，我國業界和學界應當更加重視對操作風險研究方向的轉變：從管理層面轉向技術層面、從定性描述轉向定量分析。

（2）準確度量金融機構操作風險資本要求的前提是擁有充足的操作風險損失數據。毋庸置疑，歷史損失數據的缺失會直接影響金融機構量化操作風險的能力以及準確性。畢竟沒有可靠的數據，研究出再先進的風險度量技術都會成為「無米之炊」。所以，當前的金融機構應當更加注重收集和整合現有系統中的歷史損失數據，以完善損失數據庫。此外，「一行三會」以及行業協會應對損失數據庫進行檢查，並要求各金融機構定期或不定期地披露經營期間所發生的操作風險，對於不按要求披露數據的機構可採取一定的警告或懲罰措施，以形成完善操作風險損失數據庫的長效機制。

（3）從本書第四章、第五章和第六章度量操作風險的結果看，在極端情況下金融機構操作風險的非預期損失大大超過其日常經營的資本量，若金融機構事先不能準備好充足的資本，承擔的極端損失超過其極限時，就存在對外部極大的依賴性。所以，有必要通過建立經濟資本體系和建立市場化的風險補償機制兩個方面，以內外兼修的方式來應對可能發生的操作風險損失。

經濟資本是開展操作風險管理的重要工具，它不僅能夠用來緩衝不可預期的損失所帶來的風險，防止金融機構由於發生災難性操作風險而破產的可能性，還可以反應金融機構的風險偏好，通過更準確地對比各條業務線的經濟收益來保證更合理、有效地分配資本。鑒於實施經濟資本管理的重要性，目前商業銀行和保險公司應盡快構建和完善以經濟資本為核心的風險管理體系。但投

資銀行目前採用的是以淨資本為核心的風險管理，由於淨資本監管和經濟資本管理在風險管理上具有相似性，可將淨資本看成經營的硬約束而將經濟資本看成經營的軟約束，構建淨資本和經濟資本雙重約束下的風險管理體系。

建立市場化的風險補償機制，可以通過設計合理的保險來轉移操作風險損失。現階段我國金融機構的操作損失事件頻發，因此我國的商業銀行、投資銀行和保險公司可以聯合開發針對操作風險損失的保險產品。這樣不僅能夠增加保險公司的險種和盈利能力，還可以將操作風險損失合理分攤於整個金融行業，從而減輕政府救助金融機構的成本，構築我國金融安全網。

（4）金融機構應當從組織結構、業務流程、信息系統和從業人員這四個方面進行查缺補漏，將操作風險發生的可能性降低至最小程度。同時，在金融機構日常的經營管理中滲透有效的風險控制文化，以從高管到基層員工，在各業務線和產品線裡對潛在的操作風險保持高度警惕，將規避操作風險納入常規管理之中。此外，金融機構操作風險的誘因主要是內、外部詐欺，這與我國相關法律法規體系不健全有很大關係。因此，在外部環境方面我國需要加強完善法律法規的建設、懲罰力度和執行力度，畢竟極大地提高違法成本會對犯罪分子起到相當的震懾作用。

7.4 未來研究方向

鑒於知識、能力、精力以及資源等方面的局限性，未來還可以從以下幾個方面開展研究：

（1）若能得到準確分類的操作風險損失數據，未來會從不同風險類型和業務條線來度量操作風險，以分別得到每一業務條線和損失類型組合下的操作風險資本要求，這樣各業務單元就能對操作風險給自己帶來的損失做到心中有數，無疑這是更有意義的。

（2）本書的度量方法一般適合於規模大、內控成熟的金融機構。對於我國廣大的中小金融機構，未來可靈活開發適於其特點的操作風險度量模型。同時，未來可考慮在一個金融機構內部，根據操作風險發生頻率和強度不同的業務並用多種難易程度不同的度量方法，對操作風險的分類監管更能優化風險暴露，更能提高風險管理效率。

（3）本書採用的三種度量方法只是前瞻性的、有益的探索，所建的隨機模擬模型裡對於參數分佈的選取帶有一定主觀性，日後可以通過大量的仿真實

驗來不斷改進分佈的選擇，以找到擬合優度最佳的分佈模型。但在實踐中，未來還可以結合操作風險管理系統的靈敏度來取捨模型，以建立動態的操作風險管理系統。

（4）當前研究得到的操作風險度量方法一般是數據驅動型（基於歷史數據），所以得到的度量結果是后向的。但風險控制是為降低未來風險發生的可能性是前向的，因此未來的研究可以考慮引入情景數據和宏觀經濟數據，這樣更能對症下藥。

參考文獻

［1］A A Balkema, L DeHann, 1974: Residual lifetime at grate age, Ann Probab, Vol. 2, pp. 792-804.

［2］Alexander Carol, 2000: Bayesian methods for measuring operational risk, Discussion Paper in Finance, ISMA Center.

［3］Alexander, C., 2003: Operational Risk. Regulation, Analysis and Management, Financial Times Prentice Hall, London.

［4］Alexander J. McNeil, 1999: Extreme Value Theory for Risk Managers, Working Paper.

［5］Anders U., 2003: Measuring of economic Capital, Operational Risk, Pearson Education Limited.

［6］Antoine Frachot, Thierry Roncalli, 2002: Mixing internal and external Data for managing operational risk, Working Paper.

［7］Frachot A, Georges P, Roncalli T, 2001: Loss Distribution app roach for operational risk, Groupe De Recherche Operationnelle, Credit Lyonnais, France.

［8］Frachot A, Roncalli T, 2002: Mixing internal and external Data for managing operational risk, Groupe De Recherche Operationnelle, Credit Lyonnais, France.

［9］A. M. Best, 2007: Draft risk management and the rating process for insurance Companies, Vol. 3, pp. 9-12.

［10］Artzner P., Delbaen F., Eber J. M., Heath D., 1999: Thinking Coherently, Risk, Vol. 11, pp. 68-71.

［11］Aue F., Kalkbrener M., 2007: LDA at work, www.gloriamundi.org/picsresources/famk_ida_v2, pdf.

［12］Basel Committee on Banking Supervision, 1999: The New Basel Capital

Accord (CP1), June, 1-55.

[13] Basel Committee on Banking Supervision, 2001: The New Basel Capital Accord (CP2), January, 1-55.

[14] Basel Committee on Banking Supervision, 2003: The New Basel Capital Accord (CP3), April, 1-55.

[15] Basel Committee on Banking Supervision, 2001: The new Basel Capital accord: an explanatory note.

[16] Basle Committee on Banking Supervision, 2003: The 2002 loss Data Collection exercise for operational risk: Summary of the Data Collected, Switzerland: //www.bis.org/bcbs/.

[17] Basle Committee on Banking Supervision, 2004: The new Basel Capital Accord, Switzerland: //www.bis.org/bcbs/.

[18] Basle Committee on Banking Supervision, 2004: Consultative Document: the New Basel Capital Accord, pp. 14-19.

[19] Baud Nicolas, A. Frachot, T. Roncalli, 2002: Internal Data, external Data and Consortium Data for operational risk measurement: How to pool Data properly, Working Paper.

[20] BIS, 2010: Consultative Document: operational risk-supervisory guidelines for the advanced measurement approaches, www.bis.org.

[21] Bollen M. H. J, Wallin L, 2008: On Operational Risk Assessment in Transmission Systems-Weather Impact and Illustrative Example, Proceedings of the 10th International Conference on Probabilistic Methods Applied to Power Systems, pp. 218-223.

[22] Brazauskas V., Serfling R., 2000: Robust and efficient estimation of the tail index of a single-parameter Pareto Distribution, NorthAmer Actuar, Vol. 4, pp. 12 - 27.

[23] Brooks C, Clare A D, Dalle Molle J W, Persand G: 2005: A Comparison of extreme value theory approaches for Determining value at risk, Empirical Finance, Vol. 3, pp. 33-35.

[24] Bühlmann H, 1967: Experience rating and probability, Astin Bulletin, Vol. 37, pp. 199-207.

[25] CAS, Overview of enterprise risk management, Enterprise Risk Management Committee, Casualty Actuarial Society, 2003.

[26] Chapelle Ariane, Yves Crame, Georges Htibner, Jean-Philippe Peters, 2005: Measuring and Managing Operational Risk in the Financial Sector: An integrated framework, Working Paper, www.ssrn.com.

[27] Chib Nardari F, Shephard N, 2002: Markov Chain Monte Carlo Methods for Stochastic Volatility Models, Journal of Econometrics, Vol. 108, pp. 24–35.

[28] Clemente Annalisa, Romano Claudio, 2003: A Copula-extreme value theory approach for modeling operational risk, Working Paper, Vol. 3, pp. 1–18.

[29] Cruz M., R. Coleman, G. Salkin, 1998: Modeling and measuring operational risk, Journal of Risk, Vol. 1, pp. 52–63.

[30] Committee of Sponsoring Organizations of the Tread-way Commission, 1992: Internal Control-integrated framework, pp. 33–36.

[31] Cruz M., 2000: Application of fuzzy logic to operational risk, Risk, Vol. 13, pp. 16–19.

[32] C Sousa, 2002: A Contribution to the estimation of the tail index of heavy-tailed Distributions, Ph. D. thesis (in The University of Michigan), www.utstat.toronto.edu/desousa.

[33] De Fontnouvel Patrick, 2003: Capital and risk new evidence on implications of large operational losses, Federal Reserve Bank of Boston, Vol. 9, pp. 16–22.

[34] De Fontnouvelle Patrick, Rosengren E., 2004: Implications of alternative operational risk modeling techniques, Working Paper, Federal Reserve Bank of Boston.

[35] De Fontnouvelle Patrick, Virginia Dejesus-Rueff, 2006: Capital and risk: new evidence on implications of large operational losses, Journal of Money, Credit and Banking, Vol. 7, pp. 1819–1846.

[36] Degen M., Embrechts P., Larnbrigger D., 2007: The quantitative modeling of operational risk: between g-and-h EVT, Preprint, ETH Zurich.

[37] Demoulin C., Embrechts P., Neslehova J., 2006: Quantitative models for operational risk: extremes, dependence and aggregation, Joumal of Banking and Finance, Vol. 10, pp. 2635–2658.

[38] Dobel B., M. Leippold, P. Vanini, 2004: From operational risk to operational excellence, http://papers.ssrm.com/so13, 2004. 7.

[39] Dodd. E. L., 1923: The greatest and least variate under general laws of error, Trans. Amer. Math. Soe, Vol. 25, pp. 525–539.

[40] Duncan Wilson, 1995: VaR in operation, Risk, Vol. 12, pp. 23-45.

[41] Dutta K., Perry J., 2006: A tale of tails: an empirical analysis of loss Distribution models for estimating operational risk Capital, working paper, Federal Reserver Bank of Boston.

[42] Dupuis D. J., 1998: Exceedances over high thresholds : a guide to threshold selection, Extremes, Vol. 3, pp. 251-261.

[43] Embrechts P., Kuppelberg C., Mikosch T., 1997: Modeling extreme Events, Springer Verlag.

[44] Embrechts P., Furrer H., Kaufmann R., 2003: Quantifying regulatory Capital for operational risk, Derivatives Use, Trading and Regulation, Vol. 8, pp. 1-17.

[45] Enrique Jose, 2002: Economic Capital for operational risk applying the loss Distribution approach, Financial Services Authority, Vol. 7, pp. 1-8.

[46] Fisher R. A., Tippett L. H. C., 1928: Limiting forms of the frequency Distributions of the largest of smallest member of a sample, Proc. Camb. Phil. Soc, Vol. 24, pp. 180-190.

[47] Harris R., 2002: Emerging practices in operational risk management, http://www.chicagofed.org/bankinforeg/bankregulation/opsrisk/june2402ny.pdf.

[48] Hans BysrÊ, 2004: Managing extreme risks in tranquil and volatile markets using Conditional extreme value theory, International Review of Financial Analysis, Vo. 13, pp. 133-152.

[49] Haubenstock M., Hardin L., 2003: Loss Distribution approach, operational risk, Pearson Education Limited.

[50] Hjort N. L., 1994: Minimum L_2 and robust Kullback – Leibler estimation, Proceedings of the 12th Prague Conference on Information Theory, Vol. 3, pp. 102-105.

[51] Howard Raiffa, Robert Schlaifer, 1961: Applied Statistical Decision Theory, Division of Research, Graduate School of Business Administration, Boston: Harvard University.

[52] Hübner J., P. Peters, S. Plunus, 2005: Measuring operational risk in financial institutions: contribution of Credit risk modeling, http://papers.ssrn.com/sol3.

[53] Geiger H., 2000: Regulating and Supervising Operational Risk for Banks [EB/OL]. [2000-10-17] http://www.isb.unizh.ch/publikationen/pdf/working-

papernr26. pdf.

[54] Jack King, 2001: Operational risk measurement and Modeling, Disaster Recovery Journal Bookstore, Rothstein Associates Inc, Wiley Chichester.

[55] Jeffry M., Netter Poulsen B., 2003: Operational risk in financial service providers and the proposed Basel Capital Accord: an overview, Advances in Financial Economics, Vol. 7, pp. 1-32.

[56] J Piekands, 1975: Statistical inference using extreme order statistics, Ann Statistist, Vol. 3, pp. 119-131.

[57] John Jordan, Eric Rosengren, Reimer Kuhn, 2003: Using loss Data to quantify operational risk, working paper of Federal Reserve Bank of Boston, pp. 26-37.

[58] Jorion Philippe, 2001: The New Benchmark for Managing Financial Risk, 2nd edition, Mc - Graw - Hill.

[59] Kuhn R., Neu P., 2003: Functional Correlation approach to operational risk in banking organizations, Physica A: Statistical Mechanics and its Applications, Vol. 332, pp. 650-666.

[60] Lambrigger D. D., Shevchenko P. V., Wuthrich M., 2007: The Quantification of operational risk using internal Data, relevant external Data and expert opinions, www.gloriamundi.org/picsresources/dlpsmw_qor.pdf.

[61] Lawrence Mark, 2003: The LDA - based Advanced Measurement for operational Risk- Current and in Progress Practice, MG Conference.

[62] Nash R. A., Three pillars of operational risk, Operational Risk, Pearson Education Limited.

[63] Martin Nei, Norman Fenton, Manesh Tailor, 2005: Using bayesian networks to model expected and unexpected operational losses, Risk Analysis, Vol. 7, pp. 963-972.

[64] Medova E., Kyriacou M. N., 2001: Extremes in operational risk management, Centre for Financial Research Judge Institute of Management University of Cambridge, Vol. 3, pp. 1-33.

[65] Medova E., 2003: A measurement risk by Extreme Values, Risk, Vol. 12, pp. 59-72.

[66] Metropolis N, Rosenbluth A W, Rosenbluth M N, 1953: Equations of State Calculations by Fast Computing Machines, Journal of Chemical Physics, Vol. 21, pp. 105-134.

[67] Mignola G., Ugoccioni R., 2005: Tests of extreme value theory applied to operational risk Data, www.gloriamundi.org.

[68] Moscadelli M., 2004: The modeling of operational risk: experience with the analysis of the Data Collected by the Basel Committee, Bank of Italy, Working Paper.

[69] Nikolas T,, Herculesv Starros A., 2002: CVaR models with selective hedging intentional assets allocation, Journal of Banking & Finance, Vol. 26, pp. 1535-1561.

[70] Pavel V. Shevchenko, 2010: Calculation of aggregate loss Distributions, The Journal of Operational Risk, Vol. 5, pp. 3-40.

[71] Peccia A., 2003: Using model to manage operational risk, Operational Risk, Pearson Education Limited.

[72] Penny Cagan, 2005: External Data: reaching for the truth, Operational Risk, Vol. 3, pp. 38-39.

[73] Peters G. and Sisson S., 2006: Bayesian inference, Monte Carlo sampling and operational Risk, www.gloriamundi.org/picsresources/gpss_bim.pdf.

[74] Pezier J., 2004: A Constructive review of Basel's proposals on operational risk, ISMA Discussion Paper in Finance 2002-20, FT- Prentice Hall.

[75] Reynolds D., David Syer, 2003: General simulation frame of operational risk loss Distribution, Pearson Education Limited.

[76] Robert Hubner, 2001: Advances in operational risk: firm-wide issues for financial institutions, Risk Water Group.

[77] Rockafeller R. T., Uryasev S., 1999: Optimization of Conditional value-at-risk, The Journal of Risk, Vol. 3, pp. 21-31.

[78] Santiago Carrillo - Menéndez, Alberto Suárez, 2010: Robust quantification of the exposure to operational risk bringing economic sense to economic Capital, Computers & Operations Research, Vol. 10, pp. 22-35.

[79] Scott D. W, 1998: Parametric modeling by minimum L_2 error, Rice University, Houston.

[80] Shevchenko P., Wuthrich M., 2006: Structural modeling of operational risk via Bayesian inference: combining loss Data with expert opinions, Journal of Operational Risk, Vol. 1, pp. 3-26.

[81] Shih J., Samad-Khan A. H., Medapa P., 2000: Is the size of an oper-

ational loss related to firm size? Operational Risk, Vol. 56, pp. 127-141.

［82］Siddhartha Chib, Nardari F, Shephard N, 2002: Markov Chain Monte Carlo Methods for Stochastic Volatility Models, Journal of Econometrics, Vol. 108, pp. 281-316.

［83］S Resnick, C starica, 1997: Smoothing the Hill estimator, Advance in Applied Probability, Vol. 29, pp. 271-293.

［84］Stelios Bekiros D, Dimitris Georgoutsos A, 2005: Estimation of value-at-risk by extreme value and Conventional methods: a Comparative evaluation of their predictive performance, International Financial Markets, Institutions and Money, Vol. 7, pp. 209-228.

［85］Svetlozar T. Rachev, Irina N. Khindanova, 2003: Regulation and risk management in the Greek financial markets, Modeling and Control of Economic Systems, Vol. 11, pp. 237-242.

［86］Terrel G, 1990: Linear Density estimates, Proceedings of the Statistical Computing Section. American Statistical Association, Vol. 1990, pp. 297-302.

［87］Yasuda Y., 2003: Application of Bayesian inference to operational risk management, Doctoral Program in Quantitative Finance and Management, www.gloriamundi.org/picsresources/yuya.pdf.

［88］薄純林, 王宗軍. 基於貝葉斯網路的商業銀行操作風險管理［J］. 金融理論與實踐, 2008（1）.

［89］白文娟. 基於內部控制的我國商業銀行操作風險管理研究［D］. 蘭州: 蘭州理工大學, 2009.

［90］陳珏宇, 謝紅麗, 沈沛龍. 商業銀行操作風險內部衡量法及其應用研究［J］. 經濟管理, 2008（10）.

［91］陳學華. POT模型在商業銀行操作風險度量中的應用［J］. 管理科學, 2003（2）.

［92］陳金賢, 吳恒煜. 運用極值理論度量我國商業銀行的操作風險［J］. 廣東培正學院學報, 2009（6）.

［93］樊欣, 楊曉光. 從媒體報導看我國商業銀行業操作風險狀況［J］. 管理評論, 2003（11）.

［94］樊欣, 楊曉光. 操作風險度量: 國內兩家股份制商業銀行的實證分析［J］. 系統工程, 2004（5）.

［95］樊欣, 楊曉光. 我國銀行業操作風險的蒙特卡羅模擬估計［J］. 系

統工程理論與實踐, 2005 (5).

[96] 高麗君, 李建平, 徐偉宣, 等. 基於HKKP估計的商業銀行操作風險估計 [J]. 系統工程, 2006 (6).

[97] 高麗君, 李建平, 徐偉宣, 等. 基於POT方法的商業銀行操作風險極端值估計 [J]. 運籌與管理, 2007 (1).

[98] 郭丹. 基於新巴塞爾資本協議看我國商業銀行操作風險管理架構 [D]. 長春: 吉林大學, 2007.

[99] 扈倩倩. 商業銀行操作風險度量方法研究 [D]. 青島: 青島大學, 2010.

[100] 嵇尚洲, 陳方正. 金融風險中的新領域——操作風險的度量與管理 [J]. 上海金融, 2003 (1).

[101] 劉張發. 商業銀行操作風險度量方法比較研究 [D]. 昆明: 雲南大學, 2010.

[102] 侶傳振. 商業銀行操作風險識別與管理 [D]. 濟南: 山東大學, 2010.

[103] 盧安文, 任玉瓏, 唐浩陽. 基於貝葉斯推斷的操作風險度量模型研究 [J]. 系統工程學報, 2009 (3).

[104] 盧安文. 我國商業銀行操作風險形成機理及度量模型研究 [D]. 重慶: 重慶大學, 2010.

[105] 盧唐來, 趙三軍. 商業銀行操作風險資本計量: 巴塞爾法的比較 [J]. 商業研究, 2006 (11).

[106] 陸靜, 唐小我. 基於貝葉斯網路的操作風險預警機制研究 [J]. 管理工程學報, 2008 (4).

[107] 陸靜. 基於貝葉斯網路的商業銀行全面風險預警系統 [J]. 系統工程理論與實踐, 2012 (2).

[108] 陸靜. 基於分塊極大值模型的商業銀行操作風險計量研究 [J]. 管理工程學報, 2012 (3).

[109] 陸靜, 郭蕾. 商業銀行操作風險計量研究——基於極值理論和信度因子模型 [J]. 山西財經大學學報, 2012 (9).

[110] 劉睿. 商業銀行操作風險度量研究 [D]. 天津: 天津大學, 2007.

[111] 劉睿, 詹原瑞, 劉家鵬. 基於貝葉斯MCMC的POT模型——低頻高損的操作風險度量 [J]. 管理科學, 2007 (6).

[112] 梁繽尹. 我國銀行操作風險管理內部模型選擇及實施 [J]. 求索,

2005（1）.

　　［113］李紅豔. 上市銀行操作風險研究［D］. 成都：西南財經大學，2007.

　　［114］李廷昆. 我國商業銀行操作風險管理研究［D］. 天津：天津財經大學，2008.

　　［115］李治宇. 商業銀行操作風險監控系統的研究及應用［D］. 北京：北京郵電大學，2009.

　　［116］李興波，聶元飛，沈巍偉. 商業銀行操作風險評估——基於極值理論［J］. 經濟研究導刊，2009（34）.

　　［117］裴偉義. 中國郵政儲蓄銀行操作風險管理研究［D］. 武漢：華中科技大學，2009.

　　［118］潘新民. 中部地區分行級商業銀行核心風險防控與管理［D］. 武漢：華中科技大學，2008.

　　［119］曲紹強，王曉芳. 保險在緩釋商業銀行操作風險中的作用探析［J］. 經濟問題，2007（3）.

　　［120］錢藝平，林祥，陳治亞. BMM 模型在商業銀行操作風險度量中的應用［J］. 統計與決策，2010（10）.

　　［121］司馬則茜，蔡晨，李建平. 基於 g-h 分佈度量銀行操作風險［J］. 系統工程理論與實踐，2011（12）.

　　［122］史長安. 我國商業銀行操作風險度量方法研究［D］. 瀋陽：東北大學，2009.

　　［123］盛軍. 中國國有商業銀行操作風險研究：制度歸因、實證分析與對策設計［D］. 上海：同濟大學，2005.

　　［124］蘇虹，張同健. 內部控制對操作風險控制的激勵性經驗分析［J］. 中國管理信息化，2008（10）.

　　［125］邵豔麗. 商業銀行全面風險管理研究［D］. 鄭州：鄭州大學，2006.

　　［126］宋加山. 基於極值理論的我國商業銀行操作風險度量［D］. 合肥：中國科學技術大學，2008.

　　［127］宋坤，陳野華. 基於變點理論的 POT 模型閾值確定方法——對操作風險經濟資本的度量［J］. 統計與信息論壇，2011（7）.

　　［128］宋坤，劉天倫. 小樣本下貝葉斯參數估計法對操作風險的度量［J］. 統計與信息論壇，2012（8）.

[129] 唐國儲, 劉京軍. 損失分佈模型在操作風險中的應用分析 [J]. 金融論壇, 2005 (9).

[130] 田宏偉, 詹原瑞, 邱軍. 極值理論 (EVT) 方法用於受險價值 (VaR) 計算的實證比較與分析 [J]. 系統工程理論與實踐, 2000 (10).

[131] 田華, 童中文. 操作風險測度的內外部數據混合方法 [J]. 系統工程, 2008 (10).

[132] 田玲, 蔡秋杰. 中國商業銀行操作風險度量模型的選擇與應用 [J]. 中國軟科學, 2003 (8).

[133] 溫樹海. 貝葉斯網路模型在商業銀行操作風險管理中的應用 [J]. 商場現代化, 2005 (30).

[134] 溫紅梅. 中國商業銀行操作風險的度量與控制研究 [D]. 哈爾濱: 哈爾濱工業大學, 2008.

[135] 王旭東. 新巴塞爾資本協議與商業銀行操作風險量化管理 [J]. 金融論壇, 2004 (2).

[136] 王光升. 商業銀行操作風險經濟資本要求實證研究 [D]. 青島: 中國海洋大學, 2006.

[137] 王曉梅. 我國商業銀行的操作風險計量與實證分析 [D]. 哈爾濱: 哈爾濱工業大學, 2009.

[138] 王政. 我國商業銀行操作風險度量及實證研究 [D]. 成都: 西南財經大學, 2009.

[139] 吳桂修, 吳先聰. 我國金融機構操作風險實證研究 [J]. 金融發展研究, 2008 (1).

[140] 吳俊, 賓建成. 中國商業銀行操作風險損失分佈甄別與分析 [J]. 財經理論與實踐, 2011 (9).

[141] 吳恒煜, 趙平. 我國商業銀行操作風險的度量——基於極值理論的研究 [J]. 山西財經大學學報, 2009 (8).

[142] 吳恒煜, 趙平, 呂江林. 運用 Student T- Copula 的極值理論度量我國商業銀行的操作風險 [J]. 運籌與管理, 2011 (1).

[143] 吳翔. 操作風險度量中的內外部數據源綜合應用 [D]. 太原: 山西財經大學, 2011.

[144] 王靜龍, 湯鳴, 韓天雄. 非壽險精算 [M]. 北京: 中國人民大學出版社, 2004.

[145] 袁德磊, 趙定濤. 基於媒體報導的國內銀行業操作風險損失分佈研

究[J]. 國際金融研究, 2007 (2).

[146] 葉五一, 繆柏其, 譚常春. 基於分位點迴歸模型變點檢測的金融傳染分析[J]. 數量經濟技術經濟研究, 2007 (10).

[147] 徐明聖. 極值理論在金融機構操作風險建模中的應用與改進[J]. 數量經濟技術經濟研究, 2007 (4).

[148] 謝盛榮. 序列極值理論導引[M]. 重慶: 重慶出版社, 2003.

[149] 肖輝. 我國商業銀行操作風險的成因與對策[J]. 金融理論與實踐, 2005 (12).

[150] 嚴穎, 成世學, 程侃. 保險精算方法 (三) 信度理論[J]. 數理統計與管理, 1996 (12).

[151] 葉永剛, 曲鍇. 商業銀行操作風險度量和管理的貝葉斯方法[J]. 生產力研究, 2008 (4).

[152] 楊善林, 張晨, 朱衛東. 基於證據理論的我國銀行操作風險度量體系研究[J]. 中國軟科學, 2008 (3).

[153] 楊旭. 多變量極值理論在銀行操作風險度量中的運用[J]. 數學的實踐與認識, 2006 (12).

[154] 楊曉虎. 商業銀行操作風險的度量與資本需求模型[J]. 統計與信息論壇, 2010 (9).

[155] 楊曄, 何焱. 我國商業銀行操作風險計量方法實證分析[J]. 國際金融研究, 2010 (12).

[156] 嚴太華, 馮祈善, 徐瑾. 商業銀行風險準備金的計量模型研究[J]. 數量經濟技術經濟研究, 2001 (4).

[157] 袁偉. 我國商業銀行操作風險管理研究[D]. 成都: 西南財經大學, 2009.

[158] 周好文, 楊旭, 聶磊. 銀行操作風險度量的實證分析[J]. 統計研究, 2006 (6).

[159] 朱園. 關於中國商業銀行操作風險管理的研究[D]. 上海: 華東師範大學, 2006.

[160] 趙蕾, 張慶洪. 操作風險整體評估方法: 基於拓撲數據模型的影響圖[J]. 系統工程理論與實踐, 2010 (9).

[161] 趙平. 我國商業銀行操作風險的影響因素及度量方法研究[D]. 南昌: 江西財經大學, 2009.

[162] 趙文慶. 商業銀行操作風險評價研究[D]. 哈爾濱: 哈爾濱工業

大學，2010.

［163］鐘偉，沈聞一. 新巴塞爾協議操作風險的損失分佈法框架［J］. 上海金融，2004（7）.

［164］張同健，張成虎. 國有商業銀行內部控制與操作風險控制研究［J］. 山西財經大學學報，2008（6）.

［165］張燕. 巴塞爾新資本協議框架下我國銀行業操作風險度量研究［D］. 長沙：湖南大學，2005.

［166］張文，張屹山. 應用極值理論度量商業銀行操作風險的實證研究［J］. 南方金融，2007（2）.

［167］張宏毅，陸靜. 用信度理論解決操作風險頻度數據不足問題［J］. 中南財經政法大學學報，2006（6）.

［168］張宏毅，陸靜. 運用損失分佈法的計量商業銀行操作風險［J］. 系統工程學報，2008（4）.

［169］張旭. 我國商業銀行操作風險量化與經濟資本分配研究［D］. 長春：吉林財經大學，2010.

［170］詹原瑞，劉睿. 中國商業銀行內部詐欺風險的實證研究［J］. 金融研究，2007（12）.

［171］鄒薇，陳雲. 總分行制度下基於Delta-EVT模型的操作風險度量研究［J］. 金融論壇，2007（6）.

附　錄

1.《商業銀行資本管理辦法(試行)》關於操作風險的要求

第一章　總則

第一條　為加強商業銀行資本監管，維護銀行體系穩健運行，保護存款人利益，根據《中華人民共和國銀行業監督管理法》《中華人民共和國商業銀行法》《中華人民共和國外資銀行管理條例》等法律法規，制定本辦法。

第二條　本辦法適用於在中華人民共和國境內設立的商業銀行。

第三條　商業銀行資本應抵禦其所面臨的風險，包括個體風險和系統性風險。

第四條　商業銀行應當符合本辦法規定的資本充足率監管要求。

第五條　本辦法所稱資本充足率，是指商業銀行持有的符合本辦法規定的資本與風險加權資產之間的比率。

一級資本充足率，是指商業銀行持有的符合本辦法規定的一級資本與風險加權資產之間的比率。

核心一級資本充足率，是指商業銀行持有的符合本辦法規定的核心一級資本與風險加權資產之間的比率。

第六條　商業銀行應當按照本辦法的規定計算並表和未並表的資本充足率。

第七條　商業銀行資本充足率計算應當建立在充分計提貸款損失準備等各項減值準備的基礎之上。

第八條　商業銀行應當按照本辦法建立全面風險管理架構和內部資本充足評估程序。

第九條　中國銀行業監督管理委員會（以下簡稱銀監會）依照本辦法對商業銀行資本充足率、資本管理狀況進行監督檢查，並採取相應的監管措施。

第十條　商業銀行應當按照本辦法披露資本充足率信息。

第二章 資本充足率計算和監管要求

第一節 資本充足率計算範圍

第十一條 商業銀行未並表資本充足率的計算範圍應包括商業銀行境內外所有分支機構。並表資本充足率的計算範圍應包括商業銀行以及符合本辦法規定的其直接或間接投資的金融機構。商業銀行及被投資金融機構共同構成銀行集團。

第十二條 商業銀行計算並表資本充足率，應當將以下境內外被投資金融機構納入並表範圍：

（一）商業銀行直接或間接擁有50%以上表決權的被投資金融機構。

（二）商業銀行擁有50%以下（含）表決權的被投資金融機構，但與被投資金融機構之間有下列情況之一的，應將其納入並表範圍：

1. 通過與其他投資者之間的協議，擁有該金融機構50%以上的表決權。
2. 根據章程或協議，有權決定該金融機構的財務和經營政策。
3. 有權任免該金融機構董事會或類似權力機構的多數成員。
4. 在被投資金融機構董事會或類似權力機構占多數表決權。

確定對被投資金融機構表決權時，應考慮直接和間接擁有的被投資金融機構的當期可轉換債券、當期可執行的認股權證等潛在表決權因素，對於當期可以實現的潛在表決權，應計入對被投資金融機構的表決權。

（三）其他證據表明商業銀行實際控制被投資金融機構的情況。

控制，是指一個公司能夠決定另一個公司的財務和經營政策，並據以從另一個公司的經營活動中獲取利益。

第十三條 商業銀行未擁有被投資金融機構多數表決權或控制權，具有下列情況之一的，應當納入並表資本充足率計算範圍：

（一）具有業務同質性的多個金融機構，雖然單個金融機構資產規模占銀行集團整體資產規模的比例較小，但該類金融機構總體風險足以對銀行集團的財務狀況及風險水平造成重大影響。

（二）被投資金融機構所產生的合規風險、聲譽風險造成的危害和損失足以對銀行集團的聲譽造成重大影響。

第十四條 符合本辦法第十二條、第十三條規定的保險公司不納入並表範圍。

商業銀行應從各級資本中對應扣除對保險公司的資本投資，若保險公司存在資本缺口的，還應當扣除相應的資本缺口。

第十五條 商業銀行擁有被投資金融機構50%以上表決權或對被投資金融機構的控制權，但被投資金融機構處於以下狀態之一的，可不列入並表範圍：

（一）已關閉或已宣布破產。

（二）因終止而進入清算程序。

（三）受所在國外匯管制及其他突發事件的影響，資金調度受到限制的境外被投資金融機構。

商業銀行對有前款規定情形的被投資金融機構資本投資的處理方法按照本辦法第十四條第二款的規定執行。

第十六條　商業銀行計算未並表資本充足率，應當從各級資本中對應扣除其對符合本辦法第十二條和第十三條規定的金融機構的所有資本投資。若這些金融機構存在資本缺口的，還應當扣除相應的資本缺口。

第十七條　商業銀行應當根據本辦法制定並表和未並表資本充足率計算內部制度。商業銀行調整並表和未並表資本充足率計算範圍的，應說明理由，並及時報銀監會備案。

第十八條　銀監會有權根據商業銀行及其附屬機構股權結構變動、業務類別及風險狀況確定和調整其並表資本充足率的計算範圍。

第二節　資本充足率計算公式

第十九條　商業銀行應當按照以下公式計算資本充足率：

$$資本充足率 = \frac{總資本 - 對應資本扣減項}{風險加權資產} \times 100\%$$

$$一級資本充足率 = \frac{一級資本 - 對應資本扣減項}{風險加權資產} \times 100\%$$

$$核心一級資本充足率 = \frac{核心一級資本 - 對應資本扣減項}{風險加權資產} \times 100\%$$

第二十條　商業銀行總資本包括核心一級資本、其他一級資本和二級資本。商業銀行應當按照本辦法第三章的規定計算各級資本和扣除項。

第二十一條　商業銀行風險加權資產包括信用風險加權資產、市場風險加權資產和操作風險加權資產。商業銀行應當按照本辦法第四章、第五章和第六章的規定分別計量信用風險加權資產、市場風險加權資產和操作風險加權資產。

第三節　資本充足率監管要求

第二十二條　商業銀行資本充足率監管要求包括最低資本要求、儲備資本和逆週期資本要求、系統重要性銀行附加資本要求以及第二支柱資本要求。

第二十三條　商業銀行各級資本充足率不得低於如下最低要求：

（一）核心一級資本充足率不得低於 5%。

（二）一級資本充足率不得低於 6%。

（三）資本充足率不得低於 8%。

第二十四條　商業銀行應當在最低資本要求的基礎上計提儲備資本。儲備資本要求為風險加權資產的 2.5%，由核心一級資本來滿足。

特定情況下，商業銀行應當在最低資本要求和儲備資本要求之上計提逆週期資本。逆週期資本要求為風險加權資產的 0-2.5%，由核心一級資本來滿足。

逆週期資本的計提與運用規則另行規定。

第二十五條　除本辦法第二十三條和第二十四條規定的最低資本要求、儲備資本和逆週期資本要求外，系統重要性銀行還應當計提附加資本。

國內系統重要性銀行附加資本要求為風險加權資產的1%，由核心一級資本滿足。國內系統重要性銀行的認定標準另行規定。

若國內銀行被認定為全球系統重要性銀行，所適用的附加資本要求不得低於巴塞爾委員會的統一規定。

第二十六條　除本辦法第二十三條、第二十四條和第二十五條規定的資本要求以外，銀監會有權在第二支柱框架下提出更審慎的資本要求，確保資本充分覆蓋風險，包括：

（一）根據風險判斷，針對部分資產組合提出的特定資本要求；

（二）根據監督檢查結果，針對單家銀行提出的特定資本要求。

第二十七條　除上述資本充足率監管要求外，商業銀行還應當滿足槓桿率監管要求。

槓桿率的計算規則和監管要求另行規定。

第六章　操作風險加權資產計量

第一節　一般規定

第九十四條　本辦法所稱的操作風險是指由不完善或有問題的內部程序、員工和信息科技系統，以及外部事件所造成損失的風險，包括法律風險，但不包括策略風險和聲譽風險。

第九十五條　商業銀行可採用基本指標法、標準法或高級計量法計量操作風險資本要求。

商業銀行採用標準法或高級計量法計量操作風險資本要求，應符合本辦法附件12的規定，並經銀監會核准。

未經銀監會核准，商業銀行不得變更操作風險資本計量方法。

第九十六條　商業銀行操作風險加權資產為操作風險資本要求的12.5倍，即：操作風險加權資產=操作風險資本要求×12.5。

第二節　基本指標法

第九十七條　商業銀行採用基本指標法，應當以總收入為基礎計量操作風險資本要求。商業銀行應當按照本辦法附件12的規定確認總收入。

總收入為淨利息收入與淨非利息收入之和。

第九十八條　商業銀行採用基本指標法，應當按照以下公式計量操作風險資本要求：

$$K_{BIA} = \frac{\sum_{i=1}^{n}(GI_i \times \alpha)}{n}$$

其中：

K_{BIA}為按基本指標法計量的操作風險資本要求。

GI 為過去三年中每年正的總收入。

n 為過去三年中總收入為正的年數。

α 為 15%。

第三節　標準法

第九十九條　商業銀行採用標準法，應當以各業務條線的總收入為基礎計量操作風險資本要求。

第一百條　商業銀行採用標準法，應當按照本辦法附件 12 的規定將全部業務劃分為公司金融、交易和銷售、零售銀行、商業銀行、支付和清算、代理服務、資產管理、零售經紀和其他業務等 9 個業務條線。

第一百零一條　商業銀行採用標準法，應當按照以下公式計量操作風險資本要求：

$$K_{TSA} = \left\{ \sum_{i=1}^{3} Max\left[\sum_{i=1}^{9}(GI_i \times \beta_i), 0 \right] \right\} / 3$$

其中：

K_{TSA}為按標準法計量的操作風險資本要求。

$Max[\sum_{i=1}^{9}(GI_i \times \beta_i), 0]$是指各年為正的操作風險資本要求。

GI_i為各業務條線總收入。

β_i為各業務條線的操作風險資本係數。

第一百零二條　各業務條線的操作風險資本係數（β）如下：

（一）零售銀行、資產管理和零售經紀業務條線的操作風險資本係數為 12%。

（二）商業銀行和代理服務業務條線的操作風險資本係數為 15%。

（三）公司金融、支付和清算、交易和銷售以及其他業務條線的操作風險資本係數為 18%。

第四節　高級計量法

第一百零三條　商業銀行採用高級計量法，可根據業務性質、規模和產品複雜程度以及風險管理水平選擇操作風險計量模型。

第一百零四條　商業銀行採用高級計量法，應當基於內部損失數據、外部損失數據、情景分析、業務經營環境和內部控制因素建立操作風險計量模型。建立模型使用的內部損失數據應充分反應本行操作風險的實際情況。

第七章　商業銀行內部資本充足評估程序

第一節　一般規定

第一百零五條　商業銀行應當建立完善的風險管理框架和穩健的內部資本充足評估程序，明確風險治理結構，審慎評估各類風險、資本充足水平和資本質量，制定資本規劃和資本充足率管理計劃，確保銀行資本能夠充分抵禦其所面臨的風險，滿足業務發展的需要。

第一百零六條　商業銀行內部資本充足評估程序應實現以下目標：

（一）確保主要風險得到識別、計量或評估、監測和報告。

（二）確保資本水平與風險偏好及風險管理水平相適應。

（三）確保資本規劃與銀行經營狀況、風險變化趨勢及長期發展戰略相匹配。

第一百零七條　商業銀行應當將壓力測試作為內部資本充足評估程序的重要組成部分，結合壓力測試結果確定內部資本充足率目標。壓力測試應覆蓋各業務條線的主要風險，並充分考慮經濟週期對資本充足率的影響。

第一百零八條　商業銀行應當將內部資本充足評估程序作為內部管理和決策的組成部分，並將內部資本充足評估結果運用於資本預算與分配、授信決策和戰略規劃。

第一百零九條　商業銀行應當制定合理的薪酬政策，確保薪酬水平、結構和發放時間安排與風險大小和風險存續期限一致，反應風險調整后的長期收益水平，防止過度承擔風險，維護財務穩健性。

第一百一十條　商業銀行應當至少每年一次實施內部資本充足評估程序，在銀行經營情況、風險狀況和外部環境發生重大變化時，應及時進行調整和更新。

第二節　治理結構

第一百一十一條　商業銀行董事會承擔本行資本管理的首要責任，履行以下職責：

（一）設定與銀行發展戰略和外部環境相適應的風險偏好和資本充足目標，審批銀行內部資本充足評估程序，確保資本充分覆蓋主要風險。

（二）審批資本管理制度，確保資本管理政策和控制措施有效。

（三）監督內部資本充足評估程序的全面性、前瞻性和有效性。

（四）審批並監督資本規劃的實施，滿足銀行持續經營和應急性資本補充需要。

（五）至少每年一次審批資本充足率管理計劃，審議資本充足率管理報告及內部資本充足評估報告，聽取對資本充足率管理和內部資本充足評估程序執行情況的審計報告。

（六）審批資本充足率信息披露政策、程序和內容，並保證披露信息的真實、準確和完整。

（七）確保商業銀行有足夠的資源，能夠獨立、有效地開展資本管理工作。

第一百一十二條　商業銀行採用資本計量高級方法的，董事會還應負責審批資本

計量高級方法的管理體系實施規劃和重大管理政策，監督高級管理層制定並實施資本計量高級方法的管理政策和流程，確保商業銀行有足夠資源支持資本計量高級方法管理體系的運行。

第一百一十三條　商業銀行高級管理層負責根據業務戰略和風險偏好組織實施資本管理工作，確保資本與業務發展、風險水平相適應，落實各項監控措施。具體履行以下職責：

（一）制定並組織執行資本管理的規章制度。

（二）制定並組織實施內部資本充足評估程序，明確相關部門的職責分工，建立健全評估框架、流程和管理制度，確保與商業銀行全面風險管理、資本計量及分配等保持一致。

（三）制定和組織實施資本規劃和資本充足率管理計劃。

（四）定期和不定期評估資本充足率，向董事會報告資本充足率水平、資本充足率管理情況和內部資本充足評估結果。

（五）組織開展壓力測試，參與壓力測試目標、方案及重要假設的確定，推動壓力測試結果在風險評估和資本規劃中的運用，確保資本應急補充機制的有效性。

（六）組織內部資本充足評估信息管理系統的開發和維護工作，確保信息管理系統及時、準確地提供評估所需信息。

第一百一十四條　商業銀行採用資本計量高級方法的，高級管理層還應定期評估方法和工具的合理性和有效性，定期聽取資本計量高級方法驗證工作的匯報，履行資本計量高級方法體系的建設、驗證和持續優化等職責。

第一百一十五條　商業銀行監事會應當對董事會及高級管理層在資本管理和資本計量高級方法管理中的履職情況進行監督評價，並至少每年一次向股東大會報告董事會及高級管理層的履職情況。

第一百一十六條　商業銀行應當指定相關部門履行以下資本管理職責：

（一）制訂資本總量、結構和質量管理計劃，編製並實施資本規劃和資本充足率管理計劃，向高級管理層報告資本規劃和資本充足率管理計劃執行情況。

（二）持續監控並定期測算資本充足率水平，開展資本充足率壓力測試。

（三）組織建立內部資本計量、配置和風險調整資本收益的評價管理體系。

（四）組織實施內部資本充足評估程序。

（五）建立資本應急補充機制，參與或組織籌集資本。

（六）編製或參與編製資本充足率信息披露文件。

第一百一十七條　商業銀行採用資本計量高級方法的，相關部門還應履行以下職責：

（一）設計、實施、監控和維護資本計量高級方法。

（二）健全資本計量高級方法管理機制。

（三）向高級管理層報告資本計量高級方法的計量結果。

（四）組織開展各類風險壓力測試。

第一百一十八條　商業銀行採用資本計量高級方法的，應當建立驗證部門（團隊），負責資本計量高級方法的驗證工作。驗證部門（團隊）應獨立於資本計量高級方法的開發和運行部門（團隊）。

第一百一十九條　商業銀行應當明確內部審計部門在資本管理中的職責。內部審計部門應當履行以下職責：

（一）評估資本管理的治理結構和相關部門履職情況，以及相關人員的專業技能和資源充分性。

（二）至少每年一次檢查內部資本充足評估程序相關政策和執行情況。

（三）至少每年一次評估資本規劃的執行情況。

（四）至少每年一次評估資本充足率管理計劃的執行情況。

（五）檢查資本管理的信息系統和數據管理的合規性和有效性。

（六）向董事會提交資本充足率管理審計報告、內部資本充足評估程序執行情況審計報告、資本計量高級方法管理審計報告。

第一百二十條　商業銀行採用資本計量高級方法的，內部審計部門還應評估資本計量高級方法的適用性和有效性，檢查計量結果的可靠性和準確性，檢查資本計量高級方法的驗證政策和程序，評估驗證工作的獨立性和有效性。

第三節　風險評估

第一百二十一條　商業銀行應當按照銀監會相關要求和本辦法附件13的規定，設立主要風險的識別和評估標準，確保主要風險得到及時識別、審慎評估和有效監控。

主要風險包括可能導致重大損失的單一風險，以及單一風險程度不高、但與其他風險相互作用可能導致重大損失的風險。風險評估應至少覆蓋以下各類風險：

（一）本辦法第四章、第五章和第六章中涉及且已覆蓋的風險，包括信用風險、市場風險和操作風險。

（二）本辦法第四章、第五章和第六章中涉及但沒有完全覆蓋的風險，包括集中度風險、剩餘操作風險等。

（三）本辦法第四章、第五章和第六章中未涉及的風險，包括銀行帳戶利率風險、流動性風險、聲譽風險、戰略風險和對商業銀行有實質性影響的其他風險。

（四）外部經營環境變化引發的風險。

第一百二十二條　商業銀行應當有效評估和管理各類主要風險。

（一）對能夠量化的風險，商業銀行應當開發和完善風險計量技術，確保風險計量的一致性、客觀性和準確性，在此基礎上加強對相關風險的緩釋、控制和管理。

（二）對難以量化的風險，商業銀行應當建立風險識別、評估、控制和報告機制，確保相關風險得到有效管理。

第一百二十三條　商業銀行應當建立風險加總的政策和程序，確保在不同層次上及時識別風險。商業銀行可以採用多種風險加總方法，但應至少採取簡單加總法，並判斷風險加總結果的合理性和審慎性。

第一百二十四條　商業銀行進行風險加總，應當充分考慮集中度風險及風險之間的相互傳染。若考慮風險分散化效應，應基於長期實證數據，且數據觀察至少覆蓋一個完整的經濟週期。否則，商業銀行應對風險加總方法和假設進行審慎調整。

第四節　資本規劃

第一百二十五條　商業銀行制定資本規劃，應當綜合考慮風險評估結果、未來資本需求、資本監管要求和資本可獲得性，確保資本水平持續滿足監管要求。資本規劃應至少設定內部資本充足率三年目標。

第一百二十六條　商業銀行制定資本規劃，應當確保目標資本水平與業務發展戰略、風險偏好、風險管理水平和外部經營環境相適應，兼顧短期和長期資本需求，並考慮各種資本補充來源的長期可持續性。

第一百二十七條　商業銀行制定資本規劃，應當審慎估計資產質量、利潤增長及資本市場的波動性，充分考慮對銀行資本水平可能產生重大負面影響的因素，包括或有風險暴露、嚴重且長期的市場衰退，以及突破風險承受能力的其他事件。

第一百二十八條　商業銀行應當優先考慮補充核心一級資本，增強內部資本累積能力，完善資本結構，提高資本質量。

第一百二十九條　商業銀行應當通過嚴格和前瞻性的壓力測試，測算不同壓力條件下的資本需求和資本可獲得性，並制訂資本應急預案以滿足計劃外的資本需求，確保銀行具備充足資本應對不利的市場條件變化。

對於重度壓力測試結果，商業銀行應當在應急預案中明確相應的資本補充政策安排和應對措施，並充分考慮融資市場流動性變化，合理設計資本補充渠道。商業銀行的資本應急預案應包括緊急籌資成本分析和可行性分析、限制資本占用程度高的業務發展、採用風險緩釋措施等。

商業銀行高級管理層應當充分理解壓力條件下商業銀行所面臨的風險及風險間的相互作用、資本工具吸收損失和支持業務持續營運的能力，並判斷資本管理目標、資本補充政策安排和應對措施的合理性。

第五節　監測和報告

第一百三十條　商業銀行應當建立內部資本充足評估程序的報告體系，定期監測和報告銀行資本水平和主要影響因素的變化趨勢。報告應至少包括以下內容：

（一）評估主要風險狀況及發展趨勢、戰略目標和外部環境對資本水平的影響。

（二）評估實際持有的資本是否足以抵禦主要風險。

（三）提出確保資本能夠充分覆蓋主要風險的建議。

根據重要性和報告用途不同，商業銀行應當明確各類報告的發送範圍、報告內容

及詳略程度，確保報告信息與報送頻率滿足銀行資本管理的需要。

第一百三十一條　商業銀行應當建立用於風險和資本的計量和管理的信息管理系統。商業銀行的信息管理系統應具備以下功能：

（一）清晰、及時地向董事會和高級管理層提供總體風險信息。

（二）準確、及時地加總各業務條線的風險暴露和風險計量結果。

（三）動態支持集中度風險和潛在風險的識別。

（四）識別、計量並管理各類風險緩釋工具以及因風險緩釋帶來的風險。

（五）為多角度評估風險計量的不確定性提供支持，分析潛在風險假設條件變化帶來的影響。

（六）支持前瞻性的情景分析，評估市場變化和壓力情形對銀行資本的影響。

（七）監測、報告風險限額的執行情況。

第一百三十二條　商業銀行應當系統性地收集、整理、跟蹤和分析各類風險相關數據，建立數據倉庫、風險數據集市和數據管理系統，以獲取、清洗、轉換和存儲數據，並建立數據質量控制政策和程序，確保數據的完整性、全面性、準確性和一致性，滿足資本計量和內部資本充足評估等工作的需要。

第一百三十三條　商業銀行的數據管理系統應當達到資本充足率非現場監管報表和資本充足率信息披露的有關要求。

第一百三十四條　商業銀行應當建立完整的文檔管理平臺，為內部審計部門及銀監會對資本管理的評估提供支持。文檔應至少包括：

（一）董事會、高級管理層和相關部門的職責、獨立性以及履職情況。

（二）關於資本管理、風險管理等政策流程的制度文件。

（三）資本規劃、資本充足率管理計劃、內部資本充足評估報告、風險計量模型驗證報告、壓力測試報告、審計報告以及上述報告的相關重要文檔。

（四）關於資本管理的會議紀要和重要決策意見。

第八章　監督檢查

第一節　監督檢查內容

第一百三十五條　資本充足率監督檢查是銀監會審慎風險監管體系的重要組成部分。

第一百三十六條　銀監會根據宏觀經濟運行、產業政策和信貸風險變化，識別銀行業重大系統性風險，對相關資產組合提出特定資本要求。

第一百三十七條　銀監會對商業銀行實施資本充足率監督檢查，確保資本能夠充分覆蓋所面臨的各類風險。資本充足率監督檢查包括但不限於以下內容：

（一）評估商業銀行全面風險管理框架。

（二）審查商業銀行對合格資本工具的認定，以及各類風險加權資產的計量方法和

結果，評估資本充足率計量結果的合理性和準確性。

（三）檢查商業銀行內部資本充足評估程序，評估公司治理、資本規劃、內部控制和審計等。

（四）對商業銀行的信用風險、市場風險、操作風險、銀行帳戶利率風險、流動性風險、聲譽風險以及戰略風險等各類風險進行評估，並對壓力測試工作開展情況進行檢查。

第一百三十八條 商業銀行採用資本計量高級方法，應按本辦法附件 14 的規定向銀監會提出申請。

第一百三十九條 銀監會依照本辦法附件 14 的規定對商業銀行進行評估，根據評估結果決定是否核准商業銀行採用資本計量高級方法；並對商業銀行資本計量高級方法的使用情況和驗證工作進行持續監督檢查。

第一百四十條 商業銀行不能持續達到本辦法規定的資本計量高級方法的運用要求，銀監會有權要求其限期整改。商業銀行在規定期限內未達標，銀監會有權取消其採用資本計量高級方法的資格。

第二節 監督檢查程序

第一百四十一條 銀監會建立資本監管工作機制，履行以下職責：

（一）評估銀行業面臨的重大系統性風險，提出針對特定資產組合的第二支柱資本要求的建議。

（二）制定商業銀行資本充足率監督檢查總體規劃，協調和督促對商業銀行資本充足率監督檢查的實施。

（三）審議並決定對商業銀行的監管資本要求。

（四）受理商業銀行就資本充足率監督檢查結果提出的申辯，確保監督檢查過程以及評價結果的公正和準確。

第一百四十二條 銀監會通過非現場監管和現場檢查的方式對商業銀行資本充足率進行監督檢查。

除對資本充足率的常規監督檢查外，銀監會可根據商業銀行內部情況或外部市場環境的變化實施資本充足率的臨時監督檢查。

第一百四十三條 商業銀行應當在年度結束後的四個月內向銀監會提交內部資本充足評估報告。

第一百四十四條 銀監會實施資本充足率監督檢查應遵循以下程序：

（一）審查商業銀行內部資本充足評估報告，制訂資本充足率檢查計劃。

（二）依據本辦法附件 13 規定的風險評估標準，實施資本充足率現場檢查。

（三）根據檢查結果初步確定商業銀行的監管資本要求。

（四）與商業銀行高級管理層就資本充足率檢查情況進行溝通，並將評價結果書面發送商業銀行董事會。

（五）監督商業銀行持續滿足監管資本要求的情況。

第一百四十五條　商業銀行可以在接到資本充足率監督檢查評價結果后60日內，以書面形式向銀監會提出申辯。在接到評價結果后60日內未進行書面申辯的，將被視為接受評價結果。

商業銀行提出書面申辯的，應當提交董事會關於進行申辯的決議，並對申辯理由進行詳細說明，同時提交能夠證明申辯理由充分性的相關資料。

第一百四十六條　銀監會受理並審查商業銀行提交的書面申辯，視情況對有關問題進行重點核查。

銀監會在受理書面申辯后的60日內做出是否同意商業銀行申辯的書面答覆，並說明理由。

第一百四十七條　銀監會審查商業銀行的書面申辯期間，商業銀行應當執行資本充足率監督檢查所確定的監管資本要求，並落實銀監會採取的相關監管措施。

第一百四十八條　商業銀行應當向銀監會報告未並表和並表后的資本充足率。並表后的資本充足率每半年報送一次，未並表的資本充足率每季報送一次。

如遇影響資本充足率的特別重大事項，商業銀行應當及時向銀監會報告。

第三節　第二支柱資本要求

第一百四十九條　商業銀行已建立內部資本充足評估程序且評估程序達到本辦法要求的，銀監會根據其內部資本評估結果確定監管資本要求；商業銀行未建立內部資本充足評估程序，或評估程序未達到本辦法要求的，銀監會根據對商業銀行風險狀況的評估結果，確定商業銀行的監管資本要求。

第一百五十條　銀監會有權根據單家商業銀行操作風險管理水平及操作風險事件發生情況，提高操作風險的監管資本要求。

第一百五十一條　銀監會有權通過調整風險權重、相關性系數、有效期限等方法，提高特定資產組合的資本要求，包括但不限於以下內容：

（一）根據現金流覆蓋比例、區域風險差異，確定地方政府融資平臺貸款的集中度風險資本要求。

（二）通過期限調整因子，確定中長期貸款的資本要求。

（三）針對貸款行業集中度風險狀況，確定部分行業的貸款集中度風險資本要求。

（四）根據個人住房抵押貸款用於購買非自住用房的風險狀況，提高個人住房抵押貸款資本要求。

第四節　監管措施

第一百五十二條　銀監會有權對資本充足率未達到監管要求的商業銀行採取監管措施，督促其提高資本充足水平。

第一百五十三條　根據資本充足狀況，銀監會將商業銀行分為四類：

（一）第一類商業銀行：資本充足率、一級資本充足率和核心一級資本充足率均達

到本辦法規定的各級資本要求。

（二）第二類商業銀行：資本充足率、一級資本充足率和核心一級資本充足率未達到第二支柱資本要求，但均不低於其他各級資本要求。

（三）第三類商業銀行：資本充足率、一級資本充足率和核心一級資本充足率均不低於最低資本要求，但未達到其他各級資本要求。

（四）第四類商業銀行：資本充足率、一級資本充足率和核心一級資本充足率任意一項未達到最低資本要求。

第一百五十四條　對第一類商業銀行，銀監會支持其穩健發展業務。為防止其資本充足率水平快速下降，銀監會可以採取下列預警監管措施：

（一）要求商業銀行加強對資本充足率水平下降原因的分析及預測。

（二）要求商業銀行制訂切實可行的資本充足率管理計劃。

（三）要求商業銀行提高風險控制能力。

第一百五十五條　對第二類商業銀行，除本辦法第一百五十四條規定的監管措施外，銀監會還可以採取下列監管措施：

（一）與商業銀行董事會、高級管理層進行審慎性會談。

（二）下發監管意見書，監管意見書內容包括：商業銀行資本管理存在的問題、擬採取的糾正措施和限期達標意見等。

（三）要求商業銀行制訂切實可行的資本補充計劃和限期達標計劃。

（四）增加對商業銀行資本充足的監督檢查頻率。

（五）要求商業銀行對特定風險領域採取風險緩釋措施。

第一百五十六條　對第三類商業銀行，除本辦法第一百五十四條、第一百五十五條規定的監管措施外，銀監會還可以採取下列監管措施：

（一）限制商業銀行分配紅利和其他收入。

（二）限制商業銀行向董事、高級管理人員實施任何形式的激勵。

（三）限制商業銀行進行股權投資或回購資本工具。

（四）限制商業銀行重要資本性支出。

（五）要求商業銀行控制風險資產增長。

第一百五十七條　對第四類商業銀行，除本辦法第一百五十四條、第一百五十五條和第一百五十六條規定的監管措施外，銀監會還可以採取以下監管措施：

（一）要求商業銀行大幅降低風險資產的規模。

（二）責令商業銀行停辦一切高風險資產業務。

（三）限制或禁止商業銀行增設新機構、開辦新業務。

（四）強制要求商業銀行對二級資本工具進行減記或轉為普通股。

（五）責令商業銀行調整董事、高級管理人員或限制其權利。

（六）依法對商業銀行實行接管或者促成機構重組，直至予以撤銷。

在處置此類商業銀行時，銀監會還將綜合考慮外部因素，採取其他必要措施。

第一百五十八條　商業銀行未按本辦法規定提供資本充足率報表或報告、未按規定進行信息披露或提供虛假的或者隱瞞重要事實的報表和統計報告的，銀監會依據《中華人民共和國銀行業監督管理法》的相關規定實施行政處罰。

第一百五十九條　除上述監管措施外，銀監會可依據《中華人民共和國銀行業監督管理法》以及相關法律、行政法規和部門規章的規定，採取其他監管措施。

第九章　信息披露

第一百六十條　商業銀行應當通過公開渠道，向投資者和社會公眾披露相關信息，確保信息披露的集中性、可訪問性和公開性。

第一百六十一條　資本充足率的信息披露應至少包括以下內容：

（一）風險管理體系：信用風險、市場風險、操作風險、流動性風險及其他重要風險的管理目標、政策、流程以及組織架構和相關部門的職能。

（二）資本充足率計算範圍。

（三）資本數量、構成及各級資本充足率。

（四）信用風險、市場風險、操作風險的計量方法，風險計量體系的重大變更，以及相應的資本要求變化。

（五）信用風險、市場風險、操作風險及其他重要風險暴露和評估的定性和定量信息。

（六）內部資本充足評估方法以及影響資本充足率的其他相關因素。

（七）薪酬的定性信息和相關定量信息。

商業銀行應當按照本辦法附件15的要求充分披露資本充足率相關信息。

第一百六十二條　商業銀行應當保證披露信息的真實性、準確性和完整性。

第一百六十三條　本辦法規定的披露內容是資本充足率信息披露的最低要求，商業銀行應當遵循充分披露的原則，並根據監管政策變化及時調整披露事項。

第一百六十四條　商業銀行採用資本計量高級方法的，並行期內應至少披露本辦法規定的定性信息和資本底線的定量信息。

第一百六十五條　商業銀行可以不披露專有信息或保密信息的具體內容，但應進行一般性披露，並解釋原因。

第一百六十六條　商業銀行信息披露頻率分為臨時、季度、半年及年度披露，其中，臨時信息應及時披露，季度、半年度信息披露時間為期末后30個工作日內，年度信息披露時間為會計年度終了后四個月內。因特殊原因不能按時披露的，應至少提前15個工作日向銀監會申請延遲披露。

第一百六十七條　商業銀行應當分別按照以下頻率披露相關信息：

（一）實收資本或普通股及其他資本工具的變化情況應及時披露。

（二）核心一級資本淨額、一級資本淨額、資本淨額、最低資本要求、儲備資本和逆週期資本要求、附加資本要求、核心一級資本充足率、一級資本充足率以及資本充足率等重要信息應按季披露。

（三）資本充足率計算範圍、信用風險暴露總額、逾期及不良貸款總額、貸款損失準備、信用風險資產組合緩釋後風險暴露餘額、資產證券化風險暴露餘額、市場風險資本要求、市場風險期末風險價值及平均風險價值、操作風險情況、股權投資及其損益、銀行帳戶利率風險情況等相關重要信息應每半年披露一次。

第一百六十八條 經銀監會同意，在滿足信息披露總體要求的基礎上，同時符合以下條件的商業銀行可以適當簡化信息披露的內容：

（一）存款規模小於 2,000 億元人民幣。

（二）未在境內外上市。

（三）未跨區域經營。

第十章　附則

第一百六十九條 農村合作銀行、村鎮銀行、農村信用合作社、農村資金互助社、貸款公司、企業集團財務公司、消費金融公司、金融租賃公司、汽車金融公司參照本辦法執行。外國銀行在華分行參照本辦法規定的風險權重計量人民幣風險加權資產。

第一百七十條 本辦法所稱的資本計量高級方法包括信用風險內部評級法、市場風險內部模型法和操作風險高級計量法。商業銀行採用資本計量高級方法，應當按照本辦法附件 16 的規定建立資本計量高級方法驗證體系。

第一百七十一條 銀監會對獲準採用資本計量高級方法的商業銀行設立並行期，並行期自獲準採用資本計量高級方法當年底開始，至少持續三年。並行期內，商業銀行應按照本辦法規定的資本計量高級方法和其他方法並行計量資本充足率，並遵守本辦法附件 14 規定的資本底線要求。

並行期第一年、第二年和第三年的資本底線調整系數分別為 95%、90% 和 80%。

並行期內，商業銀行實際計提的貸款損失準備超過預期損失的，低於 150% 撥備覆蓋率的超額貸款損失準備計入二級資本的數量不得超過信用風險加權資產的 0.6%；高於 150% 撥備覆蓋率的超額貸款損失準備可全部計入二級資本。

第一百七十二條 商業銀行應在 2018 年底前達到本辦法規定的資本充足率監管要求，鼓勵有條件的商業銀行提前達標。

第一百七十三條 達標過渡期內，商業銀行應當制定並實施切實可行的資本充足率分步達標規劃，並報銀監會批准。銀監會根據商業銀行資本充足率達標規劃實施情況，採取相應的監管措施。

第一百七十四條 達標過渡期內，商業銀行應當同時按照《商業銀行資本充足率管理辦法》和本辦法計量並披露並表和非並表資本充足率。

第一百七十五條　達標過渡期內，商業銀行可以簡化信息披露內容，但應當至少披露資本充足率計算範圍、各級資本及扣減項、資本充足率水平、信用風險加權資產、市場風險加權資產、操作風險加權資產和薪酬的重要信息，以及享受過渡期優惠政策的資本工具和監管調整項目。

第一百七十六條　商業銀行計算並表資本充足率，因新舊計量規則差異導致少數股東資本可計入資本的數量下降，減少部分從本辦法施行之日起分五年逐步實施，即第一年加回80%，第二年加回60%，第三年加回40%，第四年加回20%，第五年不再加回。

第一百七十七條　本辦法中採用標準普爾的評級符號，但對商業銀行選用外部信用評級公司不做規定；商業銀行使用外部評級公司的評級結果應符合本辦法附件17的規定，並保持連續性。

第一百七十八條　附件1、附件2、附件3、附件4、附件5、附件6、附件7、附件8、附件9、附件10、附件11、附件12、附件13、附件14、附件15、附件16、附件17是本辦法的組成部分。

（一）附件1：資本工具合格標準。

（二）附件2：信用風險權重法表內資產風險權重、表外項目信用轉換系數及合格信用風險緩釋工具。

（三）附件3：信用風險內部評級法風險加權資產計量規則。

（四）附件4：信用風險內部評級法風險暴露分類標準。

（五）附件5：信用風險內部評級體系監管要求。

（六）附件6：信用風險內部評級法風險緩釋監管要求。

（七）附件7：專業貸款風險加權資產計量規則。

（八）附件8：交易對手信用風險加權資產計量規則。

（九）附件9：資產證券化風險加權資產計量規則。

（十）附件10：市場風險標準法計量規則。

（十一）附件11：市場風險內部模型法監管要求。

（十二）附件12：操作風險資本計量監管要求。

（十三）附件13：商業銀行風險評估標準。

（十四）附件14：資本計量高級方法監督檢查。

（十五）附件15：信息披露要求。

（十六）附件16：資本計量高級方法驗證要求。

（十七）附件17：外部評級使用規範。

第一百七十九條　本辦法由銀監會負責解釋。

2. 操作風險資本計量監管要求

一、基本指標法總收入定義

總收入為淨利息收入與淨非利息收入之和。總收入構成說明見附表1。

附表1　　　　　　　　　　　總收入構成說明

	項目	內容
1	利息收入	金融機構往來利息收入，貸款、投資利息收入，其他利息收入等
2	利息支出	金融機構往來利息支出、客戶存款利息支出、其他借入資金利息支出等
3	淨利息收入	1−2
4	手續費和佣金淨收入	手續費及佣金收入—手續費及佣金支出
5	淨交易損益	匯兌與匯率產品損益、貴金屬與其他商品交易損益、利率產品交易損益、權益衍生產品交易損益等
6	證券投資淨損益	證券投資淨損益等，但不包括：銀行帳戶「擁有至到期日」和「可供出售」兩類證券出售實現的損益
7	其他營業收入	股利收入、投資物業公允價值變動等
8	淨非利息收入	4+5+6+7
9	總收入	3+8

二、標準法實施條件及業務條線歸類

（一）實施條件

商業銀行採用標準法，應當符合以下條件：

1. 商業銀行應當建立清晰的操作風險管理組織架構、政策、工具、流程和報告路線。董事會應承擔監控操作風險管理有效性的最終責任，高級管理層應負責執行董事會批准的操作風險管理策略、總體政策及體系。商業銀行應指定部門專門負責全行操作風險管理體系的建設，組織實施操作風險的識別、監測、評估、計量、控制、緩釋、監督與報告等。商業銀行應在全行範圍內建立激勵機制鼓勵改進操作風險管理。

2. 商業銀行應當建立與本行的業務性質、規模和產品複雜程度相適應的操作風險管理系統。該管理系統應能夠記錄和存儲與操作風險損失相關的數據和操作風險事件信息，能夠支持操作風險及控制措施的自我評估和對關鍵風險指標的監測。該管理系統應配備完整的制度文件，規定對未遵守制度的情況進行合理的處置和補救。

3. 商業銀行應當系統性地收集、跟蹤和分析與操作風險相關的數據，包括各業務條線的操作風險損失金額和損失頻率。商業銀行收集內部損失數據應符合本附件第四

部分的規定。

4. 商業銀行應當制定操作風險評估機制,將風險評估整合入業務處理流程,建立操作風險和控制自我評估或其他評估工具,定期評估主要業務條線的操作風險,並將評估結果應用到風險考核、流程優化和風險報告中。

5. 商業銀行應當建立關鍵風險指標體系,即時監測相關指標,並建立指標突破閾值情況的處理流程,積極開展風險預警管控。

6. 商業銀行應當制定全行統一的業務連續性管理政策措施,建立業務連續性管理應急計劃。

7. 商業銀行負責操作風險管理的部門應定期向高級管理層和董事會提交全行的操作風險管理與控制情況報告,報告中應包括主要操作風險事件的詳細信息、已確認或潛在的重大操作風險損失等信息、操作風險及控制措施的評估結果、關鍵風險指標監測結果,並制定流程對報告中反應的信息採取有效行動。

8. 商業銀行的操作風險管理系統和流程應接受內部獨立審查,內部審查應覆蓋業務部門活動和全行各層次的操作風險管理活動。

9. 商業銀行應當投入充足的人力和物力支持在業務條線實施操作風險管理,並確保內部控制和內部審計的有效性。

10. 商業銀行的操作風險管理體系及其審查情況應接受銀監會的監督檢查。

(二) 業務條線歸類原則

1. 商業銀行應當根據總收入定義,識別出符合總收入定義的會計子科目和核算碼。

2. 商業銀行應當將被識別為符合總收入定義的子科目按照其所記錄的業務活動性質逐項歸類至適當業務條線。

3. 若出現某個業務活動涉及兩個或兩個以上業務條線時,應歸入 β 系數值較高的業務條線。

4. 商業銀行應當規定所有符合總收入定義的會計子科目的分配方案。

5. 商業銀行業務條線總收入應符合以下要求:

一是商業銀行計算的各業務條線的總收入之和應等於商業銀行的總收入;

二是商業銀行計算業務條線淨利息收入時,應按各業務條線的資金占用比例分攤利息成本。

6. 商業銀行將業務活動歸類到上述業務條線時,應確保與信用風險或市場風險計量時所採用的業務條線分類定義一致,如有差異,應提供詳細的書面說明。

7. 商業銀行應當書面記錄所有業務條線的總收入歸類明細。

附表 2　　　　　　　　　　　　　業務條線歸類目錄

1級目錄	2級目錄	業務種類示例
公司金融	公司和機構融資	併購重組服務、包銷、承銷、上市服務、退市服務、證券化、研究和信息服務、債務融資、股權融資、銀團貸款安排服務、公開發行新股服務、配股及定向增發服務、諮詢見證、債務重組服務、財務顧問與諮詢、其他公司金融服務等。
	政府融資	
	投資銀行	
	諮詢服務	
交易和銷售	銷售	交易帳戶人民幣理財產品、外幣理財產品、在銀行間債券市場做市、自營貴金屬買賣業務、自營衍生金融工具買賣業務、外匯買賣業務、存放同業、證券回購、資金拆借、外資金融機構客戶融資、貴金屬租賃業務、資產支持證券、遠期利率合約、貨幣利率掉期、利率期權、遠期匯率合約、利率掉期、掉期期權、外匯期權、遠期結售匯、債券投資、現金及銀行存款、中央銀行往來、系統內往來、其他資金管理等。
	做市商交易	
	自營業務	
	資金管理	
零售銀行	零售業務	零售貸款、零售存款、個人收入證明、個人結售匯、旅行支票、其他零售服務。
	私人銀行業務	高端貸款、高端客戶存款收費、高端客戶理財、投資諮詢、其他私人銀行服務。
	銀行卡業務	信用卡、借記卡、準貸記卡、收單、其他銀行卡服務。
商業銀行	商業銀行業務	單位貸款、單位存款、項目融資、貼現、信貸資產買斷賣斷、擔保、保函、承兌、委託貸款、進出口貿易融資、不動產服務、保理、租賃、單位存款證明、轉貸款服務、擔保/承諾類、信用證、銀行信貸證明、債券投資（銀行帳戶）、其他商業銀行業務。
支付和結算[註]	客戶	債券結算代理、代理外資金融機構外匯清算、代理政策性銀行貸款資金結算、銀證轉帳、代理其他商業銀行辦理銀行匯票、代理外資金融機構人民幣清算、支票、企業電子銀行、商業匯票、結售匯、證券資金清算、彩票資金結算、黃金交易資金清算、期貨交易資金清算、個人電子匯款，銀行匯票、本票、匯兌、托收承付、托收交易、其他支付結算業務。
代理服務	託管	證券投資基金託管、QFII 託管、QDII 託管、企業年金託管、其他各項資產託管、交易資金第三方帳戶託管、代保管、保管箱業務、其他相關業務。
	公司代理服務	代收代扣業務、代理政策性銀行貸款、代理財政授權支付、對公理財業務、代客外匯買賣、代客衍生金融工具業務、代理證券業務、代理買賣貴金屬業務、代理保險業務、代收稅款、代發工資、代理企業年金業務、其他對公代理業務。
	公司受託業務	企業年金受託人業務、其他受託代理業務。
資產管理	全權委託的資金管理	投資基金管理、委託資產管理、私募股權基金、其他全權委託的資金管理。
	非全權委託的資金管理	投資基金管理、委託資產管理、企業年金管理、其他全權委託的資金管理。
零售經紀	零售經紀業務	執行指令服務、代銷基金、代理保險、個人理財、代理投資、代理儲蓄國債、代理個人黃金業務、代理外匯買賣、其他零售經紀業務。

附錄　187

附表2(續)

1級目錄	2級目錄	業務種類示例
其他業務	其他業務	無法歸入以上八個業務條線的業務種類。

註：為銀行自身業務提供支付結算服務時產生的操作風險損失，歸入行內接受支付結算服務的業務條線。

三、高級計量法實施條件和計量規則

商業銀行使用高級計量法，應符合本附件規定的標準法實施條件外，以及在治理結構、數據處理、模型建立等方面的要求：

(一) 治理結構

1. 商業銀行的操作風險計量應成為操作風險管理流程的重要組成部分，相關計量體系應能促進商業銀行改進全行和各業務條線的操作風險管理，支持向各業務條線配置相應的資本。

2. 商業銀行應當根據本辦法附件16的要求，建立對操作風險資本計量系統嚴格的獨立驗證程序。驗證應包括操作風險高級計量模型及支持體系，證明高級計量模型能夠充分反應低頻高損事件風險，審慎計量操作風險的監管資本。商業銀行的操作風險管理系統和流程應接受第三方的驗證，驗證應覆蓋業務條線和全行的操作風險管理，驗證的標準和程序應符合本辦法的規定。

(二) 數據處理

商業銀行操作風險計量系統的建立應基於內部損失數據、外部損失數據、情景分析、業務經營環境和內部控制等四個基本要素，並對其在操作風險計量系統中的作用和權重做出書面合理界定。上述四項基本要素應分別至少符合以下要求：

1. 內部損失數據

(1) 商業銀行應當具備至少5年觀測期的內部損失數據。初次使用高級計量法的商業銀行，可使用3年期的內部損失數據。

(2) 商業銀行應當書面規定對內部損失數據進行加工、調整的方法、程序和權限，有效處理數據質量問題。

(3) 商業銀行的內部損失數據應全面覆蓋對全行風險評估有重大影響的所有重要業務活動，並應設置合理的損失事件統計金額起點。

(4) 商業銀行操作風險計量系統使用的內部損失數據應與本附件規定的業務條線歸類目錄和損失事件類型目錄建立對應關係。

(5) 商業銀行除收集損失金額信息外，還應收集損失事件發生時間、損失事件發生的原因等信息。

(6) 商業銀行對由一個中心控制部門（如信息科技部門）或由跨業務條線及跨期事件引起的操作風險損失，應制定合理具體的損失分配標準。

(7) 商業銀行應當建立對損失事件的跟蹤和檢查機制，及時更新損失事件狀態和損失金額等的變化情況。

（8）商業銀行應當收集記錄沒有造成任何損失影響或帶來收益的事件，此類事件可不用於建模，但應通過情景分析等方法評估其風險及損失。

（9）商業銀行對因操作風險事件（如抵押品管理缺陷）引起的信用風險損失，如已將其反應在信用風險數據庫中，應視其為信用風險損失，不納入操作風險監管資本計量，但應將此類事件在操作風險內部損失數據庫中單獨做出標記說明。

（10）商業銀行對因操作風險事件引起的市場風險損失，應反應在操作風險的內部損失數據庫中，納入操作風險監管資本計量。

（11）商業銀行的操作風險內部損失數據收集情況及評估結果應接受銀監會的監督檢查。

2. 外部損失數據

（1）商業銀行的操作風險計量系統應使用相關的外部數據，包括公開數據、銀行業共享數據等。

（2）商業銀行應書面規定外部數據加工、調整的方法、程序和權限，有效處理外部數據應用於本行的適應性問題。

（3）外部數據應包含實際損失金額、發生損失事件的業務規模、損失事件的原因和背景等信息。

（4）實施高級計量法的商業銀行之間可以適當的形式共享內部數據，作為操作風險計量的外部數據來源。商業銀行之間匯總、管理和共享使用內部數據，應遵循事先確定的書面規則。有關規則和運行管理機制應事先報告銀監會。

（5）商業銀行對外部數據的使用情況應接受銀監會的監督檢查。

3. 情景分析

（1）商業銀行應當綜合運用外部數據及情景分析來估計潛在的操作風險大額損失。

（2）商業銀行應當對操作風險計量系統所使用的相關性假設進行情景分析。商業銀行應及時將事後真實的損失結果與情景分析進行對比，不斷提高情景分析的合理性。

4. 業務經營環境和內部控制因素

商業銀行在運用內部、外部損失數據和情景分析方法計量操作風險時，還應考慮到可能使操作風險狀況發生變化的業務經營環境、內部控制因素，並將這些因素轉換成為可計量的定量指標納入操作風險計量系統。

（三）模型建立和計量

1. 商業銀行用於計量操作風險資本要求模型的置信度應不低於99.9%，觀測期為1年。

2. 操作風險計量系統應具有較高的精確度，考慮到了非常嚴重和極端損失事件發生的頻率和損失的金額。

3. 商業銀行如不能向銀監會證明已準確計算出了預期損失並充分反應在當期損益中，應在計量操作風險資本時綜合考慮預期損失和非預期損失之和。

4. 商業銀行在加總不同類型的操作風險資本時，可以自行確定相關係數，但要書面證明所估計的各項操作風險損失之間相關係數的合理性。

5. 商業銀行可以將保險作為操作風險高級計量法的緩釋因素。保險的緩釋最高不超過操作風險資本要求的 20%。

四、操作風險損失事件統計要求

（一）操作風險損失事件類型

1. 內部詐欺事件。指故意騙取、盜用財產或違反監管規章、法律或公司政策導致的損失事件，此類事件至少涉及內部一方，但不包括歧視及差別待遇事件。

2. 外部詐欺事件。指第三方故意騙取、盜用、搶劫財產、偽造要件、攻擊商業銀行信息科技系統或逃避法律監管導致的損失事件。

3. 就業制度和工作場所安全事件。指違反就業、健康或安全方面的法律或協議，個人工傷賠付或者因歧視及差別待遇導致的損失事件。

4. 客戶、產品和業務活動事件。指因未按有關規定造成未對特定客戶履行份內義務（如誠信責任和適當性要求）或產品性質或設計缺陷導致的損失事件。

5. 實物資產的損壞。指因自然災害或其他事件（如恐怖襲擊）導致實物資產丟失或毀壞的損失事件。

6. 信息科技系統事件。指因信息科技系統生產運行、應用開發、安全管理以及由於軟件產品、硬件設備、服務提供商等第三方因素，造成系統無法正常辦理業務或系統速度異常所導致的損失事件。

7. 執行、交割和流程管理事件。指因交易處理或流程管理失敗，以及與交易對手方、外部供應商及銷售商發生糾紛導致的損失事件。

附表 3　　　　　　　　操作風險損失事件類型目錄

1級目錄	簡要解釋	2級目錄	3級目錄	編號示例
內部詐欺	故意騙取、盜用財產或違反監管規章、法律或公司政策導致的損失，此類事件至少涉及內部一方，但不包括歧視及差別待遇事件	行為未經授權	故意隱瞞交易	1.1.1
			未經授權交易導致資金損失	1.1.2
			故意錯誤估價	1.1.3
			其他	1.1.4
		盜竊和詐欺	詐欺/信用詐欺/不實存款	1.2.1
			盜竊/勒索/挪用公款/搶劫	1.2.2
			盜用資產	1.2.3
			惡意損毀資產	1.2.4
			偽造	1.2.5
			支票詐欺	1.2.6
			走私	1.2.7
			竊取帳戶資金/假帳、假冒開戶人/等等	1.2.8
			違規納稅/故意逃稅	1.2.9
			賄賂/回扣	1.2.10
			內幕交易（不用本行的帳戶）	1.2.11
			其他	1.2.12

附表3(續)

1級目錄	簡要解釋	2級目錄	3級目錄	編號示例
外部詐欺	第三方故意騙取、盜用財產或逃避法律導致的損失	盜竊和詐欺	盜竊/搶劫	2.1.1
			偽造	2.1.2
			支票詐欺	2.1.3
			其他	2.1.4
		系統安全性	黑客攻擊損失	2.2.1
			竊取信息造成資金損失	2.2.2
			其他	2.2.3
就業制度和工作場所安全事件	違反勞動合同法、就業、健康或安全方面的法規或協議，個人工傷賠付或者因歧視及差別待遇事件導致的損失	勞資關係	薪酬、福利、勞動合同終止後的安排	3.1.1
			有組織的工會行動	3.1.2
			其他	3.1.3
		環境安全性	一般性責任（滑倒和墜落等）	3.2.1
			違反員工健康及安全規定	3.2.2
			勞方索償	3.2.3
			其他	3.2.4
		歧視及差別待遇事件	所有涉及歧視的事件	3.3.1
客戶、產品和業務活動事件	因疏忽未對特定客戶履行分內義務（如誠信責任和適當性要求）或產品性質或設計缺陷導致的損失	適當性，披露和誠信責任	違背誠信責任/違反規章制度	4.1.1
			適當性/披露問題（瞭解你的客戶等）	4.1.2
			未盡向零售客戶的信息披露義務	4.1.3
			洩露隱私	4.1.4
			強制推銷	4.1.5
			為多收手續費反覆操作客戶帳戶	4.1.6
			保密信息使用不當	4.1.7
			貸款人責任	4.1.8
			其他	4.1.9
		不良的業務或市場行為	壟斷	4.2.1
			不良交易/市場行為	4.2.2
			操縱市場	4.2.3
			內幕交易（用本行的帳戶）	4.2.4
			未經有效批准的業務活動	4.2.5
			洗錢	4.2.6
			其他	4.2.7
		產品瑕疵	產品缺陷（未經許可等）	4.3.1
			模型錯誤	4.3.2
			其他	4.3.3
		客戶選擇，業務推介和風險暴露	未按規定審查客戶信用	4.4.1
			對客戶超風險限額	4.4.2
			其他	4.4.3
		諮詢業務	諮詢業務產生的糾紛	4.5.1

附表3(續)

1級目錄	簡要解釋	2級目錄	3級目錄	編號示例
實物資產的損壞	實體資產因自然災害或其他事件丟失或毀壞導致的損失	災害和其他事件	自然災害損失	5.1.1
			外力（恐怖襲擊、故意破壞）造成的人員傷亡和損失	5.1.2
信息科技系統事件	業務中斷或系統失靈導致的損失	信息系統	硬件	6.1.1
			軟件	6.1.2
			網路與通信線路	6.1.3
			動力輸送損耗/中斷	6.1.4
			其他	6.1.5
執行、交割和流程管理事件	交易處理或流程管理失敗和因交易對手方及外部銷售商關係導致的損失	交易認定，執行和維護	錯誤傳達信息	7.1.1
			數據錄入、維護或登載錯誤	7.1.2
			超過最後限期或未履行義務	7.1.3
			模型/系統誤操作	7.1.4
			帳務處理錯誤/交易歸屬錯誤	7.1.5
			其他任務履行失誤	7.1.6
			交割失誤	7.1.7
			擔保品管理失效	7.1.8
			交易相關數據維護	7.1.9
			其他	7.1.10
		監控和報告	未履行強制報告職責	7.2.1
			外部報告不準確導致損失	7.2.2
			其他	7.2.3
		招攬客戶和文件記錄	客戶許可/免則聲明缺失	7.3.1
			法律文件缺失/不完備	7.3.2
			其他	7.3.3
		個人/企業客戶帳戶管理	未經批准登錄帳戶	7.4.1
			客戶信息記錄錯誤導致損失	7.4.2
			因疏忽導致客戶資產損壞	7.4.3
			其他	7.4.4
		交易對手方	與同業交易處理不當	7.5.1
			與同業交易對手方的爭議	7.5.2
			其他	7.5.3
		外部銷售商和供應商	外包	7.6.1
			與外部銷售商的糾紛	7.6.2
			其他	7.6.3

(二) 操作風險損失數據收集統計原則

商業銀行應當根據以下規定並結合本機構的實際，制定操作風險損失數據收集統計實施細則，並報銀監會備案。

1. 重要性原則。在統計操作風險損失事件時，應對損失金額較大和發生頻率較高的操作風險損失事件進行重點關注和確認。

2. 及時性原則。應及時確認、完整記錄、準確統計操作風險損失事件所導致的直接財務損失，避免因提前或延后造成當期統計數據不準確。

3. 統一性原則。操作風險損失事件的統計標準、範圍、程序和方法應保持一致，以確保統計結果客觀、準確及可比。

4. 謹慎性原則。應審慎確認操作風險損失，進行客觀、公允統計，準確計量損失金額，避免出現多計或少計操作風險損失的情況。

(三) 操作風險損失形態

1. 法律成本。因商業銀行發生操作風險事件引發法律訴訟或仲裁，在訴訟或仲裁過程中依法支出的訴訟費用、仲裁費用及其他法律成本。如違反知識產權保護規定等導致的訴訟費、外聘律師代理費、評估費、鑒定費等。

2. 監管罰沒。因操作風險事件所遭受的監管部門或有權機關罰款及其他處罰。如違反產業政策、監管法規等所遭受的罰款、吊銷執照等。

3. 資產損失。由於疏忽、事故或自然災害等事件造成實物資產的直接毀壞和價值的減少。如火災、洪水、地震等自然災害所導致的帳面價值減少等。

4. 對外賠償。由於內部操作風險事件，導致商業銀行未能履行應承擔的責任造成對外的賠償。如因銀行自身業務中斷、交割延誤、內部案件造成客戶資金或資產等損失的賠償金額。

5. 追索失敗。由於工作失誤、失職或內部事件，使原本能夠追償但最終無法追償所導致的損失，或因有關方不履行相應義務導致追索失敗所造成的損失。如資金劃轉錯誤、相關文件要素缺失、跟蹤監測不及時所帶來的損失等。

6. 帳面減值。由於偷盜、詐欺、未經授權活動等操作風險事件所導致的資產帳面價值直接減少。如內部詐欺導致的銷帳、外部詐欺和偷盜導致的帳面資產或收入損失，以及未經授權或超授權交易導致的帳面損失等。

7. 其他損失。由於操作風險事件引起的其他損失。

(四) 操作風險損失事件認定的金額起點和範圍界定

1. 操作風險損失統計金額起點。商業銀行應當根據操作風險損失事件統計工作的重要性原則，合理確定操作風險損失事件統計的金額起點。商業銀行對設定金額起點以下的操作風險損失事件和未發生財務損失的操作風險事件也可進行記錄和累積。

2. 操作風險損失事件統計範圍界定。商業銀行應當依據本辦法合理區分操作風險損失、信用風險損失和市場風險損失界限，對於跨區域、跨業務種類的操作風險損失

事件，商業銀行應當合理確定損失統計原則，避免重複統計。

(五) 操作風險損失事件統計的主要內容

商業銀行的操作風險損失事件統計內容應至少包含：損失事件發生的時間、發現的時間及損失確認時間、業務條線名稱、損失事件類型、涉及金額、損失金額、緩釋金額、非財務影響、與信用風險和市場風險的交叉關係等。

3. 商業銀行操作風險損失數據

附表 4

案發時間	商業銀行名稱	損失金額（萬元）	損失描述
1987 年	中國銀行北京建國門外幣兌換所	14.71	偽造支票詐欺
1987 年	中國農業銀行貴陽市支行白雲區沙文營業所	14.33	盜用資產、竊取帳戶資金
1989 年	湖南岳陽南區城市信用社	18.98	假存款、內幕交易
1989 年	中國銀行北京分行	875.23	匯款部工作人員將一張 875,230 美元的無返回匯票匯往國外並潛逃
1989 年	中信實業銀行、光大銀行、中國工商銀行等	5,133.00	違規納稅、逃稅、違反規章制度
1990 年	中信實業銀行深圳分行	241.80	收受賄賂、回扣，給銀行造成損失
1990—2003 年	中國工商銀行南海支行	200,000.00	華光騙貸案，企業主使用虛假的財務報表、經濟合同、證明文件，使用虛假的產權證明、抵押物作擔保、抵押，騙取銀行貸款
1991—1993 年	中國農業銀行廣東分行	36,000.00	前亞洲小姐陳奕詩涉騙中國農業銀行 3.6 億
1992 年	中國農業銀行山東分行	153.90	副行長利用職務之便為有關企業和個人解決貸款規模、推薦貸款等方面謀取私利，非法了收取 11 個單位和個人的財物
1992—1995 年	中國銀行順德支行	1,003.00	原行長利用職務之便收受賄賂，違法發貸，並伙同他人侵吞公款
1992—1997 年	威海市城市信用社	79,000.00	信用科長在未對借款人資格進行調查核實的情況下，向 160 個貸款戶違規發放貸款
1992—2002 年	江蘇省禮泉縣某信用社	130.00	私刻印章，利用職務之便向信用社騙取貸款用以自己揮霍和投資
1993 年	中國銀行河南省長葛縣支行	1,900.00	工作人員不按流程簽發 1,900 萬元銀行承兌匯票，銀行被詐騙
1993—1994 年	中國銀行	294.97	中銀國際前副總經理受賄，涉嫌洗錢
1993—2001 年	中國銀行北京分行	130,000.00	內外勾結，以違法或嚴重違規方式從獲取巨額資金
1993—2002 年	中國銀行廣東江門分行開平支行	48,300.00	管理架構缺陷、基層機構行長權力無相應制約、銀行內部稽核體系虛設
1994 年	中國銀行上海市分行信用卡公司	288.00	經辦人員未按規定辦理業務，並在空頭支票遭到退票后仍不重視

附表4(續)

案發時間	商業銀行名稱	損失金額(萬元)	損失描述
1994年	中國交通銀行江蘇省蘇州分行常熟某分理處	15,300.00	違規開出大額可轉讓定期存單,銀行被詐騙
1994年	中國建設銀行長春市分行	106.00	銀行內部工作人員用電腦作案竊取106萬元
1994年	廣東梅州興寧興城市信用社	88,000.00	信用社主任利用職務之便挪用資金
1994年	中國建設銀行河南省鹿邑縣支行	160.00	空額儲蓄存單詐騙
1994年	遵義市光明城市信用社	54.30	信用社員工開具假憑證,利用聯行交換渠道取款
1994年	廣東發展銀行韶關分行	2,126.00	挪用公款
1994年	中國建設銀行海南省臨高縣支行	1,000.00	銀行工作人員開出大額定期儲蓄存單,內外勾結詐騙銀行
1994年	中國農業銀行江蘇省如皋市支行	500.00	內外勾結偽造大額儲蓄存單詐騙
1994年	中國銀行長沙分行	93.30	偽造支票印鑒詐騙
1994年	中國建設銀行金華市開發區支行	2,000.00	在總行已經下達停止的指令後,該支行仍擅自開出銀行承兌匯票,遭到詐騙
1994年	江蘇省大豐縣黃海城市信用社	1,870.00	違規開具空頭儲蓄存單作抵押拆借資金
1995年	江蘇贛榆縣華中路城市信用合作社	100.00	內部工作人員利用空白儲蓄存單詐騙信貸資金
1995年	中國建設銀行深圳福田支行	2,600.00	賄賂、回扣、挪用公款
1995年	中國銀行青島市四方區支行	30.00	會員利用電腦作案,攜30萬元逃跑
1995年	中國農業銀行湖南省分行	315.00	社會人員勾結基層員工開具假存單作為抵押到中國農業銀行省行騙取貸款
1995年	中國工商銀行珠海灣仔支行	130.00	內部工作人員利用系統漏洞,採用空存現金,開具假存單詐騙現金
1995年	華夏銀行	20,000.00	3名職員拆借3.4億元貸款,致使華夏銀行2億元資金無法收回
1995年	中國農業銀行浙江省寧波市保稅區支行	2,500.00	利用假存單、假公函進行詐騙
1995年	中國銀行張家口分行營業部長青路儲蓄所	9.00	偽造存折騙取9萬元
1995年	中國工商銀行桂林分行	2,150.00	儲蓄員利用系統漏洞作案盜取銀行資金
1995—1996年	光大銀行黑龍江分行	1,300.00	副行長及證券業務部副總經理嚴重不負責,致使巨額貸款被騙

附表4(續)

案發時間	商業銀行名稱	損失金額(萬元)	損失描述
1995—1997年	中國銀行阜陽分行	22,898.65	信貸科原科長受賄違法發放貸款，並非法出具金融票證
1996年	北京市商業銀行	2,218.39	挪用公款
1996年	北京城市合作銀行濱江路支行	130.00	搶劫
1996年	中國銀行濰坊分行	2,500.00	外部人員偽造金融憑證詐騙
1996年	中國農業銀行大竹縣支行	3,300.00	騙取銀行承兌匯票41票
1996—1997年	中國銀行重慶分行解放碑分理處	46,300.00	銀行員工虛開銀行存單，致銀行損失嚴重
1996—1999年	中國農業銀行四川省分行	109,100.00	農民諶治武成立空殼公司騙取銀行資金
1996—2000年	中國農業銀行北京分行	45,000.00	假房貸
1997年	某信用社	3,000.00	非法佔有貸款
1997年	華夏銀行月壇北街辦事處	20,000.00	工作人員為謀取個人私利，採用非法吸收儲戶存款不入銀行帳又轉手貸給他人的手段，致使銀行遭受巨額經濟損失
1997年	中國建設銀行潮州湘橋支行新安儲蓄所	1,244.62	挪用公款、違反規章制度
1997年	中國建設銀行海南省分行直屬金盤支行望海分理處	800.00	勾結銀行工作人員使用偽造的銀行定期存折，實施金融詐騙活動，給銀行造成重大損失
1997年	中國農業銀行河南省周口營業部	8,260.00	周口豐雷公司巨額銀行詐騙案
1997年	中國建設銀行四川省分行觀音橋支行	170.00	按揭黑洞
1997年	福州市商業銀行馬江支行	3,690.00	交易品種未經授權、存在資金損失
1997年	中國農業銀行成都市總府路支行	5,500.00	通過提供虛假的會計資料和項目資料等手段，獲得了銀行對其資產負債、經營業績、發展前景情況的虛假調查結果報告，騙取貸款
1997年	中國工商銀行阿拉山口支行、中國農業銀行阿拉山口支行	12,000.00	信用證詐騙
1997年	中國農業銀行廣東潮陽市支行和平營業所	11,700.00	銀行員工與主犯相互勾結，利用銀行在辦理同城資金匯劃須提交原潮陽市人民銀行結算的制度存在兩三天內結算的時間差的管理漏洞，數百次空匯資金
1997—1998年	民生銀行北京中關村支行	1,800.00	銀行行長挪用資金還帳，銀行損失貸款1,800萬元

附表4(續)

案發時間	商業銀行名稱	損失金額（萬元）	損失描述
1997—1999年	光大銀行	405.00	光大銀行朱小華案
1997—2000年	中國建設銀行西安市分行北大街支行	13,000.00	原支行主任和辦事處信貸內勤勾結，以高息存款為誘餌，採用私拿空白存單、私蓋印鑒、給儲戶出具「大頭小尾」存單的方式，騙取儲戶存款
1997—2003年	中國銀行上海分行	150,000.00	中國銀行副董事長、中銀香港總裁劉金寶違規向上海萬泰集團貸款
1998年	中國建設銀行番禺支行	34.00	按揭貸款糾紛訴訟案
1998年	中國銀行北京分行	6,000.00	因在給公司客戶開立信用證時，內部工作人員沒有收取保證金，給銀行帶來重大損失
1998年	中國農業銀行上蔡支行	40.00	挪用公款
1998年	中國銀行北京市東城區支行東安門分理處	3,000.00	偽造預留印鑒的金融票據詐騙
1998年	中國銀行南海支行丹竈辦事處	5,250.00	挪用公款
1998年	中國銀行南海支行	972.00	信貸員攜巨款逃跑
1998年	中國農業銀行郾城支行	4,821.88	交易品種未經授權、挪用公款
1998年	中國農業銀行平頂山衛東區支行	2,700.00	挪用公款、詐欺
1998年	湖州市商業銀行	2,000.00	偽造、竊取帳戶資金
1998年	洛陽市商業銀行	170.00	信貸詐欺
1998年	浙江嘉興某信用社	200.00	員工利用職務之便違規貸款
1998年	中國農業銀行達州市分行	16,600.00	騙得銀行簽訂貸款協議
1998年	渠縣聯社	10,562.00	騙取渠縣聯社貸款5單
1998年	中國銀行揚州分行	72.00	社會人員侵入中國工商銀行揚州分行系統，轉帳72萬元
1998—1999年	華夏銀行	14,400.00	原行長段曉興案
1998—1999年	太原商業銀行	1,807.00	違反國家規定發放貸款，給銀行造成巨額財產損失
1998—1999年	中國工商銀行四川分行	20,000.00	主管基建的副行長主張中國工商銀行所建的銀座大廈與金驪大廈整體置換，導致中國工商銀行巨額損失
1998—2000年	中國工商銀行廣東東莞市石龍支行	420.00	原支行行長利用小金庫私分國有資產

附表4(續)

案發時間	商業銀行名稱	損失金額（萬元）	損失描述
1998—2000年	中國銀行河源分行、中國工商銀行河源分行	7,791.00	購買空白假銀行承兌匯票，借用假印章，偽造銀行承兌匯票，採用以新貼現款還舊貼現款手段，騙取銀行資金
1998—2001年	中國銀行陝西省分行	30,600.00	銀行方面不認真審查交易實項，交易公司信譽、信用金實際使用情況，輕率開證
1999年	中國建設銀行鄭州市建設路支行	2,000.00	原支行會計科科長與社會上無業人員，以高息詐騙涉河南省交通廳等5單位將資金存入該行，然后用偽造的銀行匯票和轉帳支票騙出存款
1999年	中信實業銀行南京分行城西支行	8,500.00	行長助理挪用公款
1999年	中國銀行湛江分行	10,300.00	原行長利用職務之便，涉嫌貪污、受賄、挪用公款、違法發放貸款、非法出具金融票證
1999年	中國銀行開封分行宋都支行	3,500.00	票據詐欺
1999年	中國建設銀行南京分行第二支行	800.00	偽造轉帳本票詐騙巨額資金
1999年	中國銀行茂名分行	1,081.00	原行長在沒有收到保證金、抵押物以及嚴重超越審批權限的情況下，開出不可撤銷跟單信用證，導致鉅損失
1999年	中國建設銀行大慶分行景圓儲蓄所	4.40	搶劫
1999—2001年	浙江臺州黃岩迅達城市信用社	3,600.00	信用社社長以自己開辦的公司和冒用他人的名義，挪用公款
1999—2001年	中國建設銀行吉林分行	32,844.00	內外勾結，採取私刻印鑒、印章，製作假合同、假存款證明書，偽造資信材料、擔保文件等手段，進行貸款、承兌匯票的詐騙
1999—2001年	中國建設銀行長春市分行、朝陽分行	33,404.00	詐騙團隊拉攏銀行工作人員，採用私刻印鑒、印章、製作假合同、假存款證明書，偽造資信材料、擔保文件等手段，進行貸款、承兌匯票等詐騙活動
1999—2004年	中國銀行對黑龍江省分行	4,000.00	大連分行一打字員，挪用近千萬元賭球揮霍
1999—2004年	中國銀行大連分行	4,800.00	員工挪用銀行資產
2000年	某信用社	96.00	詐欺、未按規定審查客戶
2000年	中國工商銀行固原三營辦事處	1,117.00	詐欺、挪用公款

附表4(續)

案發時間	商業銀行名稱	損失金額(萬元)	損失描述
2000年	中國交通銀行深圳分行翠竹支行	3,860.00	挪用公款
2000年	中國建設銀行哈爾濱南崗支行	442.00	挪用公款
2000年	石嘴山大武口城市信用社	550.00	詐欺、不良交易的市場行為
2000年	中信實業銀行深圳分行	211.00	賄賂、回扣
2000年	中國建設銀行湖北棗陽支行	1,844.00	借剝離資產之機與地方政府、法院聯手製造虛假憑證
2000年	中國建設銀行潼關支行開發區分理處	1,176.00	原分理處主任採用直接偷支儲戶存款和給儲戶開「假存單」「假國庫券收款憑證」的方法，貪污挪用巨額公款
2000年	中國銀行內蒙古呼和浩特新城支行	900.00	內外勾結夥利用金融票據詐騙銀行
2000年	中國交通銀行濟南分行	1,950.00	內外勾結偽造承兌匯票騙取巨額資金
2000年	中國工商銀行海口分行東風辦事處	3,344.00	內外人員勾結貪污，騙取銀行巨額財產
2000年	中國建設銀行北京分行	54,768.00	中國建設銀行北京分行行長幫開發商騙開銀行承兌匯票4.56億元
2000年	中國工商銀行珠海分行	37.61	收受賄賂給銀行造成巨額損失
2000年	中國工商銀行廣東分行	32,800.00	違規剝離資產給華融資產管理公司，部分內部工作人員涉嫌牟取私利
2000年	中國農業銀行呼和浩特市迎賓支行	37,000.00	票據詐欺
2000年	中國農業銀行南呂洪城分理處	50.00	搶劫
2000年	中國農業銀行商丘分行	276.41	商丘市國土資源局原副局長濫用職權，導致銀行受損
2000年	廣東發展銀行北京分行航天橋支行	17.96	銀行在客戶信息核查和信用卡管理工作機制方面存在的問題，導致冒充他人身分領取新卡進行刷卡套現
2000—2002年	中國銀行北京分行	64,000.00	北京華運達房地產開發公司以員工名義，虛構房屋買賣合同，提供虛假收入證明套取按揭貸款以及重複按揭貸款
2000—2003年	中國建設銀行北京市豐臺	3,200.00	中盛鑫公司領導和中國建設銀行城建支行的信貸人員及律師，利用客戶個人資料編造虛假收入證明，並製造了虛假購房合同
2000—2004年	中國銀行安徽淮北分行相城分理處	235.00	分理處會計謊稱可提供高息儲蓄服務，對吸引來的存款給客戶開具假存單，之後私自動用存款償還個人債務

附表4(續)

案發時間	商業銀行名稱	損失金額（萬元）	損失描述
2000—2004年	中國交通銀行錦州分行	22,100.00	分行勾結法院假核銷
2000—2005年	中國農業銀行重慶市分行	30,000.00	四川盛世集團向銀行工作人員大肆行賄，向銀行提供虛假資料，實施合同、票據、信用證詐騙，騙取銀行巨額資金
2001年	中國工商銀行江寧支行	49.48	內部員工盜竊銀行財產
2001年	中國銀行	270,000.00	詐欺、偽造、賄賂、回扣、違反規章制度、未按規定審查客戶
2001年	安徽蒙城縣漆園信用社	133.00	挪用公款
2001年	中信實業銀行上海分行	30,000.00	票據詐騙案
2001年	海口農信聯社	998.00	挪用公款、不良交易
2001年	中國銀行	115.10	中國銀行原行長王雪冰收受賄賂，在擔任中國銀行紐約分行總經理和中國銀行行長期間違反金融監管規定，工作嚴重失職，造成嚴重後果
2001年	石獅冠運城市信用社	8,079.51	詐欺、挪用公款
2001年	泉州市商業銀行九一路支行	25.66	竊取帳戶資金
2001年	中國農業銀行周口分行	12.33	賄賂、回扣
2001年	中國銀行臨沂市蘭山支行	180.00	內部員工等營業室下班後，偷盜一張空白保付支票
2001年	中國農業銀行雲南昆明安寧連然營業所	500.00	挪用公款、不良交易
2001年	中國銀行廣東分行	1,900.00	挪用公款
2001年	中國農業銀行漳平支行	88.00	挪用公款
2001年	中國農業銀行婁底漣源支行	50,000.00	內外勾結作案
2001年	汕頭建融城市信用社	60.00	詐欺
2001年	浦東發展銀行北京分行翠微路支行	7,000.00	外部人員詐騙北京首鋼股份有限公司在該行的存款1億元，並利用內部人員提供的空白轉帳支票、私刻印章、偽造轉帳支票和委託貸款手續來騙貸
2001年	民生銀行	50.00	頭寸計價錯誤（故意）
2001年	中國工商銀行亞運村支行甘水橋分理處	103.18	利用職務之便偽造該銀行儲戶北京某公司的結算財務專用章、人名章及購買支票專用證，侵吞巨額公款
2001年	民生銀行上海分行市西支行	10,800.00	假冒開戶人，竊取帳戶資金

附表4(續)

案發時間	商業銀行名稱	損失金額（萬元）	損失描述
2001年	深圳發展銀行中電支行	7,000.00	西風科技公司以非法佔有為目的，詐騙銀行貸款
2001年	中國工商銀行義烏支行	197.00	票據詐欺
2001年	中國農業銀行錦州市某分理處	12.00	銀行未盡風險警示義務賠償儲戶損失12萬余元
2001—2003年	江蘇豐縣孫樓信用社	279.30	信用社主任利用職務之便收受他人物品，為借款人提供多份身分證複印件，私刻他人印章，辦理虛假貸款手續，從信用社貸款給個人從事營利活動
2001—2003年	光大銀行黑龍江大慶某分理處	139.81	櫃員17次參與澳門網上賭球活動，動用儲戶存款，並虛擬6名陽光卡客戶，把銀行的錢打入卡中
2001—2003年	濰坊市商業銀行文化路支行	10,000.00	支行行長以高額回報和低利率等手段，非法開展承兌匯票貼現業務
2002年	中國農業銀行西安市分行營業部、西安市商業銀行雁塔支行	100.00	對匯票審核不嚴
2002年	中國建設銀行內蒙古包鋼支行民族東路分理處	790.00	挪用公款
2002年	中國銀行錦州分行營業部	1,507.00	挪用公款
2002年	民生銀行上海分行	35,000.00	挪用公款
2002年	中國農業銀行河南曹集營業所	12.00	銀行員工利用工作之便，偷蓋有效印章，開具一年期定期存單，並以此存款單為抵押騙貸
2002年	中國銀行玉林博白支行	165.29	銀行員工採用多收少報方式挪用公款
2002年	中國建設銀行聯圩營業所	16.00	銀行信貸員貸款詐騙案
2002年	深圳發展銀行	1,000.00	某分行員工透過特種清算帳戶非法效用銀行資金
2002年	中國銀行湖州市分行鳳凰分理處	3,201.73	依靠銀行內部職工「幫忙」，辦出具有自助貸款功能的關聯借記卡實施貸款詐騙
2002年	華夏銀行	118.00	偽造印章盜竊資金
2002年	中國建設銀行新建縣支行	16.00	新建貸款詐騙案銀行損失16萬元
2002年	中國銀行梧州分行	75.00	銀行員工在用假身分證開辦的長城借記卡上虛存了75萬元存款，次日將存款全部取走
2002年	汕頭商業銀行特信支行	4,976.00	內部工作人員發放高息貸款、審批發放無依法辦理抵押登記貸款、審批發放無依法嚴格審查擔保人資信條件貸款和擔保人無擔保資格貸款

附表4(續)

案發時間	商業銀行名稱	損失金額(萬元)	損失描述
2002年	某信用社	1,657.00	交易品種未經授權
2002年	中國工商銀行海南省分行國際業務部、椰城支行	45,000.00	受賄275萬元
2002年	中國銀行貴州荔波縣支行	6,160.00	受賄192萬元的支行行長未經上級授權,私自為珠海紅大公司所持匯票出具金額為6,160萬元的不可撤銷保函
2002年	中國工商銀行吉林省分行	72,000.00	吉林省恒和集團等13家關聯企業採用多種手法合謀騙取銀行貸款款
2002年	中國交通銀行南通分行	320.00	多戶頭票據詐欺
2002年	中國銀行巴黎第九區分行	402.00	40多萬歐元的現鈔法郎被盜
2002年	中國建設銀行某分理處	100.00	銀行主任冒領百萬存款,法院判銀行賠儲戶本金
2002—2003年	中國工商銀行上海外高橋保稅區支行	7,141.00	向個人發放住房貸款,資金被用於購買住房,炒作房地產
2002—2003年	中國交通銀行山東淄博分行金茵儲蓄所	750.00	儲蓄所主任在攬儲過程中利用儲戶對其信用,取勝只填寫存折不存款或不用客戶存折私自提取存款的手段挪用25個單位、18個儲戶資金,借給他人用於經營活動
2003年	中國建設銀行杭州分行	885.20	一個人騙了銀行3,400萬元,凸顯銀行信貸管理漏洞
2003年	中國工商銀行三門峽分行	12.00	違反規章制度
2003年	光大銀行西直門支行	980.00	原光大銀行信貸員向虛報收入者放貸致銀行損失980萬元,信貸員辯稱無權簽字不應擔責任
2003年	深圳寶安城市信用社	20,000.00	挪用公款
2003年	中國銀行溫州分行	3,000.00	挪用公款
2003年	陝西西安某信用社	202,900.00	利用虛假的貸款合同和職務便利挪用信用社資金
2003年	中國交通銀行南京分行高新區支行	273.00	挪用公款
2003年	中國農業銀行黑龍江分行	3,273.00	賄賂、回扣
2003年	中國銀行北京東城區支行	12,400.00	原分理處主任利用職務之便,使用虛假文件、偽造儲戶存單,騙取儲戶存款
2003年	中國銀行溫州分行體育中心分理處	103.80	保衛部守押科駕駛員伙同其他三人乘坐偽裝的押運車,騙取分理處的尾數箱三只,數據巨大
2003年	中國農業銀行中國農業銀行內黃縣支行	2,070.00	詐欺

附表4(續)

案發時間	商業銀行名稱	損失金額（萬元）	損失描述
2003 年	中國工商銀行河南分行經緯支行、華信支行	6,000.00	中國建設銀行珠海分行麗景支行行長與企業勾結向中國工商銀行華信支行假貼現
2003 年	招商銀行溫州支行	200.00	貸款詐騙
2003 年	中國建設銀行陝西省	12,000.00	偽造銀行擔保書
2003 年	中國農業銀行烏魯木齊分行	230.00	詐欺
2003 年	中國農業銀行徐州文亭支行	10,000.00	中國銀行濟源市支行濟中分理處主任勾結國家工作人員和社會人員偽造憑證騙取文亭支行貸款
2003 年	中信實業銀行國際大廈支行	718.00	全國最大車貸詐騙案「內外勾結」騙銀行億元
2003 年	中國銀行中國銀行上海分行	160,000.00	違規放貸款約 13 億元無法收回
2003 年	中國工商銀行湖南分行	37,000.00	利用職務之便，採取提供貸款、發放基建工程等方式為他人謀利，收受賄賂而給銀行造成重大損失
2003 年	深圳發展銀行總行	150,000.00	違規貸款
2003 年	沈陽市商業銀行第一儲蓄所	197.00	搶劫
2003 年	深圳發展銀行杭州某支行	961.80	一個人騙了銀行 3,400 萬元，凸顯銀行信貸管理漏洞
2003 年	中國銀行海南省分行	392.00	農民充當虛假購車人，騙了銀行 1,000 萬元
2003—2004 年	中國農業銀行包頭分行	11,498.50	銀行工作人員與社會人員相互串通、勾結作案，挪用聯行資金、虛開大額定期存單、辦理假質押貸款、違規辦理貼現、套取銀行信貸資金，謀取高息
2003—2004 年	光大銀行	1,468.00	全國最大車貸詐騙案「內外勾結」騙銀行億元
2003—2004 年	中國建設銀行北京宣武支行	13,000.00	全國最大車貸詐騙案「內外勾結」騙銀行億元
2003—2004 年	廣東發展銀行寧波支行、鄞州銀行城西支行、中國光大銀行寧波分行、浦東發展銀行寧波西門支行、中國農業銀行寧波江東支行靈橋分理處、深圳發展銀行寧波江東支行	707.00	一套房騙貸 707 萬元，寧波銀行集體「失足」

附表4(續)

案發時間	商業銀行名稱	損失金額(萬元)	損失描述
2003—2004年	中國農業銀行北京市昌平支行	33,500.00	外部人員隱瞞貸款實際用途、出具虛假的首付款收據及其他貸款證明材料等手段，與中國農業銀行昌平支行簽訂汽車消費借款合同，騙取貸款
2003—2004年	中國農業銀行內蒙古包頭分行	114,985.00	包頭巨額騙貸案
2003—2006年	中國交通銀行北京分行亞運村支行	126,000.00	原通用燃氣有限公司法人被控假合同騙銀行貸款9.5億元
2004年	常州武進農村信用聯社	105.00	因對國家宏觀調控政策缺乏敏感性，多家商業銀行向江蘇鐵本授信43億元，因項目臨時停建，20億元無法收回
2004年	廣東發展銀行常州分行	3,000.00	因對國家宏觀調控政策缺乏敏感性，多家商業銀行向江蘇鐵本授信43億元，因項目臨時停建，20億元無法收回
2004年	浦東發展銀行常州分行	5,000.00	因對國家宏觀調控政策缺乏敏感性，多家商業銀行向江蘇鐵本授信43億元，因項目臨時停建，20億元無法收回
2004年	中國建設銀行常州分行	65,608.00	因對國家宏觀調控政策缺乏敏感性，多家商業銀行向江蘇鐵本授信43億元，因項目臨時停建，20億元無法收回
2004年	中國農業銀行常州分行	103,106.00	因對國家宏觀調控政策缺乏敏感性，多家商業銀行向江蘇鐵本授信43億元，因項目臨時停建，20億元無法收回
2004年	中國銀行常州分行	257,200.00	因對國家宏觀調控政策缺乏敏感性，多家商業銀行向江蘇鐵本授信43億元，因項目臨時停建，20億元無法收回
2004年	中國銀行上海市長寧支行和中國銀行上海市分行	3.76	長城卡被盜掛失遭拒，銀行被判賠償損失
2004年	中國建設銀行寧夏分行青銅峽支行	268.50	庫管員攜款逃跑
2004年	中國農業銀行太原市漪汾街分理處	149,700.00	涉嫌票據詐騙罪和挪用公款
2004年	廣東發展銀行昆明分行	2,997.00	挪用公款
2004年	中國農業銀行湖南省彬州市分行蘇仙區支行	400.00	內部員工盜竊銀行資金，攜款逃跑
2004年	華夏銀行瀋陽分行盛京支行	4,000.00	個人金融科客戶部經理及其同伙合夥詐騙
2004年	浦東新區農村信用聯社	6,400.00	原副主任隱瞞信用情況，以偽造的房產權證為抵押，騙取聯社貸款
2004年	浦東發展銀行上海地區業務總部下屬第一營業部	9,000.00	客戶經理私造印章，挪用客戶資金

附表4(續)

案發時間	商業銀行名稱	損失金額（萬元）	損失描述
2004年	中國建設銀行珠海市九洲支行	10,000.00	行長劉光宜貪污挪用億元公款
2004年	天津農信社	19,550.00	商業承兌匯票詐騙
2004年	中國農業銀行山西省分行	103,727.00	外部人員通過私刻印章、偽造轉帳支票等手段，將銀行存款轉至其他轉戶，再以直接提現、辦理質押貸款、轉為承兌保證金等形式騙取巨額資金
2004年	上海銀行	1,960.00	內部勾結，編造邪僻的鋼材庫存，以假倉單質押騙貸
2004年	上海銀行	2,246.00	內外勾結，從支行開出承兌匯票，擅自出公函解除擔保單位的擔保責任，造成支行被迫墊款
2004年	浦東發展銀行上海某營業部	9,790.70	原客戶經理與鞭貿易公司勾結騙貸
2004年	中國建設銀行太原某支行	20,000.00	大筆儲戶的資金在基層支行或分理處不翼而飛，其手法傳統、粗糙，多為私刻印章、偽造轉帳支票等，將銀行存款轉至其他帳戶，再以直接提現、辦理質押貸款、轉為承兌保證金等形式，騙取巨額資金
2004年	中國銀行紐約分行	20,000.00	外部人員通過中國銀行內部管理人員的配合，通過虛假貿易文件進行騙貸
2004年	中國農業銀行太原某支行	49,000.00	大筆儲戶的資金在基層支行或分理處不翼而飛，其手法傳統、粗糙，多為私刻印章、偽造轉帳支票等，將銀行存款轉至其他帳戶，再以直接提現、辦理質押貸款、轉為承兌保證金等形式，騙取巨額資金
2004年	民生銀行廣州某支行	30,000.00	廣州駿鵬置業公司範某等人伙同民生銀行廣州分行白雲支行原副行長凌某偽造印章進行票據詐騙
2004年	中國銀行北京市分行	103,000.00	律師與銀行職員合謀，騙取中國銀行北京市分行個人住房貸款
2004年	中國工商銀行橋口支行機場河分理處凌雲儲蓄所	400.00	儲蓄員利用職務便利侵吞銀行公款後攜款潛逃
2004年	招商銀行上海金橋辦事處	3,000.00	濫用職權，違規為一家公司辦出了房地產其他權利證明
2004年	浦東發展銀行北京分行	8,200.00	員工越權向北京某貿易公司發放貸款
2004年	光大銀行上海分行	2,500.00	違規炒股
2004年	中國銀行北京某儲蓄所	3,000.00	全體員工挪用存款炒匯
2004年	中國銀行浙江湖州支行鳳凰分理處	2,599.00	外部人員聯合分理處員工違規高息攬儲，然後以存單為質押騙貸

附表4(續)

案發時間	商業銀行名稱	損失金額(萬元)	損失描述
2004年	中國農業銀行武漢分行、華夏銀行、武漢市商業銀行、民生銀行、招商銀行、中國銀行	4,674.00	開發商偽造假按揭騙6家銀行貸款4,674萬元誰來管
2004年	中國工商銀行蘇州市景德路和中街路	4.20	ATM機發生了故障，要求賠償損失13.85萬元，法院原告承擔其損失的70%，被告承擔30%
2004年	中國交通銀行上海分行	1.00	竊碼器裝門，旁得密碼再盜錢，法院判決：銀行賠償客戶損失1萬元
2004年	中國工商銀行成都某支行	2,000.00	系統出錯，導致錯誤轉帳
2004年	中國工商銀行廣東分行	664.00	網上炒匯出現重大差錯
2004—2005年	中國交通銀行上海某分行	18,000.00	採取虛構註冊資本、真假貿易相混、重複使用海運提單等方式，騙取12單信用證
2005年	中國建設銀行長沙市華興支行	1,580.00	客戶經理盜用當地環保局所存的治污專項資金
2005年	光大銀行廣州分行越秀區支行	4,865.00	原副行長及其同伙利用后貸填補前貸、虛假擔保的手段向銀行騙取貸款，並將貸款用於填補挪用資金我、還債和賭博
2005年	中國銀行雙鴨山四馬路支行	43,250.00	中國銀行雙鴨山四馬路支行的5位工作人員沆瀣一氣，非法出具大量的承兌匯票，造成重大損失
2005年	深圳發展銀行景田支行	1,500.00	深發展銀行1,500萬元失蹤，客戶經理做內線騙巨款
2005年	中國農業銀行天津開發區分行	18,900.00	違規向東方集團辦理銀行承兌匯票和貸款
2005年	浦東發展銀行上海分行陸家嘴支行	12,600.00	違規憑抵押登記他項權證收件收據進行放貸，貸款審查審批不嚴
2005年	中國工商銀行海南省分行	10,000.00	中國工商銀行一行長涉嫌受賄275萬元被起訴銀行損失過億元
2005年	中國農業銀行巴彥淖爾市八一街支行	210.00	克隆銀行承兌匯票詐騙
2005年	中國建設銀行湖北省十堰市支行	58.00	銀行會計系統出錯，誤付利息
2005年	中國銀行黑龍江哈爾濱河松街支行	100,000.00	高山案，基層支行負責人利用分理處升級，通過非法轉帳等手段取得巨款逃跑
2005—2005年	中國農業銀行貴陽市瑞金支行	1,500.00	利用票據套取銀行資金
2005—2006年	華夏銀行成都分行蜀漢支行	10,000.00	借融資為名騙取三家銀行2.4億元

附表4(續)

案發時間	商業銀行名稱	損失金額（萬元）	損失描述
2005—2008年	中銀香港	350.00	故意隱瞞投資產品的潛在風險，詐欺或罔顧實情地誘使8名客戶購買結構性銀行產品
2006年	中國建設銀行海口市支行市場行銷部	460.00	在發放貸款時，不正確履行貸款前調查、貸后監管的職責
2006年	葫蘆島市商業銀行	37,000.00	騙貸案
2006年	中國工商銀行陝西分行	1,800.00	中國工商銀行陝西分行營業部勾結開發商騙自己銀行貸款
2006年	中國銀行河南沈丘支行	14,600.00	河南沈丘民營企業家吳國防勾結中國銀行河南省沈丘縣支行人員，以虛假承兌協議、提供虛假資金保證、開具銀行承兌匯票的手段，騙取銀行資金
2006年	中國工商銀行長春市康平街支行所屬的長壽儲蓄所	43.00	存的40多萬元錢，被人假冒劃走
2006年	中國農業銀行永嘉縣支行	10.25	首例網銀被盜案再審，銀行敗訴賠儲戶10萬
2007年	中國銀行深圳分行	26.00	地產仲介勾結銀行業務員造假
2007年	中國建設銀行杭州分行	40.00	信用卡惡意透支
2007年	中國農業銀行石家莊石門支行正東路分理處	4.20	儲蓄窗口取款當場被搶
2007年	中國銀行沈陽分行	8,000.00	「虛假車貸」詐騙案發
2007年	中國農業銀行邯鄲分行	100.00	邯鄲中國農業銀行金庫被盜案
2007年	葫蘆島連山農村合作銀行	21,000.00	外部人員發帖捏造銀行經營情況，致使遼寧省銀監局推遲了對連山農村合作銀行申報農村商業銀行的驗收，引起恐慌而導致銀行出現巨額損失
2007年	中信銀行北京世紀城支行	1.00	中信銀行系統故障造成基金損失 同意賠償
2007年	中國農業銀行晉江	548.00	存款777萬元竟被人冒領
2007年	中國建設銀行西安北關分理	6.60	儲戶卡未離身13萬元存款被盜用
2007年	中國農業銀行蘇州某支行	17.84	因自動取款機上被他人安裝了竊取密碼及複製銀行借記卡的儀器
2008年	民生銀行北京成府路支行	2.50	被告銀行存在錯扣行為
2008年	唐山市商業銀行	8,000.00	唐山商業銀行支行行長挪用公款造成8,000萬元損失
2008年	民生銀行	800.00	民生銀行結束與支付寶合作關係稱損失800萬元
2008年	廣東發展銀行	500.00	冒充銀行行長賣樓，在銀行大樓騙走500萬元

附表4(續)

案發時間	商業銀行名稱	損失金額(萬元)	損失描述
2008 年	中國建設銀行東莞市新基支行	7.44	ATM 機存款被盜
2008 年	中國農業銀行香江支行	8.00	存折裡的錢已被掛失取走
2008 年	中國農業銀行泉州陳埭支行	61.00	客戶銀行卡被複製，銀行無法識別銀行卡的真偽，使得儲戶存款遭盜取
2008 年	中國建設銀行江蘇省南京市鼓樓區支行	46.00	銀行卡被盜刷損失 46 萬元，銀行因技術缺陷被判全賠
2008 年	中國工商銀行番禺區百越支行	1.00	中國工商銀行因掛失電話冗長誤事賠償 1 萬元
2008 年	中國銀行湘潭市城東支行	0.58	銀行卡沒丟，密碼也沒有洩露，可卡上的錢卻莫名少了 7,000 多元
2009 年	廣東發展銀行寧波城北支行	1,050.00	銀行職員開假存單騙 6,050 萬元
2009 年	羅山農村商業銀行東城支行	10.00	銀行支行副行長伙同他人騙貸款被追逃
2009 年	中國銀行寧波某支行	90.00	犯罪分子利用銀行系統漏洞騙取銀行資金，銀行已經採取措施停止辦理存款衝正業務
2009 年	中國郵政儲蓄銀行雲霄支行	18.00	使用 ATM 機時，帳戶信息和密碼洩露，存款被盜
2009 年	中國建設銀行福州廣安支行	6.70	福州儲戶遇木馬存款遭竊取
2009 年	中國農業銀行浙江進賢支行	27.00	ATM 機出故障，銀行被判賠
2009 年	中國農業銀行十堰市分行六堰支行	41.00	被偽造卡竊取
2009 年	中國建設銀行寧波石碶支行	1.90	寧波首例「存款被黑」案判決，銀行被判全額承擔儲戶損失
2010 年	中國建設銀行北京經濟技術開發區支行	60,000.00	北京開發商騙銀行 6 億元
2010 年	齊魯銀行	100,000.00	偽造金融票證案
2010—2011 年	中國建設銀行浙江分行	6,000.00	中江集團已搖搖欲墜，其他銀行陸續減少對其放貸，但中國建設銀行對中江的貸款不減反增，到 2012 年案發時中國建設銀行在中江集團有 30 億元的債權，98%以上有抵押和擔保

附錄

4. 投資銀行操作風險損失數據

附表 5

案發時間	投資銀行名稱	損失金額（萬元）	損失描述
1999 年	某證券營業部	44.352	客戶與證券公司員工簽訂合作炒股協議，約定由客戶出資，內部工作人員炒股。內部工作人員趁機冒用客戶的姓名，先后三次從帳戶中取走現金 443,520 元
1999—2004 年	中科證券重慶營業部	3,971.892	營業部通過融入資金或國債的方式為客戶非法融資，以從事證券交易業務
2000 年	某證券公司營業部	25	客戶 10 年前購買大批股票，10 年后股市行情轉好，客戶準備將持有的所有股票拋出時，得知其所持有的股票已被某證券公司營業部以客戶欠款未還為由全部賣出
2000 年	某證券公司	1.973	客戶存於帳戶上的資金被他人提走，提走資金的人與丁某不僅同名同姓，而且身分證號碼竟然完全相同
2000—2005 年	北方證券	135,203	利用 8,817 個股東帳戶買入泰山石油股票，自買自賣（對倒交易）
2001 年	聯合證券有限責任公司北京北三環東路證券營業部	290	客戶的帳戶中多次出現以他人名義進行股票交易，給客戶造成虧損 290 余萬元，法院經審理認為證券公司賠償全部損失。
2001 年	閩發證券直屬營業部的馬江證券服務部	50	證券公司在未通知客戶的情況下多次進行違規操作，同時也沒有向客戶提供對帳單，造成客戶每次查詢時均出現「密碼錯誤」的提示而進不了系統，無法直接查詢具體交易情況。
2001—2004 年	西南證券重慶興隆路營業部	19,960.81	操縱浙大網新股票價格，造成巨虧
2002—2003 年	萬聯證券公司樂山營業部	2.5	營業部工作人擅自對客戶股票帳戶上的股票進行多次買賣，導致客戶資金出現虧損
2002—2003 年	光大證券北京月壇北街營業部	610	某公司在光大證券開設了專有的股票資金帳戶，該帳戶中的資金在被光大證券擅自挪用，進行國債回購交易，並且造成巨額虧損

附表5(續)

案發時間	投資銀行名稱	損失金額（萬元）	損失描述
2003年	中期證券蘇州街營業部	3,100	營業部在未經客戶授權的情況下，將帳戶下的股東卡及其股票轉出。法院判決證券公司賠償客戶經濟損失
2003年	某證券營業部	6.825	客戶12萬元股票被盜賣，證券營業部被判賠償70%的損失
2003年	某證券營業部	130	某貿易公司和證券公司簽訂代理國債投資協議書，但證券公司卻將這筆款子用於股票買賣上，給客戶造成重大損失
2004年	紅塔證券永昌路營業部	25.435,1	員工擅自修改客戶資料，在客戶股東帳戶上買賣證券並存取款，給客戶造成損失
2004年	某證券營業部	145	證券公司負責人利用職務之便，未經客戶同意，擅自在其帳戶內取走資金用於個人炒股
2004年	雲南證券	5,904.5	截至2004年3月31日，雲南證券總部及其上海清真路、深圳翠竹路、昆明青年路、昆明金碧路、曲靖麒麟南路營業部客戶交易結算資金缺口共21,403.09萬餘元，其中挪用客戶交易結算資金15,498.59萬餘元，其餘為法院強行劃扣形成
2004—2005年	民族證券有限責任公司成都沙灣路證券營業部	1,275	營業部在客戶沒有真實資金到帳的情況下，向某公司資金帳戶累計虛存客戶交易結算資金119筆，累計虛取客戶交易結算資金116筆
2007年	某證券營業部	0.45	證券公司工作人員因為失誤，忘記給打來電話委託的股民買股票，致使該股民遭到財產損失
2007年	江南證券	10.124	股民帳戶內的資金被證券公司員工通過偽造篡改開戶、銷戶文件，偽造委託簽名等方式轉款提走
2008年	銀河證券	9.5	股民並未開通網上交易方式，卻發現自己的股票帳戶上共有9筆網上交易記錄，導致自己受到損失
2008年	廣發證券公司番禺營業部	2	證券公司因為系統問題，未能處理客戶的交易要求而導致客戶損失，法院判決證券公司賠償客戶損失
2008年	大鵬證券黑龍江營業部	43	股民密碼洩露被人提走43萬元，證券公司賠償損失

附表5(續)

案發時間	投資銀行名稱	損失金額（萬元）	損失描述
2008 年	某證券營業部	10	電腦操作系統出錯造成重複轉帳，致使證券公司損失 10 萬元
2008 年	渤海證券有限責任公司北京安慧北里證券營業部	295	證券公司超範圍凍結客戶資金帳戶，被法院判決賠償客戶
2008 年	某證券營業部	52.945,87	客戶在某證券營業部開立證券帳戶，內部員工未經客戶授權委託，多次擅自操作客戶的 A 股帳戶
2008 年	招商證券	1,700	客戶將帳戶密碼告訴證券公司高級投資顧問，但該員工為賺取佣金提成，利用帳戶進行大筆對敲交易
2008 年	民族證券有限責任公司成都沙灣路證券營業部	153.38	營業部違法融資，融資資金所得 73.38 萬元被沒收，並被處以 80 萬元的罰款
2009 年	某證券營業部	1.55	證券公司系統出現故障未能及時賣出權證，損失是由當天證券營業部未能及時反饋交易信息造成的
2009 年	某證券營業部	10,000	內部員工利用職務便利挪用客戶資金，用於彌補其個人虧損和進行證券交易，導致巨額資金無法歸還
2009 年	某證券營業部	60	法院副庭長在明知該案件不屬於管轄範圍之內，還進行民事調解，強制執行被告人股票帳戶下的股份，給證券公司造成 60 餘萬元的經濟損失

國家圖書館出版品預行編目(CIP)資料

金融機構操作風險的度量及實證研究/ 宋坤 著.-- 第一版.
-- 臺北市：崧博出版：財經錢線文化發行, 2018.10
　面 ; 　公分

ISBN 978-957-735-513-3(平裝)

1.金融機構 2.風險管理

562　　107015589

書　名：金融機構操作風險的度量及實證研究
作　者：宋坤 著
發行人：黃振庭
出版者：崧博出版事業有限公司
發行者：財經錢線文化事業有限公司
E-mail：sonbookservice@gmail.com
粉絲頁　　　　　　　網　址：
地　址：台北市中正區延平南路六十一號五樓一室
8F.-815, No.61, Sec. 1, Chongqing S. Rd., Zhongzheng Dist., Taipei City 100, Taiwan (R.O.C.)
電　話：(02)2370-3310　傳　真：(02) 2370-3210
總經銷：紅螞蟻圖書有限公司
地　址：台北市內湖區舊宗路二段 121 巷 19 號
電　話：02-2795-3656　　傳真：02-2795-4100　網址：
印　刷：京峯彩色印刷有限公司（京峰數位）

　　本書版權為西南財經大學出版社所有授權崧博出版事業有限公司獨家發行電子書及繁體書繁體版。若有其他相關權利及授權需求請與本公司聯繫。

定價：400元

發行日期：2018 年 10 月第一版

◎ 本書以POD印製發行